遠藤 薫著

TV・ネット・劇場社会
間メディア社会と〈世論〉形成

東京電機大学出版局

本書の全部または一部を無断で複写複製（コピー）することは，著作権法上での例外を除き，禁じられています。小局は，著者から複写に係る権利の管理につき委託を受けていますので，本書からの複写を希望される場合は，必ず小局（03-5280-3422）宛ご連絡ください。

目次

序　章　間メディア性の展開と変容
　　　　──インターネットとマスメディアの共進化 1
　1. はじめに──2005年7月7日ロンドン爆破事件 1
　2. リアル／アンリアル──阪神大震災，コソボ紛争，9.11テロ，イラク戦争 ... 2
　3. 対話＝衝突──2004年アメリカ大統領選挙と2005年中国反日行動 3
　4. 拡散と集合──文化的ファッド（流行）の伝播 4
　5. 今後の展開──複合メディア環境と間メディア性 5
　6. 本書の構成 6

第Ⅰ部　複合メディア環境における〈政治〉と〈世論〉

第1章　複合メディアに媒介された公共性のポリティクス
　　　　──情報空間の再編成と公共的イベント 10
　1. はじめに 10
　2. メディアと公共空間──公共的イベントの構造 13
　3. 新たな共在性のポリティクス 20
　4. デジタルメディア・ポリティクスの展開 23
　5. 日本におけるメディア・ポリティクスの現在 30
　6. 新たな公共性の諸問題 34

第2章　TVとネットと世論──小泉劇場の神話構造分析 37
　1. はじめに 37
　2. メディア政治あるいは〈劇場政治〉とは何か 38
　3. 小泉「劇場」政治の誕生 43
　4. 何が問題なのか？──ニュースショーの内容分析 52

5. 小泉劇の神話構造——トリックスターあるいは少年英雄としてのコイズミ 62
  6. おわりに——政治構造の変化 66

第3章 2004年アメリカ大統領選挙と複合メディア環境
  ——インターネットとアメリカ〈世論〉 70

  1. はじめに 70
  2. ネガティブ・キャンペーンと残余層 71
  3. 大統領選挙とインターネット 74
  4. 映像メディアと2004年選挙 78
  5. 世界からの視線 83
  6. ブッシュ勝利・ケリー敗退の意味 86
  7. 今後の展望 89

第Ⅱ部　分断社会における不安と信頼

第4章　日本におけるネットワーク社会の幻滅
  ——alt.elite.digと逆デジタル・デバイド 94

  1. はじめに 94
  2. デジタル・デバイドと格差の再生産 95
  3. 〈現実〉の進行——1990年代から2000年代へ 100
  4. alt.middle.digとしてのネットヘビーユーザ層の変化 105
  5. おわりに——alt.elite.digの行方 113

第5章　ネットワーク社会におけるリスクと信頼
  ——「安心・安全社会」のために 115

  1. はじめに——ネットワーク社会のパラドックス 115
  2. リスクと信頼のカテゴリー 117
  3. 「信頼」創出の三つのパターン 118
  4. オンライン調査の結果から 119
  5. おわりに 131

第6章　モバイル・コミュニケーションと社会関係
  ——携帯メールとPCインターネットメールの比較を通じて 133

1. はじめに 133
2. モバイル・コミュニケーションと社会的グルーピング 134
3. モバイル・コミュニケーションは私的・日常的社会圏を強化する .. 137
4. モバイル・コミュニケーションと社会関係 139
5. おわりに——今後の展望 140

第7章　情報化社会における不安
　　　　——ネットを媒介とした集団自殺の連鎖を巡って 142

1. はじめに 142
2. 「情報」による不安 143
3. コミュニティ・オブ・インタレスト——ネットワーク・コミュニケーションによる癒し ... 145
4. オンライン・リレーションズ——ネットワークを介した人間関係の〈濃さ〉と〈淡さ〉 ... 146
5. おわりに——オンライン中間集団は可能か？ 147

第Ⅲ部　間メディア性と群衆社会の〈世論〉

第8章　屍を踏み越えて零度の地点へ……
　　　　——ブログはジャーナリズムを変えるのか？ 150

1. はじめに——ブログに塊る人びと 150
2. 悲しみのなかから——9.11テロとイラク戦争 151
3. ブログ以前——NEWSGROUP，インターネット新聞，個人サイト ... 153
4. ブログとウェブ日記——つれづれのジャーナリズム 154
5. ブログ炎上——曝される個人の実存，あるいはその多重性 155
6. ネットの衝突——2004年アメリカ大統領選挙と2005年中国反日行動 ... 157
7. ブログで食えるか？——ボランタリーかベンチャーか 158
8. ネット・メディアとマスメディア——中間項としてのブログ ... 159
9. 今後の展望——複合メディア環境とジャーナリスト魂！ 160

第9章　グローバリゼーションと〈流行〉現象
　　　　——「マイアヒ現象」に見る循環的重層コンフリクトと正統化 ... 163

1. はじめに——マイアヒ現象 163
2. 文化におけるグローバリゼーションの諸問題 164
3. グローバル，ローカル，ローカライズド 168

4.「グローバル・パワー」と正統性の問題 171
　　5. グローバル文化とローカライズド文化——マイアヒ現象の顛末 172
　　6. おわりに——ローカル市場とローカライズド文化 178

第10章　ネットワークの中の〈群衆〉
　　　　——遊歩者たちのリアリティはいかに接続するか 180

　　1. はじめに 180
　　2. インターネット，公共性，群衆 182
　　3. ネットワーク・コミュニケーションの私と公共
　　　　——ウェブ日記，ブログ，掲示板，SNS 183
　　4. ネットワーク・コミュニケーションの視聴覚化（Audio-Visual化） 195
　　5. 創造的コミュニケーションとクリエイティブ・モブ 199
　　6. ネタオフとフラッシュ・モブ——ナンセンスな集合現象 206
　　7. インターネット・モブとマスメディア 212
　　8. 遊歩者たちの行方——政治と文化 215

補　論　インターネットと政治的コミュニケーション 218

　　1. はじめに 218
　　2. インターネット上での政治的コミュニケーションの利用の現状 219
　　3. 人びとの政治的関心 221
　　4. 人びとの政治意識 223
　　5. 社会的活動の経験 225
　　6. インターネットによる選挙活動への期待 226
　　7. インターネットによる政治的コミュニケーションへの期待 227
　　8. おわりに 228

注 229

参考文献 239

おわりに 247

索引 249

初出一覧 253

序章

間メディア性の展開と変容
―― インターネットとマスメディアの共進化

1. はじめに――2005年7月7日ロンドン爆破事件

　2012年のオリンピック開催地は，本命のパリを下して，ロンドンに決定した．喜びに沸くロンドン．しかしその直後，2005年7月7日，喜びは悲嘆に変わった．ロンドンの地下鉄数箇所で同時爆破事件が起こったのだ．

　人びとは最新のニュースを求めて，BBCやロイターのニュースサイトに殺到した．アクセスは記録的な数に上った．マスメディア報道が速報性においてインターネットに勝てないことはすでに多くの人びとが実感している．

　しかし今回の事件では，マスメディアもまた，むしろ，インターネットのメリットを積極的に活用しようとした．ロンドン警察やマスメディアは，インターネットを通じて情報提供を呼びかけたのだ．多くの人びとがこれに応えて目撃談や写真を送った．

　それだけではない．直後から，世界中の膨大な数の人びとが，この事件についてネットを介して語り合い始めた．その媒体となったのが「ブログ」である．

　7月7日から8日にかけて，ブログのアクセス・ランキングの上位はテロ関連記事で占められた．時々刻々と書き込まれる新たな情報．怒り，嘆き，そして冷

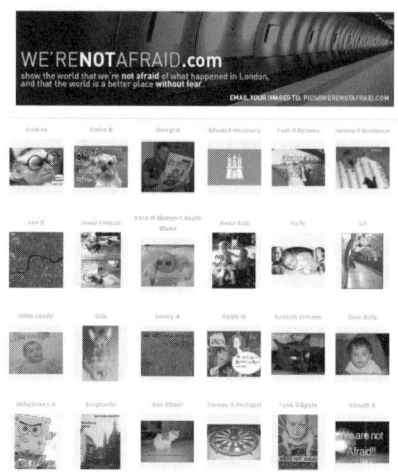

図1　「We're not Afraid!」サイト（2005年7月16日時点のトップページ）
（http://www.werenotafraid.com/）

静な分析．なかでも人びとに鮮明な印象を与えたのが，「We're not Afraid!」というサイト[1]である．事件後数時間のうちに立ち上げられたこのサイトは，「われわれはテロを恐れない」という意思を表す画像を募った．世界中から写真やイラストが殺到した．その数は，事件から約2週間後の2005年7月25日時点で1万数千枚にも達した．それらは，暴力に対して暴力で対抗する行為を否定する，無数の小さな声であった．

2.　リアル／アンリアル
―― 阪神大震災，コソボ紛争，9.11テロ，イラク戦争

インターネットの社会化過程は，ある意味，悲しみの歴史とさえいえる．

1995年，あの阪神大震災のとき，通常の通信手段がずたずたになったなかで，インターネットを介してリアルタイムの情報交換や海外からの支援の申し出がなされた．それは，インターネットに冷ややかなまなざしを向けていた一般社会に，インターネットの有用性を知らせる出来事でもあった．

無論，それは日本に限ったことではない．1999年のコソボ紛争では，アメリカ軍もユーゴスラビア軍も，インターネットを使った情報操作を試みた．そんな

なか，情報封鎖された現地情報は，インターネットを介して世界に発信されたのだった．

2001年の9.11テロのときも，マスメディア情報が混乱するなか，人びとはTVよりもインターネットのサイトに殺到した．そこには，今まさに進行している悲劇の模様が，映し出され，書き込まれていたのだった．ネットを介した当事者や支援者間の情報交換の有用性が改めて認識された．当時の書き込みは，悲劇を忘れないための集合的記憶（アーカイブ）として，いまもネット上に保存されている．

そして，2003年のイラク戦争．ヴァーチャル・ウォーと呼ばれ，サイバーテロが取りざたされる一方で，情報統制のなかわずかに現地の生の声を伝えたのも，まさにそこに住む人が書き綴ったブログ，現地のジャーナリストの見たものを伝えるブログであった．

2005年8月，ニューオリンズの街にカトリーナ台風が襲いかかったときも，私たちは，暴風の街に取り残された人びとを，ネットを介して，見つめ続けたのだった．

3. 対話＝衝突
——2004年アメリカ大統領選挙と2005年中国反日行動

無論，今日ではインターネットはあらゆる情報行動のなかで利用されている．そして，ネットによる社会的コミュニケーションの場が拡がるにつれてその射程距離は長くなり，影響も大きくなる．また相対立する主張が，ネット上でも激しい衝突を繰り返すことになる．

たとえば，2004年のアメリカ大統領選挙は，まれに見る中傷合戦といわれた．相手に対する攻撃は，TV CMという形で行われたが，同時に，今回の選挙では，それらのCMがネット上におかれることにより，攻撃と応酬の範囲が拡大し，持続的なものとなった．

政治的キャンペーンにおけるネットの影響力は，その後もますます高まっている．2008年の大統領選挙に向けて，2006年の中間選挙でも，ネットはまさに情報の飛び交う大舞台となった．

2005年春，韓国や中国で大規模な反日行動が起こった．その背景として，中韓の教育やマスメディア報道が取りざたされたが，それだけでなく，ネットを介

した情報流通も大衆動員に一役買ったといわれる．この出来事を，ネットによって起こったマスヒステリーであるかのように論じる報道さえあった．

ネットは，従来だったら一般に知られることはないような情報，過激な意見も，公の場で可視化してしまう．だが，だからこそまた，ネットは対立感情を煽る方向にばかり作用したわけではないことにも注目しなければならない．

ネットの浸透によって，「対話＝衝突の場」としての社会的コミュニケーションにコミットする人びとの層が，大幅に拡大した．その結果，万華鏡のように刻々と変化する膨大な言説の渦が可視化される．決して一元的に集約されることのないその様態に，われわれはいままだうまく対処できていないのかもしれない．

4. 拡散と集合——文化的ファッド（流行）の伝播

さて，視野を文化的な領域にも広げてみよう．

世論形成と流行現象は同型的なプロセスである．

2005年，「恋のマイアヒ」という曲が世界的にヒットした．この曲は，モルドバ共和国出身のグループO-ZONEがルーマニアで発売したものだが，それがヨーロッパ各国でヒットチャート1位になる大ヒットとなった．この曲は，日本やアメリカではむしろネットを介して先に伝わったようだ．この曲のPVがネットに流れ，これをパロディ化したものや，あるいは，口まねで歌うといったフラッシュ動画が，ネット上に数多くアップされた．日本ではとくに，歌詞の言葉がわからないため，これを無理矢理日本語として聞き取るという遊びが流行り，さらにそれをフラッシュ動画化した作品が2004年秋頃から多くのアクセスを集めた．

しかし，それだけだったら，ネットユーザだけの内輪ネタで終わったかもしれない．ところがこの曲をバラエティ番組が一部使用し，さらにある音楽番組がこの曲を取り上げたところから，着うたランキング2位に上るほどのヒットとなった．

類似の展開は最近目立つ現象である．

たとえば2002年のマトリックスオフ，「電車男」，xiaoxiaoなど，挙げれば切りもない．

こうしたネットを介した流行現象は，しばしばネット上での長い潜伏期間を経

て，マスメディアでのブレイクに達する．

　2005年にイギリスのヒットチャートで1位を獲得し，世界的ヒットとなったCrazy Frogのキャラクターは，もともとは2001年頃USENETに投稿された口まね音が進化したものだった．

　また，2007年ベルリン国際映画祭短編コンペティション部門に出品された「謝罪」も数年前からネット上で話題になっていた作品だった．

　これらの現象では，マスメディアとネットメディアが，それぞれに特徴的な機能を作動させつつ，全体の動態に相乗効果を及ぼしたと考えられる．

5.　今後の展開――複合メディア環境と間メディア性

　「情報」というものは，周囲の情報と関係し合い，相互作用しあいながら，大きな塊へと膨張していく．そのような不定形のものである情報は，アメーバのように，あらゆる境界をやすやすと越え，あらゆるメディアに乗って，拡散し，また塊となる．その意味で，たとえば「ネットは新聞を殺すのか」といった言辞は，問題の立て方から誤っている．既存メディアとネットメディアの二者択一はありえない．ネットと既存メディアは，意図するしないにかかわらず，相互に分かちがたくリンクし合いつつ，複合的なメディア環境を形作っていくのである．

　そして，そのような複合メディア環境において，メディアとメディアの相互作用がいかになされ，また変容しつつあるのかを問うのが，「間メディア性」の概念である．

　たとえば，インターネット浸透のプロセスを見ても，当初，マスメディアとネット・メディアは別の圏域に属しているかのように認識されていた．マスメディアは，ネット・メディアを別のフィールドとして，よかれ悪しかれ対象化して観察していた．しかし，ネット・メディアが一般化してくるにつれ，マスメディアは，ネット・メディアを自らと競合するアクターであるかのように見始める．さらに最近になると，マスメディアはむしろ積極的にネットメディアを介した情報流通を取り込もうとしているように見える．

　その結果，世論や流行は，ネットメディアのなかで芽生え，それがある程度膨張したところでマスメディアに取り上げられ，その相乗効果によって，社会的にはっきりと認知される現象として立ち現れてくる，というケースがますます頻繁

に見られるようになってきている．

2005年2月に始まった動画共有サイトYouTubeは，このような動きをますます活性化させていくだろう．

2005年の7.7ロンドン爆破事件におけるマスメディアとネットメディアの連携現象は，これからの方向性の一つを示唆するものである．

それが，社会にとってどのような意味をもつのか．研究はまだ始まったところである．

6. 本書の構成

本書は，以上のテーマに関して遠藤がこれまで書いてきた論文を再構成したものである．

全体は「第Ⅰ部　複合メディア環境における〈政治〉と〈世論〉」「第Ⅱ部　分断社会における不安と信頼」「第Ⅲ部　間メディア性と群衆社会の〈世論〉」の三部から構成される．

第Ⅰ部は，社会情報に関する基礎理論を提示するものである．第1章「複合メディアに媒介された公共性のポリティクス」は，メディアと公共性の相互作用を理論的な視覚から論じている．第2章「TVとネットと世論」は，TVやネットの織りなす重層的メディア環境のなかで，「小泉劇場」の親和構造を具体的な言説から分析する．第3章は，2004年アメリカ大統領選挙を取り上げ，人びとに情報を提供する媒体の変化を論じる．

第Ⅱ部は，現代メディアと人びととの社会意識との関係に焦点を当てる．第4章「日本におけるネットワーク社会の幻滅」は，かつてメリトクラシーによる格差拡大現象と見なされたデジタル・デバイドが，今日，むしろ逆の働きをする社会的装置として作動している可能性を示唆する．第5章「ネットワーク社会におけるリスクと信頼」は，「リスク社会」論やそれと表裏をなす「信頼」論の現状の問題と再構築を，具体的な調査データから論じたものである．第6章「モバイル・コミュニケーションと社会関係」は，現代，人びとのコミュニケーション圏が，その社会的立場によって異なっており，社会集団をまたいだコミュニケーションが非常に疎になっていることをデータから論じる．また第7章「情報化社会における不安」は，ネットを介して知り合った見知らぬもの同士の集団自殺を論

じたものである.

　最後の第Ⅲ部では，電子メディアを含む多様なメディアが複合的に作動する現代社会において，人びとの異質性を含んだ声の重なり合い——ヘテロフォネティクスが，いかなる現象を引き起こしているかを考察する．第8章「屍を踏み越えて零度の地点へ……」は，大きな影響力をもつマスメディアと新たに登場してきたネットワークメディアとの共進化の可能性について論じる．第9章「グローバリゼーションと〈流行〉現象」は，複合メディアが媒介するグローバリゼーションの運動のなかで，国境を越えた〈流行〉がどのように発生し，伝播していくのかを論じる．そして第10章「ネットワークの中の〈群衆〉」はネットワーク上での人びとの新しいコミュニケーションの形式と他のメディアとの関連を論じたものである．

　本書は，現代メディア空間における人びとの相互作用システムの運動——〈世論〉形成過程を学ぶ人のために，そして現代社会を生きるすべての人のために書かれたものである．前著『インターネットと〈世論〉形成』と合わせて，多くの方々と問題を共有する端緒となれば幸いである．

第Ⅰ部

複合メディア環境における〈政治〉と〈世論〉

第1章

複合メディアに媒介された公共性のポリティクス
――情報空間の再編成と公共的イベント

1. はじめに

公共性とメディア

　デジタル・コミュニケーション・ネットワーク（以下，ネットメディア）の急速な展開とともに，いま，公共性の問題があらためて問われようとしている．
　「公共(public)」という言葉はきわめて多義的である．トンプソン（Thompson 1995）によれば，その意味は大きく二つにカテゴライズされる．一つは，「集団的な（利害に関連した）」という意味系である．近代においては，この「集団」は主として「国家」を指し，したがって「国家によって運営される」という意味で用いられる．「公共事業」「公共団体」などの「公共」はこれに相当する．もう一つは，「誰もがアクセスできる／公開されている」という意味である．「公共の場」「公共用物」などの「公共」はこちらの意味で用いられる．
　「公共」という言葉が，このような二つの意味を同時にもつのは，その歴史的経緯を考えれば，当然である．民主主義の起源とされるギリシアでは，公共的意思決定はすべての市民（もちろん，現代の民主主義における「市民」に比べれば，

その範囲は極めて限定されたものであったが）によって行われるべきであると考えられた．そのため，公共的意思決定は，すべての市民の集まる「アゴラ（公共の広場）」において，すべての市民による議論を経て，決着することとされた．すなわち，公共の場における公共的イベントとして公共的意思決定がなされる，という三位一体的な構造が規範とされたのであった．今日でも，もっとも正当な公共的意思決定は全員参加の場でなされるべきである，つまり，直接民主主義こそが理想の政治制度であるという信念をもつ人は多い．

しかし，物理的に一つの場に居合わせることのできる人数は限られている．ギリシアの都市国家や伝統的村落のように小規模な共同体であれば，構成員全員が一つ場に集まることも可能であったろう．しかし，数千を超える人びとが一堂に会し，議論をするということは非現実的である．いいかえれば，物理的な共在をベースとしたコミュニケーションを集団の基礎におく場合，その集団の規模は限定されてしまうということである．

メディアは，コミュニケーションにおける共在の制約を解除する方向に発展してきた．したがって，メディアは，「公共性」に関するこれら二つの意味の双方に強く関わっている．アンダーソン（Anderson 1983）が示唆したように，メディアは人びとの可視範囲（したがって想像的リアリティの及ぶ範囲）と強度をある程度規定する．すなわち，人びとが「自己の延長としての他者（われわれ）」として認知する集団の範囲と強度を定めるのである．また同時に，メディアは一般に，それにアクセスする人を原理的に排除しない．こうして次第に，メディアの創り出す空間が，「集団を構成するメンバーの誰もが参加できる集団的（公共的）合意形成の場」，すなわち，ハバーマス（Habermas 1981）のいう公共圏（public sphere）と見なされるようになるのである．今日驚異的な進展を見せているネットメディアもまた，(1) 文字・画像・動画などの統合的処理および伝送，(2) メディア到達範囲のグローバル化，(3) 情報伝達のリアルタイム性，(4) 情報伝達の双方向性，(5) サイト間のハイパーリンク，といった特性によって，公共圏の形式に新たな可能性とリスクとをもたらす．

メディア複合と間メディア性

とはいうものの，新しく登場したメディア技術を社会変動のメルクマールとし，それだけで新たな社会構造を説明するという論理には疑問がある．というのも，

新しいメディアの登場によってそれ以前のメディアが完全に駆逐されてしまうという事態は，新メディアが旧メディアの完全な代替物でない限り，ほとんどありえない．確かに，製紙技術の普及によって，パピルスや羊皮紙の生産は限りなく縮小したかもしれない．しかし，出版技術の発展によって対面的な公共圏が消滅したわけではないし，TVメディアの大衆化によって出版メディアが何の役割も果たさなくなったわけでもない．新たなメディアは，新たなコミュニケーション・チャネルをそれまでの情報空間に付与し，多層化する．そして人びとは，多様なコミュニケーション・チャネルをさまざまに使いながら，メディア複合された新たな情報空間を自己の環境として生きるのである．

たとえば，ハバーマスは，近代初期における印刷メディアを介したブルジョアたちの理想的公共圏の成立を論じているが，トンプソンも指摘するように，彼らは印刷メディアを情報共有の具としつつ，実際にはサロンやカフェのような対面的共在の場で政治的議論を行っていたのである．また現代では大多数の人びとがTVから多くの情報を得ているが，TVの情報番組はしばしば新聞を情報源あるいはアジェンダ・セッティング（何を重要な論題とするか）の根拠として利用している．

さらにネットメディアの一般化した今日では，メディア間の相互参照関係はいっそう複雑化し，かつ緊密化している．ネット上の記事や発言は，新聞やTVの情報を参照し，新聞やTVの記事やレポートは，ネットから情報を得る．しかも，新聞はインターネット新聞やニュースサイトとして，また，TVはインターネットTVとして，新たな形式を獲得しつつある．こうした流れは，一時期盛んに論じられたような，印刷メディア vs. デジタルメディアあるいはTV vs. デジタルメディアといった対立関係を無効化しつつある．したがって，私たちが「いま生きている世界」は，多様なメディアによって構成されたメディア複合空間における間メディア性のなかに存在することを明確に意識しなければならない．

本章では，こうした認識にもとづいて，①メディアと公共性の関係，②ネットメディアの埋め込まれた社会における公共性の構造について，「公共的イベント」というスキーマから論ずるものとする．さらに，この議論にもとづいて，アメリカ，アジア，日本で現在進行中のデジタル・メディア・ポリティクスを展望し，今後の課題を抽出する．

2. メディアと公共空間——公共的イベントの構造

公共空間のスキーマ——公共的イベント

　まず，本章における「公共空間」の概念を明確にしておこう．本章は，制度に関する具体的技術論ではなく，公共空間の社会情報理論を目指している．したがって，公共空間をより単純化し，一般化したスキーマが必要である．

　社会システム論のルーマン（Luhmann 1968）は，「権力」を，「コミュニケーションにおいて不可避のダブル・コンティンジェンシーを調整するためのコミュニケーション・メディア」として概念化している．「ダブル・コンティンジェンシー」とは，コミュニケーションの当事者が双方とも複数の選択肢をもっているために，一意的なコミュニケーションが成立しない状況をいう．この困難を回避するには，双方の選択肢を縮小する（制限する），共有された文脈が必要とされる．その一つのあり方が，「権力」という「コミュニケーション・メディア」であるというわけである．

　また，アメリカの社会学者であるゴッフマン（Goffman 1959）は，日常生活における様々なコミュニケーション状況を，演劇モデルによって分析しようと試みた．彼によれば，あるコミュニケーション状況において，その場に居合わせた人びとは，意識的あるいは無意識的に，全体がまるで演劇の劇場であるかのように，パフォーマー（演技者，単数／複数）として，あるいはオーディエンスとして振る舞う，と論じている．

　本章では，こうした先行研究を参考としつつ，公共空間の表現として公共的イベント（public event）に着目する．それは，先にも述べたように，民主的政治が古代ギリシアのアゴラにおけるイベントにその原型をもつからでもある．トンプソンは，公共的イベントを「権力者あるいは政治的リーダーが公衆の前に自己呈示を行う公開のイベント」として定義し，公共的イベントにおける権力者／政治的リーダーの可視性（visibility）とメディアの関係を，権力者／政治的リーダーのメディア管理の面から論じた．しかし，本章では，公共的イベントをより広く「集団（国家）の統合や政策過程（意思決定およびその実施）に関わって行われる公開のイベント」と定義し，図1-1に示すようなスキーマとして単純化したうえで，象徴的身体／政治的身体と公衆とのコミュニケーション（相互作用）

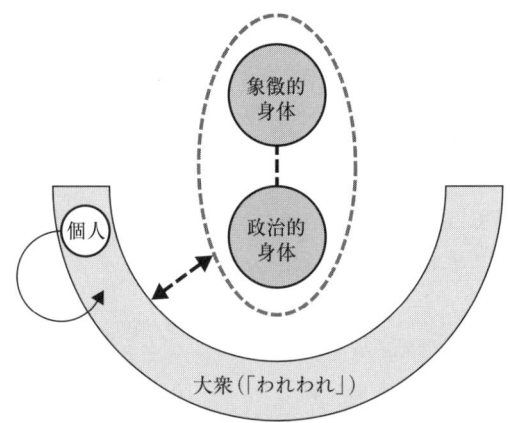

図 1-1 コミュニケーション構造に着目した公共空間（イベント）のスキーマ

の構造とメディアとの関係を論ずることとする．

　ここでいう「象徴的身体」とは，その集団の統合を象徴する人物（単／複）やモノをさす．また「政治的身体」とは，その集団の集団的意思を体現し，実現する任に当たる人物（単／複）をさす．「象徴的身体」と「政治的身体」の関係は微妙である．それぞれの独立性がかなり高い場合，一方が他方の背後に隠蔽されている場合，双方が一つの身体に統合されている場合などがありえる．また，時によっては，公共的イベントにこうした中心的身体が存在しない場合もありうる．

　しかし，こうした象徴的身体や政治的身体は，それ自身で自らを構成することはできない．いかに権力が強大であろうと，その権力は公衆からそれとまなざされることによってはじめて成立する．が，公衆とは畢竟，個人の集まりにすぎない．したがって，個人の集合が公衆のなかの一人へと転換するには，公衆のなかの自分という認識が必要である．すなわち，「われわれ」という他者を認め，そこに自己同一化した個人が多数となるときに，一定の感覚指向性をもった「公衆」が現出するのである．それがまた，「公共的イベント」の現出するときでもある．

　公共的イベントがこのようなコミュニケーション過程として現出するものであるならば，それを媒介するメディアがある種のバイアスとして作用することは当然であろう．

　メディアの系譜については，すでに膨大な研究の蓄積がある．それらの多くは，

歴史（社会構造）をメディアによって，①口承の時代（前近代），②印刷メディアの時代（近代），③TVメディアの時代（現代），に大きく分類している．今日は，ここにさらに④ネットメディアの時代，が幕を開けつつあると言える．このような区分は，きわめて粗雑であり，また前節「メディア複合と間メディア性」に指摘したような現実を考えれば，ミスリーディングとなる恐れもある．とはいえ，本章では紙数の制限からもこの点に深くたちいれないので，上記難点を考慮したうえで，これらメディアが次々と重層化していく空間を射程に捉えることとする．

以下では，このモデルにしたがって，メディア技術と公共イベントの構造の関係について概観する．

メディア技術を媒介としない公共的イベント——基本的三類型

人びとがメディアを介さずに公共的イベントに参加するとき，「われわれ／公衆」は，まさにそこに居合わせる人びとである．それは物理的に大きな規模とはなりえない．ふつう十数人から数百人，最大限見積もっても数万人が上限である．メディア論においてしばしば，「メディアを媒介としないイベント」は，「生の」したがって「絶対唯一」のものとして論じられる．しかし，実はそこからいくつもの「中心的身体－われわれ」関係の形式，すなわちイベント空間の形式が創出される．そしてこれらの形式が，多様なメディアに重ね合わされていくのである．メディアを媒介としないイベント空間の代表的な三類型を挙げよう．

古代栄えたローマの街を回ると，あちらこちらに広場がある．中央にはモニュメントや噴水があり，露天商の市が立ち，大道芸人たちが人を集めている．周囲を商店やカフェが取り囲み，観光客がそうした光景を眺めている．かつてはこうした場所で，議論や演説や政治的ニュースの伝達，処刑などの公共的イベントが行われた．これらの広場の起源はギリシアのアゴラであり，共和制ローマのフォロ・ロマーノ（公共広場）である．そこは，生活の場であり，政治の場であり，聖なる場所でもあった．人びとはそこで，さまざまなスピーカーの表情を見，声を聞き，その場に居合わせる人びととの見交わす目やどよめきを聞いたであろう．このような公共イベントでは，中心的身体は，集まった「われわれの身体」の息がかかるほど近くに存在し，「われわれ」が彼を見る／聞くと同様に彼からも「われわれ」が見える／聞こえるという配置のゆえに，中心的身体は「われわれ」

の拡張として認識されたかもしれない．これが類型Ⅰ（アゴラ型）である．

　一方，帝政ローマの時代，西暦80年に竣工したコロッセオ（フラフィウスの円形劇場）は，立ち見席も合わせれば7万人もの収容能力があったという．そこでは遠方の地から連れてこられた奴隷や猛獣たちが死をかけた娯楽をローマ市民に提供したが，それは同時に，そのようなことを可能にする権力者の勢威を誇示する公共的イベントの性質ももっていた．コロッセオの見世物では，「中心的身体」は見えない．見えるのは，「われわれ」に囲まれ，玩弄の対象であるところの剣闘士たちだけである．そして，数万もの巨大な身体をもった「われわれ」はそこに含まれる個々の他者を識別することはできない．巨大な「われわれ」は一様に闘技場の展開にのみ目を奪われ，ごおーっと響く観衆の歓声のなかに我を忘れる．このとき，不可視の権力は，「われわれ」を包み込む円形劇場そのものとして，「われわれ」をある鋳型にはめることができるのである．これを類型Ⅱ（コロッセオ型）としよう．

　また別の形式の公共的イベントもある．たとえば，バチカンのサン・ピエトロ広場はサン・ピエトロ寺院を仰ぎ見るための場である．教皇がバルコニーに立って人びとの拝謁を受けるとき，人びとは，そそり立つ寺院の荘厳さに法王の威光を重ね，判然とは見えない法王の姿を拡大し，一様にひれ伏す「われわれ」を卑小なものとして認知する．ここでは，象徴的身体性が何より重要であり，象徴的であることによって，政治性が導かれるのである．これを類型Ⅲ（伽藍型）とする．

印刷メディアを媒介とする公共的イベント
——間メディア空間の形成と個人

　印刷メディアは，テクストとして書かれた記事や挿絵や写真のなかに，より広い範囲にわたる公共的イベントを現出させる．

　印刷メディアがヨーロッパで急速な発展を遂げたのは，中国で初めて印刷技術が生まれてから長い時間が経過した後だった．それは，東洋と西洋との地理的な隔離という理由だけに帰せられるものではない．むしろ，カソリック教会によって規定された情報流通の中央集権体制が，技術の導入を制約していたと考えられる．15〜16世紀は，西欧社会が大きく転換し始めた時期に当たる．初期資本主義の成長，ルネサンス文化の展開，市民階級の台頭，プロテスタントからの宗教的異議申し立て……．こうした多様な潮流は相互に影響しあい，シナジー効果を

上げ（あるいは反作用を生じ），時代を大きく変容させていったのである．

　ただし，印刷メディアの発展は，大きく二つの段階に分けられる．第一は，新たな時代の到来を広い範囲にわたって告知する草の根的な情報網の成立を印刷メディアが媒介した段階である．ハバーマスが称揚した印刷メディアを媒介とした市民サロンの形成が見られた時期といえる[1]．

　第二の段階は，印刷メディアが資本主義産業として発達を遂げて以降の時代である．この段階では，大衆社会化の波に洗われ，印刷メディアは政治権力や資本との結託によって，「意識産業」（エンツェンスベルガー，Enzensberger）としての相貌を表し始める．ただし同じ時代を，ベンヤミンは『複製芸術の時代』（Benjamin 1970）でむしろ積極的に評価していることも重要である．

　その一方で，印刷メディアの普及とともに発達した「黙読」という行為が，本質的に個人的な作業であるために，それだけでは「われわれ」という身体を構成しないことには注意を払うべきであろう．したがって，「われわれ」はあくまでひとつの場所に集められねばならない．教育の場としての「学校」，公共イベントの場としての「サロン」あるいは「議会」は，印刷メディアがあくまで場所性，あるいは共在性によって「われわれの身体」を担保していたことを示している．同時に，印刷メディア以前と異なり，このような「共在の場」の正当性はまた印刷メディア（を介したより広い公共空間との接続）によって担保されていたのである．

映像－音響メディアを媒介とする公共的イベント
——メディア・コロッセオ

　前世紀末に登場した映像メディア（映画）は，遠く離れた地にいる人びとを，共在の場での公共的イベントに参加させることとなった．映画のスクリーン上に，まさに動き，私に呼びかける他者を見いだすためである．可視化され，可聴化され，しかも（あたかも刻印づけられた記憶のように）想像的な画像や音響で装飾された「イベント」がそこにまざまざと現前するのである．

　マクルーハンは『グーテンベルクの銀河系』において，近代という時代を「活字情報」によって人びとの意識が支配された時代と捉え，「このエレクトロニックス時代において，われわれは人間の相互依存のための，そしてまた自己表現のための新しい形式や構造に出会う．そしてこれらの相互依存の形式や構造の特色は，

状況が非言語的な要素で構成されているときにも「口承的」な性格をもつ，という点である」(McLuhan 1962=1986: 5) と指摘した．マクルーハンは，TVメディアを念頭に置いてこう述べているのだが，むしろ映画において「一体化」の感覚は顕著であるように思われる．

　映画メディアによって構成された典型的な公共的イベントの例は，ベルリン・オリンピックの記録映画『民族の祭典』であろう．緻密に構成されたあまりにも美しい映像と音響は，その後の悲劇的な展開を知っている私たちにさえ，恐ろしいばかりの情動を引き起こす．映画は，古代ギリシアの理想化された美の遺産を丹念に映像化するところから始まる．それはこのベルリン・オリンピックの物語を，西欧全体に共有された文化と直接結びつける「語り」である．やがてアテネを出発した聖火は，ヨーロッパの各地を越えて，ナチスの旗のもとに届く．かつての円形競技場をモデルとした巨大スタジアム．そこを埋め尽くす人びと．沸き上がる歓声．そこへ登場する世界各地からの闘士たち．そして彼らの視線の先には，アップで映し出されたヒットラーの姿がそそり立つ．

　卓越したカメラワークは，「実在の」スタジアム（コロッセオ）を映し出すと同時にこれを拡張し，遠隔の地にいる観衆たちの身体を包含し，彼らの視線を一定の形式に方向付けるバーチャルなコロッセオを現出する．そこでは，実際にその場にいれば米粒ほどの大きさにしか見えないはずの象徴的身体を極大化し，人びとの熱狂的な讃仰を創出する性能をもつ．モラン（Morin 1972）が指摘したスター化現象である．この性能が政治的身体と強力に結びつくとき，人びとは抗いがたい政治的磁場にとらわれる．この磁場が，映画館という「共在の場」に作用するものであること，しかも，この「共在の場」は，観客同士の身体的共振のみ認められていて，観客相互のコミュニケーション（会話）は禁じられていることに注意したい．

TVメディアを媒介とする公共的イベント──メディアの権力とは

　TVメディアもまたAVメディアであるが，それによって媒介される公共的イベントは，映画の場合とはかなり異なった様相を呈する．マクルーハンが，映画を「ホット・メディア」（完成度が高く，観客を受け身の立場におくメディア），TVを「クール・メディア」（完成度が低く，そのため，観客の心的参加を促すメディア）として対比させたことは有名である．しかし，違いの核心は，完成度

（精細度）だけでなく，受容の形態にもあるだろう．映画が，閉じた空間で多数の他者と経験を共有しつつ見るものであるのに対して，TVは，開いた生活空間のなかで個人的に（あるいはきわめて少数で）見るものである．視聴者は周辺のさまざまな生活ノイズに視聴を分断される．TV番組自体，頻繁にCMタイムを入れ，メッセージの流れを分割する．その結果，TVによるAV体験は，広場で繰りひろげられる大道芸人たちの出し物のように，視聴者の目や耳を素通りしていく．ゴッフマンの言い方を借りるなら，TVメッセージの多くは視聴者にとって「焦点の合わない出会い」にしかならない．その意味で，TVは，特定の志向性をもった公衆を構成しにくいメディアであるといえる．TVでは「民族の祭典」のスタイルは合わないのである．

しかし，TVは営利企業体として成立している．いいかえれば視聴率（視聴者との「焦点の合った出会い」）を根拠としたCM料金で運営されている．したがって，視聴者の目や耳をひきつけることは死活問題である．こうして，TV番組は，広場の大道芸人たちの意匠に近く，また，その現代的形態であるTV CMに近くなる．

TV CMでは，インパクトと反復性が重要である．ながら視聴者の耳目をそばだて，注意を引くには，明確なイメージによってアピールし，これを反復することで視聴者の意識への刷り込みを行うことが必要である．よどみなく読み上げられる伝統的なニュース番組，単調で冗長な国会中継や決まり文句で塗り固められたような政党討論が人びとの関心を呼ばないのは当然である．

冗長でありながらTVが人びとをひきつけられるのは，時々刻々と変化する状況を生中継するものである．スポーツの試合が代表的であるが，戦争や大事件，災害などにあたっては，TVは番組変更してリアルタイムでこれを報道しつづける．けれども，こうしたイベントの報道も，しばらく時間が経つうちに，TVメディアによる編集によって再構成されていく．もっとも衝撃的な部分が繰り返し映し出され，過去のフィルムが参照され，コメンテータたちの解説や議論が付加されてゆく．どの部分が反復されるかが，メディアからの隠れたメッセージとなって，膨大な数の人びとに浸透していく．ポリティカルなアクターとしてのTVは，新聞社説とは異なる，文脈形成によってそれを行うといえる．

その結果，モランが分析した映画界のスターとTVアイドルとの違いが，映画によって可視化される象徴的身体とTVモニター上の象徴的身体との差異にも現

れる．銀幕のスターは，観客たちが熱狂的に同一化をはかるモデル（規範）である．それに対してTVアイドルは，むしろ，観客たちの（TVメディアを介して仮想的に形成された文脈のなかの）個人的知人である．文脈の面白さ（視聴率の取れる文脈）は，登場人物のキャラクター（の描き方）に依存する．したがって，キャラクターのインパクトの強い振る舞いが反復的にオンエアされることになる．

　トンプソン（Thompson 2000）は，TVメディアが政治権力による情報管理を受けやすいのと同時に，政治権力によるTVメディアの情報管理の脆弱性についても指摘している．脆弱性とは，へま，感情的な行動，スキャンダル，リークなどがTVで繰り返し放映されてしまうために，ちょっとしたことでも政治家にとって命取りになってしまうことをさす．こうしたことも，TVを媒介とした公共的イベントが，政治的文脈よりも，TVによって創られる「物語」の文脈に寄り添うことから生じると考えられる．

3.　新たな共在性のポリティクス

ネットメディアのイベント空間――増殖する空間コンプレックス

　サイバーパンクSFの第一人者であるギブソン（W.Gibbson）は，「サイバースペースは共感的幻想（consensual hallucination）である」と言ったという（Robins 1996: 45）．彼はサイバースペースを，「マトリックス」という言葉でも表現している．「モデムを使って電話回線を通じてバーチャル・スペースに長時間接続する人々は，しばしば［場所感（thereness）］という奇妙な感覚を報告している．ある［電子］会議室から別の会議室へとさまよい歩き，進行中の議論を立ち聞きしていると，一種迷宮的な館の廊下をさまよって，部屋から部屋へと頭を突っ込んでいるのにも似た奇妙な感覚を経験するというのだ」（Dery 1997=1997: 13）．また，1997年5月に発表されたエリック・レイモンドの論文『伽藍とバザール』では，一極集中型の情報空間を「伽藍」にたとえ[2]，ネット空間を「バザール」にたとえている．これらの比喩は，ネットを媒介としたコミュニケーションの空間感覚的リアリティを表現している．ネットを媒介とした公共的イベントは，伽藍（あるいは擬似的コロッセオ）ではなく，かつてのフォロ・ロマーノのように，個人や小集団の「集まり（gathering）」の場として，共在感覚

を顕わすのである．そこでは，中心的身体は（あったとしても）喧噪のなかにかき消され，そこにいる一人ひとりが行為者であり，彼らの諸行為が集積して全体が現出するのである．ただし，このような「場」に「政治」が必要とされないわけではない．全体のコントロールは望まれないが，相互行為が円滑に行われるためのルール（プロトコル）が必要とされるのである．

　ネット・コミュニケーションのリアリティを表現するもう一つのキーワードとして，「つながる」という言葉も多用される．ネットワークを介した「つながり」の感覚は，時間や空間を超えて，日常空間では出会うことのなかったであろう他者と，驚きをもって遭遇し，あたかも同じ場に共在したかのような感覚をいうのであろう．この場合の「他者」とは，必ずしも身元の明かな人間とは限らない．匿名であっても，アバター[3]であっても，エージェント[4]であっても，ときにはコークマシン[5]であっても，「つながる」感覚はネットユーザたちを魅了する[6]．

　このようなネットワークを介した共在性の感覚は，そこで展開される公共的イベントに少なくとも二つの重要な特性を提供する．一つは，ネットを介した公共的イベントは，個人や小集団によって駆動される可能性が増大する，という点である．第二は，「つながる」感覚が，基本的には一対一の関係からなり，全体はその超連鎖（ハイパーリンク）として現出する，という点である．

　第一の特性は，一方で（これまで公共性との関連で多く議論されてきたような）草の根的社会運動への期待と連結し，実際，NPOやNGOなどの運動と結びつく．あるいは，これまで社会の周辺部に位置づけられていた人びとに，スピークアウト（政治的発言）のチャンスを提供するものとなる可能性が期待される．その一方，人びとを行動へ駆り立てる動機が，必ずしも多くの人びとの賛同を得られないものであった場合でも，全体に大きな影響を及ぼすことが可能である．サイバーテロの脅威はこのライン上にある．

　第二の特性は，中心的身体の存在を極小化あるいは曖昧化すると表裏して，「われわれの身体」をも不確定なものとする．個のハイパーリンクとしての全体は，つねに変化し，人びとは先験的な帰属から解放されると同時に，「つながり」もまた緩やかなものとなる．それは人びとに不安定な漂流感を与えるとともに，「ここではないどこか」を期待させるものでもある．

　ネットを媒介とした公共的イベントは，このようなヤヌス的相貌あるいはパラドックスを不可避に潜ませている．ただし，いずれにせよ，個人や小集団によっ

て駆動される公共的イベントは，そこにコミットする人びとの動能性を前提としている．動能性とは，デジタル・リテラシーを武器として，ネットワーク社会に適応し，強い社会内自己実現[7]の意思をもつことをいう．したがって，動能的な人びとには，ネットは新たなチャンスとなる可能性があるが，そうではない人びとは負の影響を強く受けてしまうおそれがある．デジタル・デバイドの最も深い問題がここにある．

ネットユーザと情報コンシャスネス

ネットにコミットしている人びとの動能性は，実証的にも確認される．筆者らは2000年秋にインターネット利用に関する全国調査（以下，WIP 2000年日本調査）[8]を行った．その結果によれば，ネットユーザは，非ユーザと比較して，（1）情報感度が高く，（2）情報探索に熱心であり，（3）変化を好み，（3）努力を重視する傾向，すなわち「情報コンシャス」な傾向が，統計的に有意に観察された（図1-2参照）．またこうした傾向が，現時点で社会的に優位な位置にいる人びとだけでなく，周辺的な位置にある人びとにも観察されることは，今後の社会変容を考えるうえできわめて興味深い．ただし，紙数の関係もあり，この点に関する詳しい議論は，遠藤（2001a）を参照いただきたい．

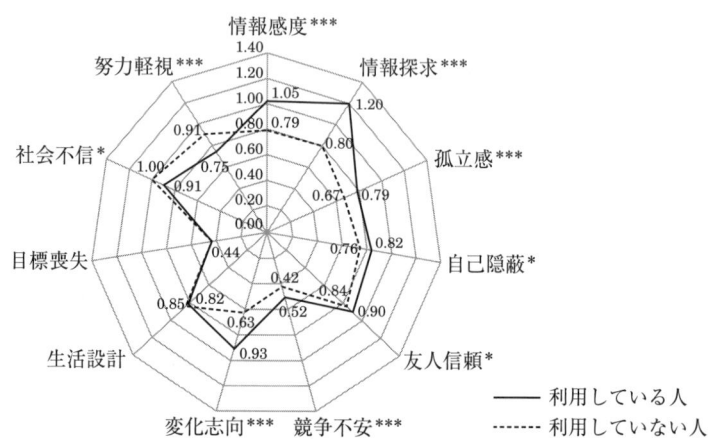

図1-2　ネット利用者／非利用者の自己／社会認識
（数値尺度，***は0.1％有意，*は0.1％有意を示す，WIP 2000年日本調査）

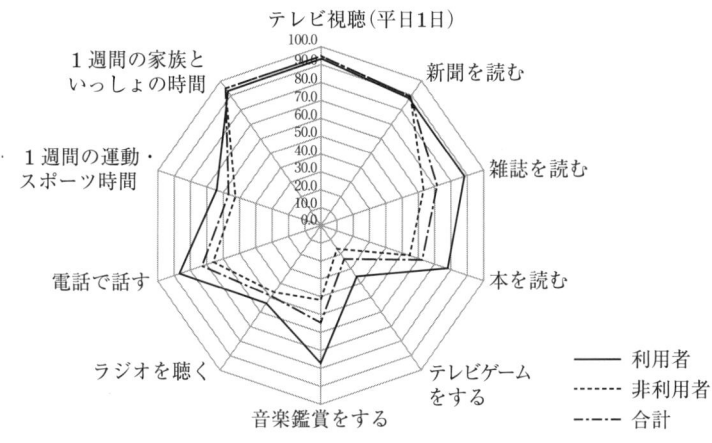

図 1-3 ネットユーザ／非ユーザのメディア行為率（%，WIP 2000年日本調査）

またこの調査から明らかになったもう一つの重要な点は，情報コンシャスなネットユーザは，非ユーザに比べて，他のメディアに対しても概して積極的であるということである（図1-3参照）．すなわち，本章で指摘してきたように，現在のわれわれが生きている環境としての情報空間は，TV空間やネット空間が相互に背反的にあるものではなく，多様なメディアが相互に融合した複合メディア空間であることが，メディア需要者の行為の実態からも確認されたのである．

4. デジタルメディア・ポリティクスの展開

本章ではここまで，公共的イベントとメディア環境との関係を理論的に論じてきた．では，それは現実の政治的状況にどのように現れているだろうか．以下では，現代におけるメディア・ポリティクスの実際に則して見ることにする．

アメリカにおける展開

アメリカでは，政治家たちはつねに新しく出現したメディアに敏感に反応してきた．

フランクリン・ルーズベルト大統領（1933～1945）は，1920年代に登場したラジオで「炉辺談話（fireside chat）」という番組をもち，ホワイトハウスか

ら国民に直接語りかけた．

　また，TVが登場すると，1948年から党大会の模様が放映されるようになり，アイゼンハワーは1952年の大統領選挙で初めてTV CMを使った．もっと有名なのは，1960年大統領選におけるニクソンとケネディの対決である．当初はニクソンが優勢と見られていたが，TV討論という新しい公共的イベントをフルに活用することによって，ケネディが逆転したといわれる．

　アメリカにおけるこうしたメディア・ポリティクスの先進性は，①民主主義を標榜するアメリカという国家においては政治的指導者たちがつねに公衆との対話的関係を誇示する必要があった，②大統領制をとるアメリカでは政治的身体は象徴的身体と（時限つきで）一致するものであり常に公衆の視線をひきつけておくことが重要である，③そのためには個人的身体の露出が不可避である，④新しく出現したメディア技術は先端産業としてアメリカの経済的優位性を高めるものであり，政治家たちはこれを積極的に応用していく必要があった，などきわめて複合的な要因によると考えられる．ただし，このようにメディアへの積極的対応を不可欠とする政治権力が，同時に，つねにメディアとのコンフリクトに悩みつづけてきたことも事実である．

　ネットメディアもまた，アメリカが開発をリードしてきた技術である．とくに，情報スーパーハイウェイ構想を掲げて大統領選を勝ち抜いたクリントン－ゴア政権の1993～2000年に，アメリカにおける情報インフラストラクチャは急速に整備された．クリントン前大統領は，就任後直ちにホワイトハウスのサイトを立ち上げた（図1-4）．この美しく魅力的なサイト（その後各国が立ち上げた政府のサイトのモデルとなった）には，ホワイトハウスのバーチャル・ツアーや，大統領・大統領夫人・副大統領の個人的な語りかけのページがトップを飾っていた．大統領のページには，所信表明や活動記録のほかに，家族との写真や愛犬に関するページなどがあり，これらが人気を博した．

　それは，インターネット普及の初期段階に，世界中の無名の人びとが立ち上げた個人サイトとよく似た構成であった．ネット空間におけるアメリカの象徴的身体は，こうして「会ったことはないけれどよく知っている人」として現れたのである．付言すると，ゴア副大統領のページの目玉は，家族写真よりも，彼を戯画化した政治漫画の展示であった．ユーモアがないという評判に対抗する意図もあったのだろうが（そして筆者には結構面白かったが），ややマニアックで，イメ

4. デジタルメディア・ポリティクスの展開   25

図1-4　ホワイトハウスのサイト（1995年）
（http://www.whitehouse.gov/）

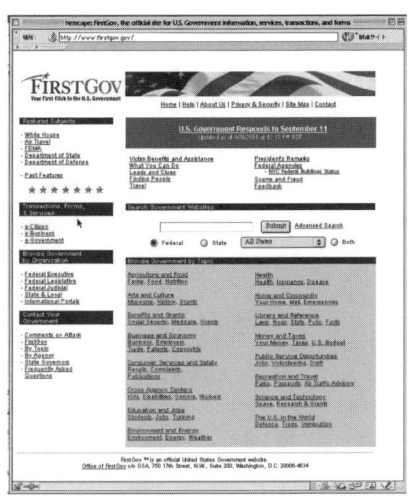

図1-5　Firstgovのサイト（2001年）
（http://www.firstgov.gov/）

ージを変えるほどの効果はなかったようだ．

　クリントン政権は，さらに，2000年9月に連邦政府の総合サイトFirstgovを開設した（図1-5）．こちらは公的な情報を網羅的に検索できるサイトであり，ホワイトハウスサイトが象徴的サイトであるとすれば，こちらは機能を重視した行政サービスサイトといえる．

　だがクリントン政権は，TVや新聞などの従来メディアの管理は決して充分ではなかった．トンプソンの指摘したメディア対応の脆弱性をすべてさらけ出したといっていい．性的なスキャンダルの暴露とそれに対する不適切な対応は，大統領就任以前から彼に付きまとっており，モニカ・ルウィンスキー問題では，弾劾裁判にまでいたった．スター検察官の赤裸々な報告書は，ネット上に流されて，世界中の人びとが（いくぶんか興味本位で）それを読んだ．ホワイトハウスのサイトには直ちに反論が掲載され，この応酬へのアクセスは膨大な数に上った．いずれにせよこうした一連のスキャンダルは，それが世界中の人びとの目にさらされたこともあわせて，大統領の象徴的身体を著しく傷つけた．にもかかわらず，クリントン支持率があまり下がらなかったことは驚きであった．その理由としては，①人びとがスキャンダル報道にすでに飽き飽きしてしまったこと，②クリントン政権のIT政策とその結果としての経済安定が評価されたこと，などが挙げ

られる．

　しかし，より根底的な変化は，もはや人びとが象徴的身体を大統領に求めなくなったことにあるのではないか．ウェブサイト上に現れる「大統領」は，相変わらず，「よき隣人」であることと強いリーダーシップをあわせもつことを主張しているが，その画像はあまりにも小さく，操作可能な形式であり，また「ただの人」のサイトとの差は小さい．かつて，子どもの夢として「新聞に載るような人になりたい」という言い方があったが，いまや，誰でもがウェブサイトを開くことができるのだ．

2000年アメリカ大統領選

　こうした流れのなかで，2000年大統領選挙は，ネット選挙とでもいうべき様相を呈した．この選挙では，共和，民主両党の全国大会がインターネット中継され，10月には大統領候補のTV討論会もネット中継された．TVにならぶメディアとして，インターネットの利用が本格化してきたことを示すものである．

　また3月にアリゾナ州で民主党予備選挙でオンライン投票が実施され，投票総数の45％がネット経由で投票された．また，11月には国防総省が不在者投票をオンラインで行う実験を開始するなど，電子選挙の完全実現へ向けてさまざまな

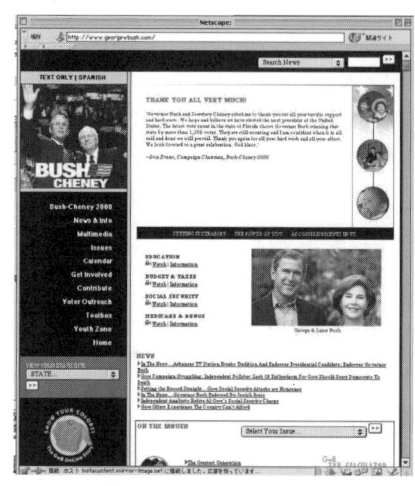

図1-6　ブッシュ候補のサイト（2000.11.9）
　　　（http://www.georgebush.com/）

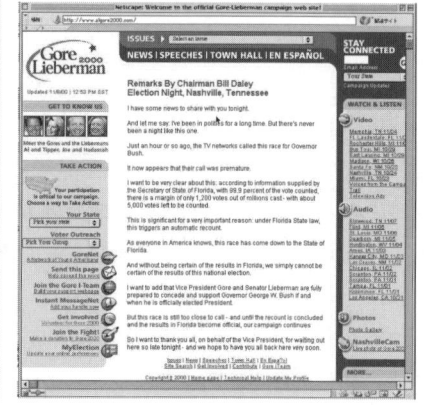

図1-7　ゴア候補のサイト（2000.11.9）
　　　（http://www.algore2000.com/）

4. デジタルメディア・ポリティクスの展開　27

試みがなされた.

　当然, 候補者たちの選挙活動にもインターネットは大きな役割を果たした. 図1-6, 図1-7は, ブッシュ候補とゴア候補のサイトである. ゴア候補のサイトは, 画像や音声が豊富で, 内容も充実しているが, ブッシュ候補のサイトは比較的シンプルでわかりやすく親しみがある. サイトも候補の個性を表出する手段であり, この差が, 史上まれに見る僅差の結果を最終的に決定したのかもしれない.

　しかし, インターネット選挙の「新しさ」を印象づけたのは, むしろ, 無名の候補者や一般の人びとの行動だった.

　大統領選挙に先立つ1998年10月のミネソタ州知事選挙で, 泡沫候補と見なされていたジェシ・ベンチュラが当選したことは, 多くの人を驚かせた. 資金力を欠く彼の選挙運動は, ネットサイトを中心に展開された (図1-8). 選挙サイトの主たる目的は, 運動費集めとボランティア集めであった.

　大統領選では多くの候補がウェブサイトの活用をはかった. なかでも注目を集めたのは, ニューハンプシャー州の予備選に挑んだブラッドリー候補とマケイン候補だった. 彼らのサイトも選挙資金とボランティア集めに大いに力を発揮し, とくにマケイン候補はブッシュ候補を相手に予想外の善戦をした.

　こうした無名候補のウェブ戦略に反応したのは, これまで政治に高い関心をもたなかった大学生や無党派層だといわれる. 彼らは, ワン・クリックで, 候補者

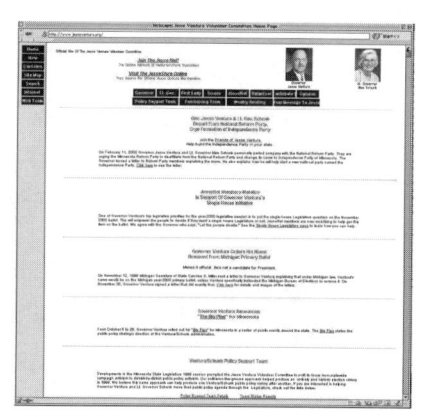

図1-8　ジェシ・ベンチュラのサイト(2001年)
(http://www.jesseventura.org/)

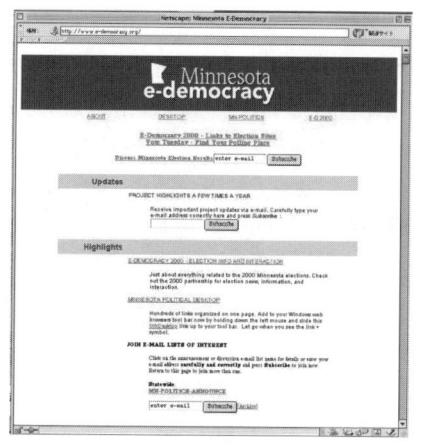

図1-9　e-democracyのサイト(2000年)
(http://www.e-democracy.org/)

の奇抜なキャラクターグッズを買い，小額の献金をし，ボランティア要員に応募した．

　政治活動のこのような簡略化は，もっと自発的な政治行為の基盤ともなりつつある．

　e-democrasy.com（図1-9）は，独自の視点から選挙に関する情報を集大成した市民サイトである．また，speakout.com（図1-10），vote.com，voter.comなどのサイトは，さまざまな政治的テーマに関して，中立の立場から独自の世論調査を行い，議論の場を提供し，多くのアクセスを集めた．vote.comのディック・モリス（Dick Morris）代表は，「私たちが目指しているのは政治カラオケだ．みんなが自分の意見を出し，それを政治家や政党に聞かせる．トップダウンではなく，ボトムアップの政治システムだ」と述べている（高成田 2000）．

　評価は分かれるだろうが，票の交換を行うサイトも登場した．図1-11に示したVoteExchangeサイトはその一つである．アメリカでは，大統領選が州ごとの選挙人獲得によるため，自分の票が自分の応援する大統領候補の票に直接結びつかない可能性がある．そこで，たとえば自分の州では他の候補が圧倒的に有利で，自分の一票が有効に機能しないと考える人にとっては，応援する候補者が接戦を演じている別の州に自分の票を投じた方がよい．このような希望者同士の票の「交換」を仲介するのがこのサイトである．このような考え方は，近年注目を集

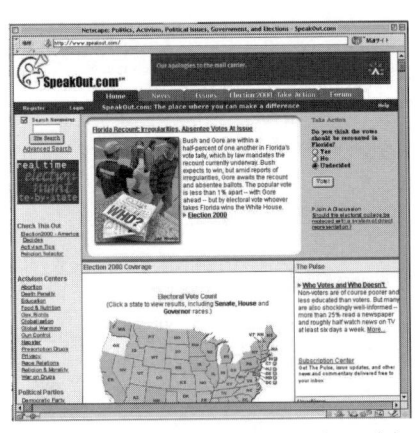

図 1-10　speakout.comのサイト（2000年）
　　　　（http://www.speakout.com/）

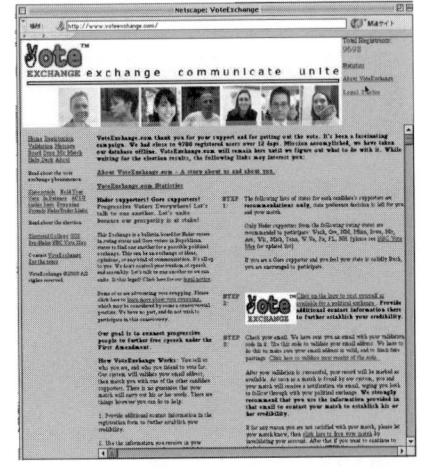

図 1-11　VoteExchangeのサイト（2000年）
　　　　（http://www.voteexchange.com/）

めている「足による民主主義」(自治体の政治がその自治体の人口を決定する)と同様,現代においては,人びとが「場所」に拘束されることが少なくなったことを示している.

　一般の人びとのこうした行動は,結局,前節で指摘したような,ネットメディア環境における中心的身体の縮小,個人駆動型の状況創出という特性がここに現れているといえる.

アジア諸国におけるデジタルメディア・ポリティクス

　インターネットを利用した政治活動は,アメリカや西欧諸国に限られたものではない.本章では紙数の都合上十分には触れることはできないが,むしろ民主主義の遅れた地域とされてきたアジア諸国で,近年,小集団がポリティカルなアクターとして強い力を発揮し始めている.

　アジアの多くの国々では,第二次世界大戦後も独裁に近い政治体制が長く続いた.そのため,国家による情報統制は厳しく,国民は客観的な情報を得るためには,他国のメディアを傍受するしか方法はない状態におかれた.当然そのような行動は厳しく監視された.このような状況では,政治的身体はしばしば象徴的身体として聖別され,政治的身体の面はその光背に隠蔽される.公衆は,強制的に象徴的身体を通じてのみ「われわれという身体」を見るようなアイマスクをかけた状態におかれる.公共的イベントのこのような形式における鋳造された「われわれの身体」は,一見,伝統や宗教や生活の必要や,時には暴力に依拠した強固なものに見えるが,実際には,諸個人の内部から発せられたものではないために,脆弱性が高い.

　70年代後半から,アジアの政治経済が新たな段階に入ると,状況は次第に変化し始める.とくに1991年8月にスターTVが放送を開始したことにより,政府の規制を離れた,グローバルな情報空間が人びとの前に開かれたのである.

　90年代後半にはいって,インターネットが利用可能になると,さらに状況は新たな段階を迎える.衛星TVでは,人びとは情報を受けるに留まるが,インターネットでは,監視の眼をくぐり,乏しい資材をやりくりしてであっても,強い動機付けさえあれば,個人や小集団が自らのメッセージを世界に向けて発信することができる.その結果として世界の広い範囲からの支援を受けることもできる.韓国のOhmyNews (www.ohmynews.com, 2000年2月開設) やsayworld (www.sayworld.co.kr, 2000年末開設)(www.sayworld.biz, 2007年3月現在), フィリピンのInquirerInteractive (www.inquirer.net)(INQUIRER.net, 2007年3月現在) などのインターネット新聞は, 少人数の人びとがインターネットを利用することで膨大な数の人びとの情報獲得, 対話, 結集の場を創り出した例である. こうした新しいメディアは, 近年のアジアにおける民主化運動の媒体ともなっている. インターネットを媒介とした議論が国家体制に大きな影響を及ぼした代表的な市民運動として,「People's power 2」(フィリピン),「落選運動」(韓国) などがある.

アジアにおけるこのようなネットを介した大衆運動は, ある種のパラドックスを含んでいる. すなわち, 必ずしも充分に「豊かな社会」化していないアジア諸国において, インターネットが社会基盤として急速に整備された背景には,「開発独裁」と呼ばれるような政治指導者の強力なリーダーシップがあった. ところが, それによってネットメディアが人びとに近しいものになると (ニューリッチと呼ばれる層が台頭してきたこともあって), こうした強力なリーダーに対する批判も噴出してくるのである.

とはいうものの, 繰り返し指摘しているように, こうした動きは, ネットメディアだけによって成立しているわけではない. とくにネットメディアについては, その異質性 (とくに対面型コミュニケーションや既存のマスメディアと比して) ばかりが着目されてきた. だが, アジアの民主化運動にあたっては, ネット以前に, FAXやラジオなどがさまざまな工夫によって運動の基盤として利用されている. また, 韓国では, ハンギョレ新聞が少数の人びとの手によって立ち上げられ, メディアの状況を大きく変える役割を果たした.

ネットメディアは, 他のメディアとの相乗効果によって, 中心的身体の縮小と個人駆動型の公共的イベントを創出するのである.

5. 日本におけるメディア・ポリティクスの現在

これまでの流れ——日本における政治的身体の欠如

さて一方, 日本では長い間, 必ずしも政治領域とメディアは親和的ではなかった. 第二次世界大戦後の変革によって,「表現の自由」は保証されたが, 日本の

政治家たちは，しばしばメディア嫌いで有名になった（たとえば佐藤栄作など）．ジャーナリズムはこれを，「永田町の論理」とか「密室政治」と呼んで批判した．政策の多くは，その決定過程が国民に説明されないまま，議会に提出された．議会においても，その決定は，充分な議論を経るよりも，野党の怒号を与党の多数派が押し切る形で進むことが多かった．

第4節で見たように，アメリカではアイゼンハワー以来，政治にTVが利用されるようになって，密室のボス政治は少なくとも透明な政治を目指す方向へと移行した．これに対して日本では，政治的身体も象徴的身体もあくまで権威のベールの陰に不可視のまま隠匿された．その結果，新聞もTVも政治を公共的イベント化できず，人びとは政治をブラックボックスとして関心の外におく傾向を示した．それはいかにも不自然な状態であった．にもかかわらずそのような状態が長期にわたって存続したのは，「隠蔽によって権威が保持される」という前近代的な感覚が，政治的指導者の側にも一般人の間にも残存していたからかもしれない．

こうしたなかで『ニュースステーション』（1985年10月7日放送開始）の登場は，政治の公衆化に一定の役割を果たしたといえるだろう．これに続く『朝まで生テレビ』や『NEWS 23』も，ニュースとくにポリティカルな問題とエンターテインメントの間に回路を結び，人びとの政治関心をある程度ひきつけた（このようなひきつけ方に批判はあるとしても）．1993年に問題化した「椿発言」は，椿氏の認識の当否あるいはこれを暴いた側の意図はともかくとして，日本においてもメディアがアクターとして作動しうる可能性を示唆した．もっともこの発言に対する多くの論調は，椿氏の「傲慢さ」を批判するものであった．このことは，メディアあるいは情報の問題を表層的なものあるいは技術的なものとしか捉えない根深い体質を暗示している．

2000年に成立した森政権は，歴代内閣のなかでも際立って，メディアに対して警戒的であった．そもそも小渕前首相の死を受けた森首相の指名が密室の中で決定されたことで，その正当性に疑問がもたれていた．にもかかわらず，森氏にはメディア的身体性に関する意識はほとんどなかったように思われる．その結果，森氏は，トンプソンの指摘する，政権のメディアに対する脆弱性をすべて露呈し，これを管理できなかった．森氏がマスメディアに対して自らを露出しないようにすればするほど，そのことが繰り返しマスメディアの取り上げるところとなり，

最終的には氏を退陣へ追い込んだ．

新たな展開——政治的身体か象徴的身体か

　ところが，2001年4月に小泉政権が誕生すると，状況は大きく様相を変え始めた．小泉首相個人の身体性が，メディア上に大きく露出されたのである．それは，小泉政権が，与党実力者の合議でなく，森氏の失敗に危機感をもった地方議員たちのある種の反乱によって成立した経緯と無関係ではない．小泉政権は，擬似的な大統領選によって成立したともいえるのである．したがって小泉氏は，党内関係よりも，幅広い公衆の支持に依拠せざるを得なかった．その実現のためには，小泉氏は自らの象徴的身体と政治的身体を意識的に操作する，日本ではまれな政治的リーダーとなった．

　日本でも過去に政治家個人の身体がメディアに大きく取り上げられたことはある．たとえば，「今太閤」と呼ばれた田中角栄元首相，「マドンナブーム」の先頭を走った土井たか子元社会党委員長，55年体制崩壊後の細川元首相などである．しかし彼らはあくまでも自らを政治的身体として呈示し，象徴的身体としての呈示には無頓着だった．彼らはいずれも政治的転換期に登場した政治的指導者であり，その意味で，象徴的身体としての自己にも意識的であるべきだった．彼らの無頓着さが，期待された転換を貫徹できなかったひとつの理由かもしれない．

　これに対し，近年は意図的に自らの（TV的）象徴的身体性を演出する方向が，伏流として存在した．小沢一郎自由党党首のTV CM，土井たか子社民党党首のTV CMなどは，むしろ自らを戯画的に描くことによって，視聴者の話題を呼び，CMの賞を受け，選挙での得票率にも貢献したといわれる．一方，野党第一党である民主党は，インターネットを利用した政治活動で先行した．

　小泉氏は，これら先行例をふまえ，政権担当者としての利点を付加した戦略を積極的にとったといえる．小泉氏は，まず，シンプルでイメージの明確なキャッチフレーズを反復するという，TV的な政策提示を行った．その「わかりやすさ」は，メディアの歓迎するところであった．そして，メディアに積極的に対応し，メディアとの友好的な関係を築いた．また議論は，「改革」の味方／敵という二分法によって単純化され，X Japanの音楽をBGMとしつつ，「米百俵」という物語性を付与した．これは，従来の政党政治に対する挑戦でもあり（小泉氏は首相公選制を主張している），「必要とあれば自民党をも壊す」という刺激的な言い

方で，自身の強い象徴的身体＝政治的身体をアピールしたものである．さらに，自民党ではなく，「小泉」という個人性を主張するTV CMを相次いで製作した．

　また，小泉戦略の巧妙な点は，小泉氏だけでなく，複数のアイドルによって複合的にショーが構成されていた点である．政権発足と同時に組閣された内閣には，田中外務大臣，扇千景国土交通大臣，石原伸晃行政改革担当大臣，塩川正十郎財務大臣，竹中平蔵経済財政政策担当大臣など，メディア的話題に事欠かない人びとが並んだ．彼らは，多様な個性によって注目を集め，その結果，ニュースショーだけでなく，これまで政治関連のトピックスを取り上げることの少なかったワイドショーまでをも席巻した．いったん火がつくと止め処もなくなるように，ワイドショーは小泉関連の話題に多くの時間を割くようになった．追い討ちをかけるように，KOIZUMIグッズ販売があたり，子息の芸能界入りもまたワイドショーをにぎわした．写真集『KOIZUMI』（双葉社，2001年9月）の発売もまた目新しい戦略であった．

　こうしたメディア戦略は，遅れ馳せながら，アメリカで発達してきたメディア戦略を後追いし，さらに大衆化（アイドル化）したものといえる．小泉氏の戦略はかなりの程度成功を収めたといえる．が，日本においては，こうしたメディア戦略がこれまでほとんどなかったために，その効果が過剰に発現した可能性もある．小泉首相自身をはじめとして閣僚たちの失言も多いにもかかわらず，マスメディアは相対的に寛容であった．一般の受け手たちはまた，この新奇な内閣を，あたかも彼らがTV CMに対してそうするように，自分たち流に読み替えて愉しもうとしているかにも見えた．たとえば，塩川大臣に対する「塩爺」という呼び方なども，実際の塩川氏とは別次元での「遊び」として受容されたように思われる．

　小泉氏は，ネットメディアに関しても積極的であった．2001年5月7日には，メールマガジンの発行を国会で発表した．それが話題を呼び，6月9日の登録開始からわずか3日で登録数が20万を突破し，創刊号は78万部が送信された．登録数はその後さらに200万以上に達した．また，自民党のサイトには，TV CMがアップされ，自由にダウンロードできた．一時は，CMの人気投票も行われていた．

　それに呼応するように，とくに学生たちの間で小泉メールマガジンを読むよう勧誘するメールが流れたり，また「小泉」応援サイトや「塩爺」応援サイトの登

場も目立った．

　しかし，すでに前節で見たように，ネットメディアの埋め込まれた社会では，政治的リーダーには，象徴的身体であるよりも，個人や小集団の多様なアクションを集約し，政策的に実現する機能が求められていると考えられる．その観点からするならば，一時的に「変化」の表徴としての象徴的身体が求められることはあるとしても，遠からぬ将来には，象徴的身体よりも，公衆の論議を吸い上げ実現する機能的政治身体の確立が求められていることは間違いないだろう．

　日本においても，vote.com のような試みはすでに始まっている（たとえば，vote.com の日本版である www.vote.co.jp など）．こうした試みを「政治的カラオケ」あるいは単なる「遊び」の次元で消費して終わらせることなく，政策へと結びつけていく制度構築もまた急務と考えられる．

6.　新たな公共性の諸問題

　以上，本章では，ネットメディアと既存メディアの複合メディア環境における公共的イベントの様相について論じてきた．一言で要約すればそれは，象徴的身体の縮小と個人駆動型ポリティクスの拡大，ということになる．しかし，そこにはいくつかの問題があり，それらは相互に関係し合っている．

　第一に，象徴的身体が縮小しても，政治社会的サービスは保証されなければならない．先に，アメリカでは，ホワイトハウスの公式サイト（Whitehouse.gov）とは別に，政府のポータルサイト（Firstgov.gov）が開設されたことを述べたが，それはこのような流れに沿ったものと見ることができる．シンガポールでも，国家プロジェクトであったシンガポール・ワンプロジェクトのサイトが，以前は非常に国策を前面に出したものであったが，最近はむしろ国民がよりネットに親しみやすいようなデザインへと変更されている．その代わりに，eCitizen という行政サービスサイトが開設されている[9]．ただし，このような行政サイトがどのようなものであるべきかについて，民主主義との関連を含めて，まだ充分には論じられていない[10]．

　第二に，その一方で，象徴的身体の縮小が国民の一体感を薄くし，人びとの公共性への関心を低下させるのではないかという危惧もある．そのために，かえって，象徴的身体／政治的身体を拡大しようという動きも見えないではない．一般

の人びともそれを期待している面がなくはない．それは非常に危険なことである．

　第三に，また他方，個人駆動型ポリティクスは，「われわれの身体」を構成できるのか，いいかえれば，広い範囲にわたる合意形成を可能にするのか，という問題もある．この問題は，情報民主主義に関する初期の段階から議論されてきた点であるが，いまだ答えは見いだされていない．たとえば，現在では多くの自治体が市民が自由に発言できる「市民フォーラム」といった場をオンライン上に設けているが，ほとんどの場合，こうした場の議論は拡散したまま結論に達しない．またこうした場での発言者が限られていて，市民全体の声を代表しているのか否かが曖昧である[11]．こうした場をあえて破壊しようとする「荒らし」と呼ばれる発言者も現れる．そのため，公開の議論という観点からはこうした場の意義は認められるものの，議論と政策との関連はまったく不明である．

　第四に，たとえこのような場での議論が何らかの市民合意を形成したとしても，現時点ではこれが直接政策提案として審議される制度はない．ときに一部が恣意的に取り上げられる程度である．このような状態では，市民の政治的無力感をかえって助長するおそれさえある．それは，現在の情報民主主義が，どちらかといえば，行政主体で行われているためであり，今後は議会と結びついた市民フォーラムが，制度的に考えられていく必要がある．諸外国ではこうした試みが始まっている．たとえば，アムステルダムの Digital Amsterdam やデンマークのコンセンサス会議などである．ただし，これらにも多くの課題が指摘されている．

　第五に，ネットメディアをベースとした複合メディアを媒介として今後このような市民参加の場が整備されていくとしても，それが現実のものとなればなるほど，誰もがそこに容易にアクセスできることが前提となる．そのためには，通信回線などのハード的な問題だけでなく，現実とスムースにつながったユーザインターフェースについてもより深い考察が必要であろう．フィンランドで試みられている Virtual Helsinki はその一例であるが，人間と仮想空間とのかかわり合いの研究は重要である．

　第六に，先にも指摘したように，中心的身体が個人駆動型のポリティクスにおいては，広い範囲の合意形成よりも，類似の価値観をもつ小集団（あるいはアドホックな集まり）としてまとまることの方が起こりやすい．それは，今後の社会に新たな公共空間の形式をもたらすと期待されると同時に，場合によっては小集

団と既存の政治形式とのコンフリクトや小集団同士の対立を生じる可能性がある．現時点では，それを調停するような制度あるいは規範はないに等しい．

　本章ではあまり触れなかったが，筆者はかつて「ソーシャル・インターフェース」という概念を提起した．それは，価値観や制度を異にする社会（集団）同士をいかに調停するか，という問題である．今後，このような問題についてさらに議論をすすめ，遠い過去の時代から人びとがひとつの理想として描いてきた「民主主義的社会」の現代的形態を現実へと連結していくことが必要であろう．

第2章

TVとネットと世論
——小泉劇場の神話構造分析

1. はじめに

　2006年秋，小泉政権の幕引きが近づくにしたがって，新聞やTV，書籍などさまざまなマスメディアで政権を総括する動きが目立つようになった．
　そのほとんどが取り上げる小泉政権の形容詞は，「劇場政治」性である．
　2001年に小泉政権が発足して以来，「劇場政治」あるいは「TV政治」「メディア政治」という言葉がメディアをにぎわすようになった．小泉首相の持続的な人気（支持率）がツボにはまったパフォーマンスとメディア戦略による大衆懐柔であるとの認識である．
　だが，小泉首相の劇場政治に「劇場」を提供するのがマスメディアである以上，「劇場政治」批判は，直ちにマスメディア批判ともなる．いやむしろ，90年代初めに椿発言などを契機に日本で「TV政治」が問題化したとき，批判の対象となったのは，TVの側だった（今回も，「TVの責任」を問う声もあるが）．
　この変化の間で，メディアと政治の相互関係はどのように展開してきたのだろう？　その展開のなかで，「劇場政治」あるいは「TV政治」とはいったいどのような事態を指しているのだろう？

本章では，まず次節で，このメディアと政治のパラドックスに満ちた関係を概括する．次に，具体的なニュースショーを分析し，そこに現れたTVと「小泉劇場」の関係について論じる．そして最後に，このようなTVと政治の現在と，その背後にあるネット・メディアの動向との関係を考察するものとする．

2. メディア政治あるいは〈劇場政治〉とは何か

政治と演劇

「劇場政治」というと，あたかも近年，メディアの発達によって初めて現れたもののように思われがちである．そしてそれは，事態の表面を覆う安っぽい装飾にすぎず，本質とは関係のないもののように言われることが多い．しかし「政治」はそもそも強い演劇性を帯びている．

文化人類学者のギアツ（Geertz 1980=1996: 143-4）は次のように指摘する：

> 現代の政治研究の中心に位置する国家（state）という名詞には，少なくとも三つの語源的に異なる主題が集約されている．第一は，場所，状態，身分，条件という意味での地位——すなわち位（estate）である（われらの血と位（state）の誉れ）のように）．第二は，壮麗，誇示，尊厳，威力という意味での華美——すなわち威厳（stateliness）である（「華麗に進め，華麗さは偉大さとなる．そして王は威厳（state）により恩寵を得る」のように）．第三は，君臨，執政，支配，統御という意味での統治——すなわち国政術（statecraft）である（「行政をあまり少数に任せてはいけないし立法をあまりに多数に任せてもいけないということは，国政術（state）における原則と考えてよかろう」のように）．そしてこれらの意味のうち第三のもの，つまり最も最近になってあらわれたもの（1540年代のイタリアにおいてである，マキアヴェリでさえこの意味を知る由もなかった）が支配的となったために，強大な権威のもつ多面性に対する理解が妨げられることになったのは，政治研究の，またその現代性の特色である．支配の側面に気をとられるために，それ以外がほとんど見えないのである．

トンプソンもまた，「（中世から近代初頭のヨーロッパにおける伝統的な絶対王制では，）王や王子や領主（lord）が被支配者の前に姿をあらわすとき，……彼

らの公の場への登場は，慎重に演出されたイベントであり，華麗さと儀式に満ちていた．そこで，専制君主のオーラが表明され，確認されるのだった」(Thompson 1995) と述べている．

「王の身体」が共同体のパワーあるいは同一性の表徴であった時代，政治とはまさに演劇にほかならなかったのである．

メディアの発達と政治過程の可視化

しかしながら，近代への移行の過程で，政治の演劇性（あるいは儀礼としての政治）は後景へと退いていく．かわって，ギアツ (Geertz 1980) の言うところの「統治」としての政治が全面に押し出されてくる．

カントロヴィッツも，『王の二つの身体』(Kantrovitz 1957) において，前近代には王は自然的身体と超越的身体をあわせもつと考えられていたが，近代化とともに，超越的身体＝政治的身体が独立した擬制として展開していったと論じている．

近代化の過程におけるこのような政治権力の変容に，メディアが一定の役割を果たしたことは明らかである．

ハバーマス (Habermas 1981) は，印刷メディアが近代市民階級に公共圏 (public sphere) を開き，民主主義的合意形成の場を構成したという．またアンダーソン (Anderson 1983) は，印刷メディアの普及によって広域にわたる情報共有が可能になったことが，近代国家の基盤となったと指摘している．

これに対してトンプソンは，「印刷メディアが創りだした公共性は，共通の場所の共有と切り離されただけではない：それは同時に対面的な会話に特徴的な種類の対話的交換とも切断された．印刷メディアの進歩にともない，何かを公にするという行為は，おおむね，発話行為の対話的交換と分離され，しだいに印刷された言葉の生産および伝達の手段へのアクセスに依存するようになった．同様に，公的な行動やイベントについて目撃したり学習したりという行為は，おおむね，対面的な相互行為への潜在的な参加者という役割から分離された．いまや，人は，行動やイベントを，それについて書かれたものを読むことによって学習する．そして，読むという活動においては，読者は，その元の行動やイベントの当事者に自分の意見を伝えることを，求められても，許されてもいないのである．いいかえれば，書かれたものの生産者とその受け手たちとの関係は，基本的に，メディ

アを介した準相互行為であり，印刷された言葉によって創出された種類の公共性は，この関係性によってある程度定義されたのである」(Thompson 1995) と述べ，印刷メディアに媒介された公共性が，知覚や身体を媒介とする共在性を衰弱させたと指摘する．

活字公共圏からAV（視聴覚）公共圏へ――アメリカにおけるTV政治

しかし，メディア技術の発展は，この活字媒介的な共在性をさらに新たな段階へと導いた．映画，ラジオ，TVなど視聴覚に訴えるメディアは，送り手の疑似身体を受け手に感じさせ，送り手と受け手の間に擬似的な共在空間を構成するのである．

とくにアメリカでは，（その国土の広大さのゆえか）政治家たちは視聴覚メディアの利用に当初から意識的だった．

1952年の大統領選における党大会完全TV中継（アイゼンハワーが大統領に選出），1960年にはケネディ－ニクソンの大統領選挙におけるTV討論など，TVを制するものが選挙に勝ち抜く構図が早くから完成した．それは，政治過程を大衆の視線にさらすと同時に，メディア・イベントとして国民の一体感を演出するものとしても機能してきた．

その一方，TVジャーナリズムも政治に大きな影響力を行使するようになった．ベトナム戦争の欺瞞を暴いて反戦世論を惹起したのはTVであったし，ウォーターゲート事件を明るみに出してニクソンを失脚させたのも，湾岸戦争における情報操作を明らかにしたのも，TVジャーナリズムだった．

だが，メディア産業の成熟にともなって，その逆機能も指摘されるようになった．

大衆は政党や政治家の表面的なイメージのみで意思決定を行う．その結果，正しい民主主義が衆愚政治に堕するという大衆批判である．またそれは，政治家あるいは政党は，大衆の支持を得やすいイメージの呈示に心を砕くようになり，甘いイメージの背後に苦い現実を隠蔽して大衆を操作しているという政治批判ともなる．批判はTV側に対しても向けられる．TVの視聴率至上主義によって，視聴率をとれる候補者ばかりがメディア露出することになり，それが選挙結果などに偏りを与えるという議論である．TVの視聴率至上主義は，政治家のスキャンダルを煽り立てる傾向を生む．スキャンダルは大衆の好事心に訴え，さらに高い

視聴率が見込まれるからである．その結果，TVジャーナリズムは政治自体とはやや次元の異なる政治家のスキャンダルを暴き立てることに汲々とし，政治家たちはスキャンダルを隠蔽することに汲々とし，大衆はそのドタバタ騒ぎを冷笑する，という三すくみ状態が現出することになる[1]．

そして，1992年，アメリカのメディア政治はまた新たな段階に入った．

「情報スーパーハイウェイ構想」を公約としたクリントン-ゴアがホワイトハウスに入り，ネットを媒介とした情報流通が一気に拡大したのである．それからすでに10年以上を経た現在，ネット抜きにアメリカの政治を語ることはできない（アメリカ政治とネットの関係については，第3章参照）．

日本におけるTV政治の展開

日本では，政治家たちは必ずしもメディアの前に立つことに熱心ではなかった．

その背景には，抑制した表現をよしとする日本「演劇」の伝統が関与しているのかもしれない[2]．

それでも，たとえば，1972年6月の退陣表明記者会見の冒頭，「テレビはどこだ？ テレビ，前に出てください．偏向的新聞は大嫌いだ．新聞は間違って伝える．新聞記者は出て行ってくれ」と発言し，一人TVカメラに向かって演説を行った佐藤栄作は，活字メディアと視聴覚メディアの違いにすでに気づいていたといえるだろう．

しかし，日本における視聴覚メディアと世論の関係を考えたとき，長い間，主役の地位を占めてきたのは，「ニュースショー」や「ワイドショー」であった．

日本におけるニュースショーの幕開けは，1962年10月1日にスタートした『JNNニュースコープ』（TBS）とされる．司会は田英夫と戸川猪佐武であった．田英夫はキャスターとしての圧倒的な人気を背景に，1971年6月，第9回参院選に全国区から出馬してトップ当選し，その後5期・30年に渡って議員を続けた．NHKでも1974年4月に『ニュースセンター9時』を放送しはじめた．初代キャスターの磯村尚典もまた，その後都知事選に出馬する．彼らを嚆矢として，70年代以降，TVで知名度を得たものが政治家となる例が目立つようになった．彼らはしばしば「タレント議員」と呼ばれ，ポピュリズムの衆愚政治的な面を表すものとして批判されてきた．

ニュースステーションと椿発言問題

80年代半ば以降，新しいタイプの情報番組が登場してくる．『ニュースステーション』（1985.10，テレビ朝日系），『朝まで生テレビ』（1987.4，テレビ朝日系），『サンデーモーニング』（1987.10，TBS系），『サンデープロジェクト』（1989.4，テレビ朝日系），『筑紫哲也NEWS 23』（1989.10，TBS系）などである．

これらは，キャスターの強い個性を前面に打ち出し，明確な主張をもったコメンテータをそろえて，その時々の問題に対して論争的な番組作りをするところに特徴がある．そのため，政局に影響を及ぼすことも起こる．たとえば，1993年には，宮澤首相（当時）が『サンデープロジェクト』での発言によって総理の座を追われるようなことも起こった．

とくに大きな社会問題となったのは，1993年の椿発言である．

80年代末から90年代初めにかけて世界情勢は大きな変動を起こした．米ソ冷戦構造が崩れただけでなく，ソ連という国自体が世界地図から消失する事態となった．

これと関連して，日本国内では社会党の力が急速に衰えたが，同時に，佐川急便事件などもあり，大量の議員が自民党を離脱した．このときの宮澤内閣は，『サンデープロジェクト』での田原総一郎による追求に引きずられるように退陣に追い込まれた．その後の1993年衆議院選挙でも自民党は大敗北を喫し，社会党も惨敗した．かわって跡を継いだのは，自民党離脱者たちの連立政権で細川護熙が首相の座に着いた．

この選挙の後，1993年10月13日付の産経新聞は，〈非自民政権誕生を意図し報道　総選挙　テレビ朝日局長発言　民放連会合〉との見出しで，「テレビ朝日の椿貞良取締役報道局長が，民放連の会合で先の総選挙について『非自民政権が生まれるよう報道せよ，と指示した』『開票速報の間違いは予測ミスで，誤報ではない』などと発言，『"公正であること" をタブーとして，積極的に挑戦する』と強調していたことが，12日までに明らかになった」との記事を掲載したのである．

これがきっかけとなって，TV報道の公正性について激しい議論が巻き起こった．当時，細川政権が「久米・田原連立政権」と呼ばれるなど，TV報道が世論を左右する可能性を社会に意識させた出来事だった[3]．

それから10年弱を経て，TV番組自体が特定の政党や候補者に肩入れしたとはいえないにもかかわらず，TV番組を媒介にして自らの支持率を高めたとされる「小泉劇場政治」の幕が開くのである．

3. 小泉「劇場」政治の誕生

サプライズとしての小泉政権――POPな政治クーデター

　小泉政権を特徴づけたのは，その誕生が必ずしも予測されたものではなかったこと，そして，政権発足時の驚くべき高支持率であった．

　前の森政権は，党内の密室談合で突如指名されたという疑惑をもたれたこともあって，史上まれに見る不人気政権であった．森は失言と失策を繰り返し，支持率の低下のなかで，一部新聞が「退陣の公算」と報じたことから，ほぼ1年で総理の座を退くことになった．

　2001年の総裁選には，橋本龍太郎，麻生太郎，小泉の3人の候補者が立った．党内派閥の力関係からは，橋本の圧勝に終わるとの見方が一般的であった．

　ところがこの時，大きな潮の変化があった．

　森内閣下における自民党への支持率の低さに不安を抱いた地方議員たちが，反党幹部の雪崩現象を起こしたのである．

　予兆はあった．

　財団法人ケーエスデー中小企業経営者福祉事業団（KSD）事件などで自民党批判が高まった2001年1月，自民党宮城県連が奇妙なTV CMを流そうとしたのだ．主婦が自民党に電話をかけ，「あんたたち本当に反省しているの．私が総理大臣をやった方がよっぽどましよ」と怒鳴るというストーリーだった．

　このCMは，結局，当時の古賀幹事長の要請によって一部の音声が消去された形で使われた（図2-1参照）．しかしこのエピソードはマスコミに注目され，好感をもって報じられた．たとえば，2001年1月27日放送の『ブロードキャスター』（TBS系列）[4]では，ブッシュ政権のイメージ戦略と森首相の無策さを述べた後で，このエピソードを紹介し，雑誌『広告批評』編集長の島森路子が「有権者の感覚に近い」とコメントしている．

　そして，2001年4月24日の自民党総裁選では，橋本有利の予想を裏切って，

女性の声「今度という今度は堪忍袋の緒が切れたわよー．」

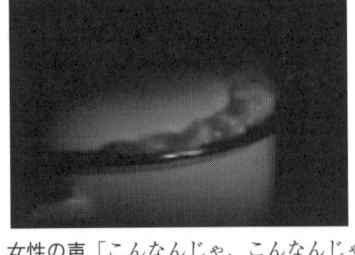

女性の声「こんなんじゃ，こんなんじゃ，こんなんじゃ，」（鍋の煮えたぎる音）

女性の声「あたしが，（総理大臣）○×☆△■……．」

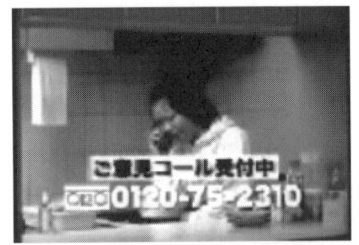

女性が何か言っている声にかぶせて男性の声「明日の宮城のために，あなたの熱いコールを聞かせてください．自民党宮城からのお願いです．」

図 2-1　2001年1月に制作された自民党宮城県連のTV CM（現在ネットで公開されているもの[5]）

小泉純一郎298票，橋本龍太郎155票，麻生太郎31票と，小泉が圧勝したのである．このときの総裁選は，公選（地方予備選＆両院議員総会投票）で，県連は各3票の割り当てであったが，その獲得票は，小泉123，橋本15，亀井3，麻生0と，小泉の完勝であった[6]．

この動きは，あえていえば政権与党である自民党内での青年将校たちのクーデターであったともいえる．

「自民党をぶっ壊す」自民党総裁——「純ちゃん」人気の高騰

1993年の55年体制崩壊はあったものの，結局万年与党に戻ってしまった自民党の内紛劇は，マスコミや世論に新政権に対する好感を形成した．宮城県連のCMについて島森が発した「有権者の感覚に近い」という感想は，オールド自民党に反旗を翻す自民党若手議員，地方議員，そして「自民党をぶっ壊す」と宣言する小泉に対する人びとの共感につながった．

3. 小泉「劇場」政治の誕生　45

表 2-1　各内閣の支持率（%，読売新聞調査）

	細川内閣	森内閣	小泉内閣	安部内閣
内閣発足時支持率	71.9	41.9	87.1	70.3
内閣最末期支持率	55.1	8.6	53.0	

　表2-1は発足時の内閣支持率を比較したものだが，小泉内閣の圧倒的な高さが目につく．

　それは，マスメディア言説にも現れる．たとえば，内閣発足後間もない2001年5月12日の『ブロードキャスター』では，「国会では小泉旋風が吹き荒れている」と，国会の代表質問で「私の内閣の方針に反対する勢力は，すべて抵抗勢力だ」と答弁する小泉を映し，この国会中継が，前代未聞の4.9%という視聴率を

明治初期，厳しい窮乏のなかにあった長岡藩に，救援のための米百俵が届けられました．	米百俵は，当座をしのぐために使ったのでは数日でなくなってしまいます．
しかし，当時の指導者は，百俵を将来の千俵，万俵として活かすため，明日の人づくりのための学校設立資金に使いました．その結果，設立された国漢学校は，後に多くの人材を育て上げることとなったのです．	今の痛みに耐えて明日を良くしようという「米百俵の精神」こそ，改革を進めようとする今日のわれわれに必要ではないでしょうか．

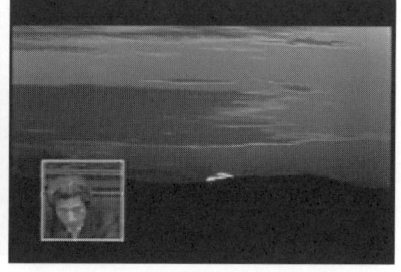

図 2-2　「お父さんのためのワイドショー講座」における「米百俵」エピソードのドラマ化

とったことを伝える．また同じ番組で，5月11日のぶらさがり会見で「なんてったって，あーいどーる，なんてったって，こいずみー」と歌う小泉の映像を見ながらコメンテータたちは，「小泉さんは話し言葉で話すからいいね」という広告批評家・天野祐吉の言葉にうなずくのである．さらに「お父さんのワイドショー講座」[7]というコーナーでは，小泉の所信表明演説関連の話題がその週のワイドショーで延べ3時間08分56秒取り上げられたこと，それは他の話題のなかで第2位にあたると報じた．政治関連の話題がワイドショーで長時間取り上げられることは，小泉以前にはまず考えられないことだった．これについて，コメンテータたちはこのとき非常に好意的に評価している．このコーナーでこの話題に付されたタイトルは「総理が語る『米百俵』」であり[8]，総理自身の語りとともに，番組が用意した「米百俵」物語の映像も映し出された（図2-2参照）．この（TV局による）ドラマ仕立てについてもまた，コメンテータたちは好感をもって言及していた．そしてこの後，小泉関連のニュースは，良きにつけ悪しきにつけ，ワイドショーの目玉トピックであり続けることになる[9]．

持続する高支持率――強運の宰相

　歴史上，高支持率で発足した内閣も，やがては何らかの理由によって国民の支持を失っていくことが多い（表2-1参照）．ところが，小泉内閣の場合は，むしろ数々のスキャンダルや失言に見舞われながらも，それをやり過ごしているうちに，敵方がスキャンダルに見舞われ，うやむやのうちに高支持率を維持し続けるというようにみえる現象が何度も繰り返された（図2-3参照）．

　とくに，2002年2月の田中真紀子更迭事件の際には，小泉に対する批判が沸騰し，一気に支持率を下げた．しかし，これに関連して鈴木宗男の疑惑が発覚し小泉内閣が窮地に陥ると，辻本清美の秘書疑惑が発覚して，追う側の辻本が失脚し，小泉の支持急落はとまってしまった．

　年金未払い疑惑が小泉にまで及んだときも，民主党の菅への疑惑の方が大きく取り上げられることにより，菅は失脚し，小泉は追求を逃れた．

　また，郵政解散選挙の際に，堀江元ライブドア社長を亀井静香に対する「刺客」としたが，2006年1月，堀江は証取法違反（風説の流布，偽計取引）の容疑で，東京地検特捜部に逮捕された．これに関して，堀江を推薦した武部幹事長の責任が問われ，さらに堀江と武部の間に何らかの不適切な関係があったのではないか

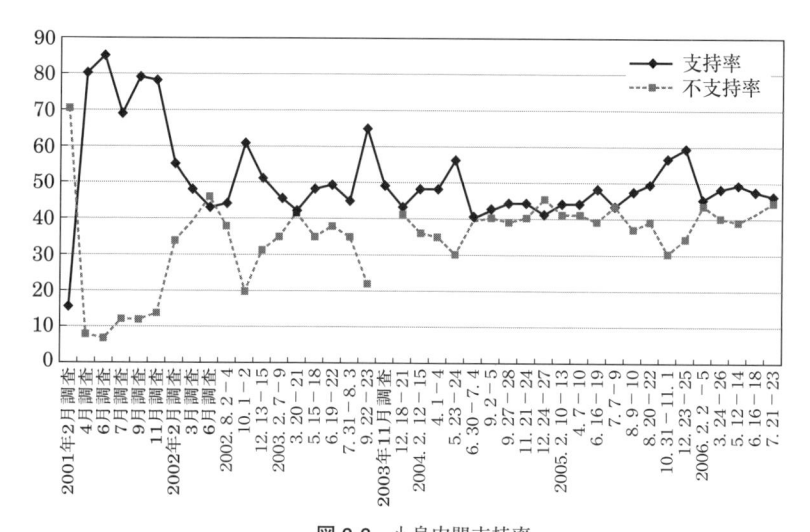

図 2-3 小泉内閣支持率
（データ出所：日経リサーチ調査　http://www.nikkei-r.co.jp/nikkeipoll/results.html）

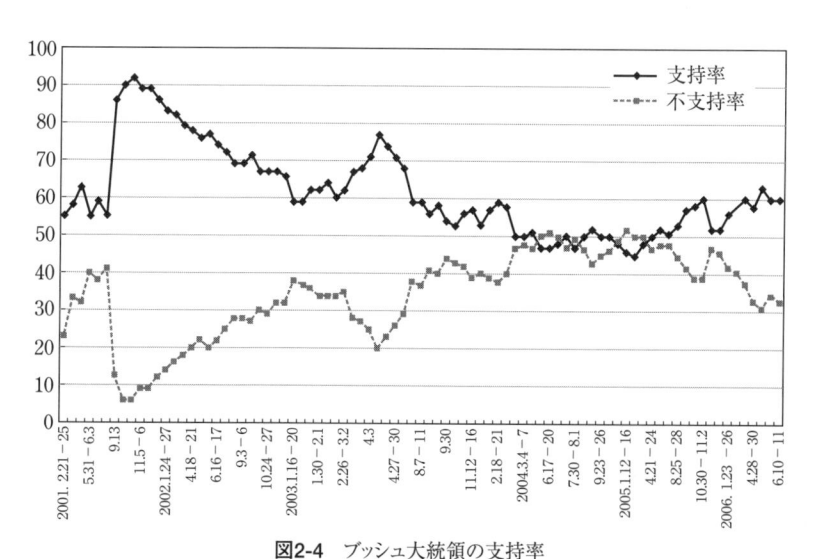

図 2-4 ブッシュ大統領の支持率
（データ出所：ABC News/Washington Post Poll　http://www.pollingreport.com/BushJob1.htm）

と取りざたされた．小泉は窮地に陥ったかに見えたが，この不適切な関係を証明するものとして民主党永田議員が提出したメールが「ガセ」であったため，一転して，永田議員は議員辞職，民主党党首前原も党首辞任に追い込まれた．

小泉自身，何度も自ら自分の運の良さに言及している．たとえば，2006年4月14日には，ラジオ番組の収録で，長期政権となった要因について「何でここまでやってこられたか分からないが，やはり使命感だ」と述べると同時に「運が強かったのではないか．これからも『運がいいなあ』と思いながら，残された任期を精いっぱい頑張りたい」と述べた（毎日新聞）．また，小泉メルマガの最終号にも「徳のある人は才能がない，才能ある者は徳がない，といわれますが，私は自分では気の弱い普通の常識人だと思っています．ただ，いつも何かに守られている，運がいいな，と思いながら，何とか頑張ってきました」（小泉内閣メールマガジン　第250号，2006/09/21，http://www.kantei.go.jp/jp/m-magazine/backnumber/2006/0921.html）と書いている．
　このような述懐は，小泉の謙虚さを表すもののようにも聞こえる．しかし，才能や徳はある程度努力によって獲得されるだろうが，「強運」はそうではない．その意味では，「運がよい」ことの主張は，より絶対的な超越性を（暗黙に）主張するものともいえる．
　当然のことながら，小泉の「強運」はネット空間でも話題になっていた．たとえば，2ちゃんねるには「小泉総理は運が強すぎる〜小泉超ラッキー伝説」というスレ（http://society.2ch.net/test/read.cgi/giin/1071406846/，2003年12月14日創立）が小泉退陣まで続き，退陣後は「小泉純一郎は運が強すぎる」スレがなお続いている（2006年10月16日時点）．そのまとめスレ「運スレと小泉の法則まとめページ」（http://yasz.hp.infoseek.co.jp/log2/jirei.htm）には，「小泉超ラッキー伝説または小泉の法則」が掲げられている．一部を引用すると，以下のようである：

　　基本法則1：小泉総理の敵は自滅する．（ブーメラン効果またはマホカンタ効果）
　　基本法則2：小泉総理にとって不利／不利益な事件が起こると，その直後に小泉総理にとって有利／有益な事件が起こる．
　　基本法則3：アンラッキーな事件が致命的であるほど，大きなどんでん返しを伴った幸運が転がり込む．
　　基本法則4：世論，支持者，敵対者の全てが「今度こそ小泉はダメだろう」と確信した瞬間が，ピンチの底である．

「まとめページ」の管理人は，このようなスレの趣旨について，「小泉総理が圧倒的に爆勝していくのを見たいわけではなく，追いつめられ，不利になり，罵倒され，叩かれ，その絶望のずんどこから有無を言わさぬどんでん返しをする瞬間を待ってドキドキするのが楽しいのです」と説明している．それは，2ちゃんねる住人に観察されるシニカルな「遊び気分」と受けとることはできる．

ただし，観察者たちの意図はどうあれ，彼らが「どんでん返し」を期待することによって，それが自己成就予言として機能してしまった可能性も否定できない．

マスメディアの対応

このような小泉人気を，マスメディアもまた陰に陽に歓迎した．

先にも述べたように，マスメディア——主として新聞，TVには，二つの性格がある．一つは，規範理念としてのジャーナリズム——「社会の木鐸」という役割であり，もう一つは，文化産業——営利企業というアイデンティティである．

マスメディアを介して活躍する言論人たちは当然前者を自らのアイデンティティとするが，その舞台を提供する企業人たちは否応もなく後者のアイデンティティによらざるを得ない．そしてしかも，マスメディアを介した言論人たちの影響力は，その言論人たちが出演する番組の視聴率にも左右される．

その意味で，視聴率獲得のための絶好のネタとなり得る「小泉」は，マスメディアに関わる言論人と企業人の双方にとって，歓迎すべき「コンテンツ」であった．

実際，小泉登場後，エンターテインメント情報中心であったワイドショーでも，政治の話題が多く取り上げられるようになった．2001年5月12日の『ブロードキャスター』の人気コーナー「お父さんのためのワイドショー講座」ではTVだけでなく新聞にも，小泉人気はよい影響を及ぼした．「読売ADリポートojo 2001年5月号今月のデータ」（http://adv.yomiuri.co.jp/ojo/02number/200108/08data.html）によると，森内閣時には事件の有無にかかわらずほぼ一定であった政治面の接触率が，小泉内閣になると，一気に跳ね上がった．とくにそれまで政治に興味を持たないとされた女性の接触率が，男性のそれを上回ることさえあったという．

政治と民意

では,小泉人気によって,TVや新聞の政治に関する取り上げが増えたとして,それは,一般人にどのように受け止められているのだろうか?

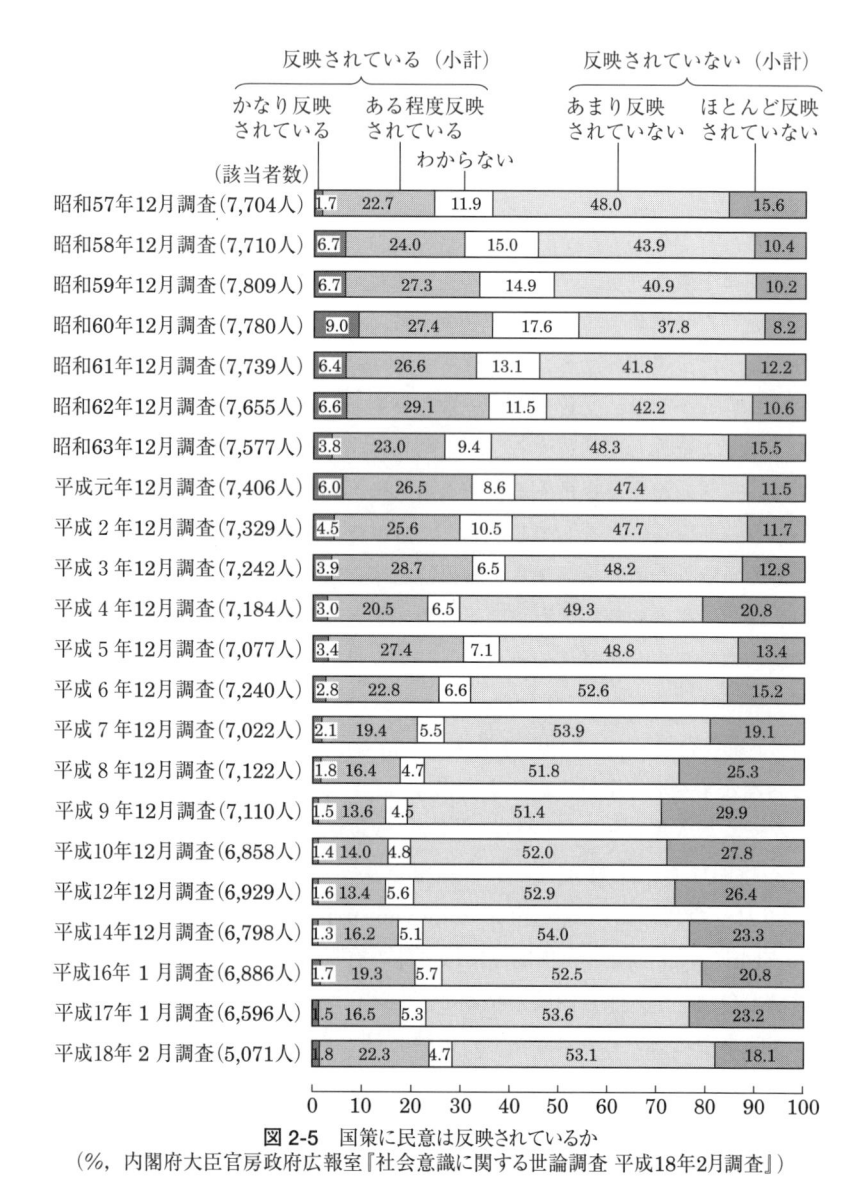

調査	該当者数	かなり反映されている	ある程度反映されている	わからない	あまり反映されていない	ほとんど反映されていない
昭和57年12月調査	7,704人	1.7	22.7	11.9	48.0	15.6
昭和58年12月調査	7,710人	6.7	24.0	15.0	43.9	10.4
昭和59年12月調査	7,809人	6.7	27.3	14.9	40.9	10.2
昭和60年12月調査	7,780人	9.0	27.4	17.6	37.8	8.2
昭和61年12月調査	7,739人	6.4	26.6	13.1	41.8	12.2
昭和62年12月調査	7,655人	6.6	29.1	11.5	42.2	10.6
昭和63年12月調査	7,577人	3.8	23.0	9.4	48.3	15.5
平成元年12月調査	7,406人	6.0	26.5	8.6	47.4	11.5
平成2年12月調査	7,329人	4.5	25.6	10.5	47.7	11.7
平成3年12月調査	7,242人	3.9	28.7	6.5	48.2	12.8
平成4年12月調査	7,184人	3.0	20.5	6.5	49.3	20.8
平成5年12月調査	7,077人	3.4	27.4	7.1	48.8	13.4
平成6年12月調査	7,240人	2.8	22.8	6.6	52.6	15.2
平成7年12月調査	7,022人	2.1	19.4	5.5	53.9	19.1
平成8年12月調査	7,122人	1.8	16.4	4.7	51.8	25.3
平成9年12月調査	7,110人	1.5	13.6	4.5	51.4	29.9
平成10年12月調査	6,858人	1.4	14.0	4.8	52.0	27.8
平成12年12月調査	6,929人	1.6	13.4	5.6	52.9	26.4
平成14年12月調査	6,798人	1.3	16.2	5.1	54.0	23.3
平成16年1月調査	6,886人	1.7	19.3	5.7	52.5	20.8
平成17年1月調査	6,596人	1.5	16.5	5.3	53.6	23.2
平成18年2月調査	5,071人	1.8	22.3	4.7	53.1	18.1

反映されている(小計) / 反映されていない(小計)

図 2-5 国策に民意は反映されているか
(%,内閣府大臣官房政府広報室『社会意識に関する世論調査 平成18年2月調査』)

3. 小泉「劇場」政治の誕生　51

内閣府大臣官房政府広報室『社会意識に関する世論調査　平成18年2月調査』
(http://www8.cao.go.jp/survey/h17/h17-shakai/index.html) によると（図2-5，図2-6），「国の政策に民意は反映されているか」という質問に対して肯定的な回

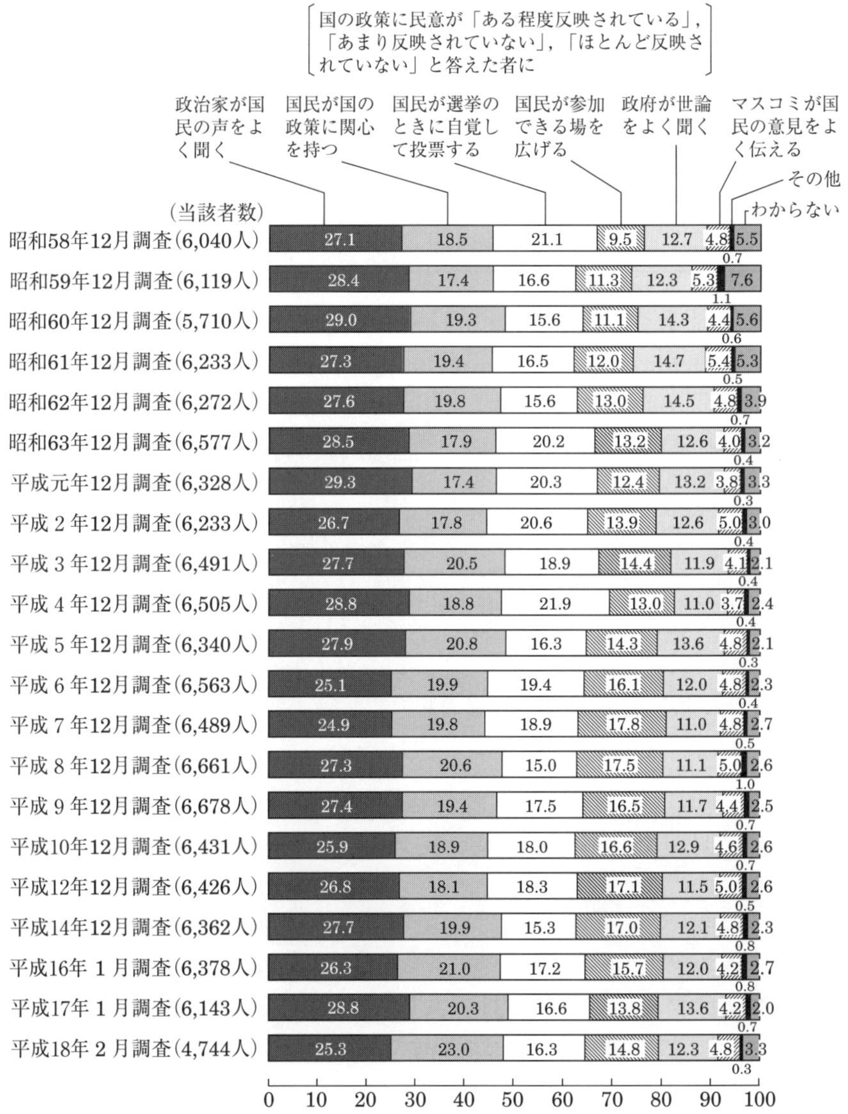

調査	政治家が国民の声をよく聞く	国民が国の政策に関心を持つ	国民が選挙のときに自覚して投票する	国民が参加できる場を広げる	政府が世論をよく聞く	マスコミが国民の意見をよく伝える	その他	わからない
昭和58年12月調査(6,040人)	27.1	18.5	21.1	9.5	12.7	4.8	0.7	5.5
昭和59年12月調査(6,119人)	28.4	17.4	16.6	11.3	12.3	5.3	1.1	7.6
昭和60年12月調査(5,710人)	29.0	19.3	15.6	11.1	14.3	4.4	0.6	5.6
昭和61年12月調査(6,233人)	27.3	19.4	16.5	12.0	14.7	5.4	0.5	5.3
昭和62年12月調査(6,272人)	27.6	19.8	15.6	13.0	14.5	4.8	0.7	3.9
昭和63年12月調査(6,577人)	28.5	17.9	20.2	13.2	12.6	4.0	0.4	3.2
平成元年12月調査(6,328人)	29.3	17.4	20.3	12.4	13.2	3.8	0.3	3.3
平成2年12月調査(6,233人)	26.7	17.8	20.6	13.9	12.6	5.0	0.4	3.0
平成3年12月調査(6,491人)	27.7	20.5	18.9	14.4	11.9	4.1	0.4	2.1
平成4年12月調査(6,505人)	28.8	18.8	21.9	13.0	11.0	3.7	0.4	2.4
平成5年12月調査(6,340人)	27.9	20.8	16.3	14.3	13.6	4.8	0.3	2.1
平成6年12月調査(6,563人)	25.1	19.9	19.4	16.1	12.0	4.8	0.4	2.3
平成7年12月調査(6,489人)	24.9	19.8	18.9	17.8	11.0	4.8	0.5	2.7
平成8年12月調査(6,661人)	27.3	20.6	15.0	17.5	11.1	5.0	1.0	2.6
平成9年12月調査(6,678人)	27.4	19.4	17.5	16.5	11.7	4.4	0.7	2.5
平成10年12月調査(6,431人)	25.9	18.9	18.0	16.6	12.9	4.6	0.7	2.6
平成12年12月調査(6,426人)	26.8	18.1	18.3	17.1	11.5	5.0	0.5	2.6
平成14年12月調査(6,362人)	27.7	19.9	15.3	17.0	12.1	4.8	0.8	2.3
平成16年1月調査(6,378人)	26.3	21.0	17.2	15.7	12.0	4.2	0.8	2.7
平成17年1月調査(6,143人)	28.8	20.3	16.6	13.8	13.6	4.2	0.7	2.0
平成18年2月調査(4,744人)	25.3	23.0	16.3	14.8	12.3	4.8	0.3	3.3

※国の政策に民意が「ある程度反映されている」，「あまり反映されていない」，「ほとんど反映されていない」と答えた者に

図2-6　国策に民意を反映させるにはどうしたらよいか（％，同前）

表 2-2　衆参選挙の投票率

選挙	日付	首相	比例	選挙区	備考
第17回通常選挙	1995年 7月23日	村山富市	44.50%	44.52%	新進党大躍進
第41回総選挙	1996年 10月20日	橋本龍太郎	59.62%	59.65%	小選挙区解散
第18回通常選挙	1998年 7月12日	橋本龍太郎	58.82%	58.84%	自民大敗，橋本辞任
第42回総選挙	2000年 6月25日	森喜朗	62.45%	62.49%	神の国解散，自民敗北，民主躍進
第19回通常選挙	2001年 7月29日	小泉純一郎	56.42%	56.44%	小泉ブーム，自民圧勝
第43回総選挙	2003年 11月 9日	小泉純一郎	59.81%	59.86%	マニフェスト解散，自民安定多数確保，民主躍進
第20回通常選挙	2004年 7月11日	小泉純一郎	56.54%	56.57%	民主党躍進
第44回総選挙	2005年 9月11日	小泉純一郎	67.46%	67.51%	郵政解散，自民歴史的大勝

答をしたものの割合は，80年代末から90年代初めのピーク時から後下がり続けていたが，森政権のあたりを底にして，小泉政権になってからはやや上向きの傾向が見られる．ただし，その値は，ピーク時に比べるとかなり低い．また，国策に民意を反映させる方法については，ここ20年くらい，目立った変化は見られない．

また，表2-2は，近年における衆参選挙を比較したものである．2001年参議院選挙と2005年衆議院選挙では自民党が圧勝しているが，2003年衆議院選挙と2004年参議院選挙ではむしろ民主党が票を伸ばしている．投票率も，2005年衆院選挙だけが特別である．

これらからすると，国民は，小泉首相の「人気（支持）」と政治そのものとをそれほど直接に結びつけて考えているとはいえないかもしれない．

4.　何が問題なのか？——ニュースショーの内容分析

このように，マスメディアは，一方で小泉人気によって活性化した．しかし他方では，「ジャーナリズム」としての立場から，小泉政権を批判してきた．そして，冒頭に述べたように，小泉政権への批判の重要な論点の一つが，その「メディア政治」性，「劇場政治」性だったわけである．

だが，メディアがメディア政治を批判するとき，劇場を提供するものが劇場政治を批判するとき，そこには何らかの自己撞着がないか？　いったい何が問題な

のか？　誰が誰を批判しているのか？

　この問題を考えるために，メディアによるメディア政治批判の例として，2006年5月22日の『筑紫哲也NEWS 23』[10]を取り上げてみよう．周知のように，この番組は平日夜に放送されているニュースショーである．その日のニュースといくつかの企画・特集コーナーによって構成されている．

　この日は，企画シリーズ「小泉的ニッポン」の#8として「テレビと小泉劇場」というコーナーが設けられ，それとともに，「マンデープラス」というレギュラーコーナーでも「小泉流テレビ政治の正体」というテーマを取り上げた．ゲストとして，田原総一朗が招かれ，とくに後者のコーナーでは田原と筑紫の対論形式がとられている．また，両コーナーともに，鳥越俊太郎の映像コメントが挿入されている．

　この番組に出演した，筑紫哲也，田原総一朗，鳥越俊太郎は，現在のTVメディアにおいて，最も強くジャーナリストして自己をアイデンティファイしている人びとといえよう．その意味で，この番組を，「TVメディア（ジャーナリスト）によるTV政治批判」の代表的なサンプルとして分析することは妥当であると考えられる．

番組の構成

　番組は，22時54分から約1時間30分の放送であった．

　全体構成は，図2-7に示すとおりで，小泉政治に関する特集は，シリーズ「変」の企画である「小泉的ニッポン」が約15分，「マンデープラス」の企画である「小泉流TV政治の正体」が，2分のCMをはさんで前半約13分，後半約8分の合わせて21分であった．二つの企画を合わせると，この日の放映時間（CM部分を除く）の約52％が，小泉政治に関する議論でしめられたことになる．かなり力の入った特集といえよう．

TVと劇場政治

　本章では，そのなかでも，前半の「小泉的ニッポン#8 テレビと小泉劇場」を中心に見ていくこととする．

　まず表2-3に，オープニング部分のカット構成を示す．オープニング部分は，全体で1分4秒という短い時間であるが，それがさらに細かいカットを複雑に組

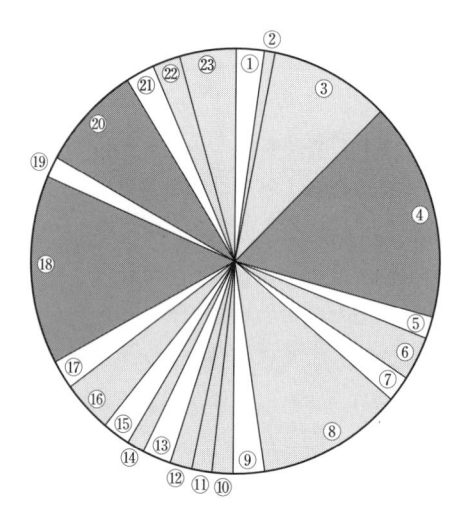

① CM
② opening
③ News（小5ひき逃げ，イラク撤退，偽装建築など）
④ 「変」「小泉的ニッポン」
⑤ CM
⑥ News（村上ファンドなど）
⑦ CM
⑧ Sports（野球，サッカー）
⑨ CM
⑩ Sports（相撲，亀田家）
⑪ CM
⑫ News（「ぴーかん」問題）
⑬ CM
⑭ Weather
⑮ CM
⑯ 「異論・反論・オブジェクション」
　（江戸川リトルインド）
⑰ CM
⑱ 「マンデープラス」（前半）
⑲ CM
⑳ 「マンデープラス」（後半）
㉑ CM
㉒ 「街」（月島）
㉓ CM

図 2-7 2006年5月22日『NEWS 23』の番組構成

表 2-3 「小泉的ニッポン」のオープニング部分（全1分4秒）

時間	映像	音声	文字
6秒	小泉首相が阿波踊りを踊っている静止画像（写真を加工したもの）	ドンという音 小泉首相の演説の一部をプリコラージュ 「必ず日本は変わりますから」 「今の痛みに耐えて……」 「抵抗勢力……」 「みんな，ぶち壊しますから……」	
1秒	黒地に白のタイトル文字(行書体)	上記最後の言葉をかぶせつつ．	「小泉的ニッポン」
5秒	郵政解散直後の小泉首相記者会見の映像．臙脂の幕を背景にした小泉首相のアップ．	小泉首相 「この郵政民営化，必要ないのか，国民の皆さんに聞いてみたいと思い思います……」	画面下部のテロップ 「"郵政解散"の直後──」
2秒14	上記映像にかぶせつつ，上記映像を映し出す大型スクリーンをバックに立つ筑紫哲也．		

13秒 27	小泉の映った大型スクリーンを背景に立つ筑紫の周囲をカメラが回りながら	筑紫「えー,ご覧いただいたのは去年の8月,衆議院を解散したときの官邸での会見ですが,この力強い会見を見て支持を決めた人も多いのではないでしょうか.」	
3秒 30	カメラ停止.小泉が大写しになった画面の右下に筑紫のバスト.筑紫がその場から去る.	筑紫「え,まずは赤いカーテンと青いネクタイに注目してください.」	
6秒 36	赤いカーテンの前で正面を向いた小泉の上半身.	小泉「郵政民営化は,国民の皆さんとの約束です.」	画面中央に「改革を止めるな」の文字
2秒 0:38	暗い背景のなか,横を向いた筑紫.右から左へ歩き出す.	筑紫「えー,一方こちらは,自民党の」	
0:43	小泉CMが大写しになった画面を背景に,筑紫が正面を向いて話しながら前に進む.	筑紫(承前)「選挙のCMですが,首相官邸で撮影されたものではありません.」	
0:50	筑紫が進んでくる道の両側に数本の柱.それぞれ「国民に聞いてみたい」「抵抗勢力」「小泉劇場」「自民党をぶっ壊す」等と書いてある.	筑紫(承前)「あの力強さを演出するために,わざわざ同じようなカーテンをつくって,えー,CMを撮影したのです.」	
0:56	画面左下で,斜め左方向を見て話す筑紫.画面右上に,小泉CMを映すスクリーン.	筑紫(承前)「えー,このように小泉人気を支えてきた要因の一つに」	
8秒 1:04	カメラは回り込みながら,次第に筑紫にフォーカス.最終的に,右寄せの「#8 テレビと小泉劇場」が一番前面,その後に画面左側に筑紫,さらにその背後にスクリーンに映った小泉のアップ.	筑紫(承前)「巧みなメディアの使い方があります.えー,今夜は,この小泉政権の,メディア戦略を考えます.」	右下にやや大きめの白文字でテーマ「#8 テレビと小泉劇場」

み合わせて構成されていることがわかるだろう.

TVはまさにそこに,いかなるフレームをも描き出しえるのである.

番組の構成と主張

「小泉的ニッポン#8 テレビと小泉劇場」は,オープニングのほかに五つの部分に大きく分割されている.各部分は,歌舞伎の幕開けを伝えるような太鼓の音と垂れ幕とで区切られている.「劇場」のイメージで全体を構成する意図であろう.

各「幕」の概要を表2-4に示す.

表 2-4 各シーンの概要

時間[11]	シーン[12]	内容（筆者による要約）
(1:04) 1:04	オープニング 小泉政権のメディア戦略	郵政解散時の首相記者会見と，この後の総選挙の自民党CMの相同性を指摘し，筑紫キャスターが番組の趣旨を説明． 「このように小泉人気を支えてきた要因の一つに巧みなメディアの使い方があります．今夜は，この小泉政権の，メディア戦略を考えます．」
(1:33) 2:37	第一幕 郵政解散の記者会見視聴率とCM	上記自民党CMの撮影の様子 自民党広報担当の世耕議員の話： 「歯切れの良い言葉でメッセージを伝えるやり方は昔から変わらない」との解説ナレーション．
(3:26) 6:03	第二幕 ぶらさがり会見 TVの力	小泉首相のTVへの対応（カメラを入れて毎日行われる記者のぶらさがり会見），ワンフレーズの語り口についてナレーションが解説． 『論座』編集長のTV批判「TVの切り取り方によって説明不足になる」 飯島秘書官の戦略「一般紙よりスポーツ紙，報道番組よりワイドショー」 政治評論家浅川：「首相が文化芸能について話す」ことの効果 岡田：TVが小泉劇場をつくった
(4:58) 11:01	第三幕 郵政選挙と刺客報道	岡田：TV露出が選挙の当落を決定する．視聴率を上げるために，小泉政権が提供する話題（刺客報道）に偏向したTVの責任は大きい． 世耕：TV報道は刺客報道に偏向していない．多面的報道だった． 鳥越：TVは視聴率の取れる内容にすりよっていく． 自民党のブロガー懇談会：人気ブロガーたちが懇談会に招かれ，自民党に好意的な記事をブログに書く，との取材．
(1:16) 12:17	第四幕 天才小泉	鳥越俊太郎の独白：「チャーミングに，魅力的に，ワンフレーズで語る．このトリックに日本国民は見事に引っかかった．しかし，僕はこの手法は1回しか使えない，と思う」 世耕：「いままで小泉さんという言葉の天才にかなり依存してきた．今後は，広報がサポートしていかなければならない」
(2:47) 15:04	第五幕 TVの影響力拡大と小泉退場	田原総一郎と筑紫哲也による総括： 民主党は魅力的な話題を提供できなかった． TVが影響力を持つ時代には，話題をうまく提供できたものが勝つ． しかし，TVジャーナリストは視聴率を問題にしない番組を作っている． TVの影響力は，TVジャーナリスト（田原）によって政局が変わるまでに拡大している． TVの影響力がどのように発揮されるかは，TVを誰がうまく使うかに左右される．小泉は非常に上手い役者だったが，小泉のような役者＝政治家は二度と現れない．

　第一幕では，2005年9月郵政解散選挙の自民党CMの撮影現場を映し出すとともに，そのCMに込められたメディア戦略を自民党広報担当の世耕議員に語らせる．世耕は，①郵政解散時の小泉記者会見の魅力と視聴率の高さ，②その魅力をそのまま活かしたCMづくりを企画，の2点を説明する．それを受けて，ナレーションは，視聴率の高さを再確認したうえで，会見の魅力が小泉の生来のものであると追認する．

第二幕では，小泉首相の特徴的なパフォーマンスである「ぶらさがり会見」とそこでの大衆を指向した自己呈示の仕方が解説される．「ぶらさがり会見」は，記者に対するサービス向上であるとともに，ワンフレーズの発言しかしない，文化芸能の話を気軽にするといった自己呈示で大衆に親しみやすさをアピールすることができる．同時に，簡単な説明しかしないので，きちんとした政策論議に踏み込まずにすむ．その場をやり過ごせばよいのである．きちんとした政策論議をせずに大衆の人気をえるためのもう一つの方法は，高級紙よりはスポーツ紙，報道番組よりはワイドショー，（番組内で明示的にいわれはしなかったが）新聞よりはTVを重視するという戦略なのである．

第三幕では，こうした小泉メディア戦略に対して，代表的な立場の人物からの批判が加えられる．まず岡田民主党主は，話題性を重視すること（端的には刺客報道を繰り返すこと）によって，メディア露出が自民党に偏り，その意図せざる結果として，有権者を自民党への投票に誘導してしまったとTVを批判する．これに対して，世耕自民党広報担当は，TVは公平に報じていたとTVを擁護する．これに対してさらに鳥越は，TVが視聴率偏重であるため，小泉に有利な番組構成がなされたと論じる．そして，ナレーションは，自民党広報部が，新たな大衆懐柔策としてブロガー懇談会を開いたことを述べ，そしてブロガーたちがまんまと自民党に好意的態度をもったと述べる．

第四幕では，モニター室に座った鳥越の独白で，小泉のパフォーマンスを，「チャーミングに，魅力的に，ワンフレーズで語る．このトリックに日本国民は見事に引っかかった．しかし，僕はこの手法は1回しか使えない，と思う」と評し，この表現を補完するかのように，「いままで小泉さんという言葉の天才にかなり依存してきた．今後は，広報がサポートしていかなければならない」と語る世耕が映し出される．

そして最終章の第五幕は，田原と筑紫による座談形式の総括であった．主に喋っていたのは田原で，民主党を小泉劇場に対抗できなかったと批判したうえで，しかし，TVジャーナリストはその使命を全うしていたと主張し，TVジャーナリストが政局に影響を及ぼした実績を主張し，かつ，小泉ほどのパフォーマーはもはや出てこないから，「小泉問題」は自然消滅すると述べる．

TVのジレンマ

　こうしてみたとき，この番組は，「小泉批判」を企図して作られているにも関わらず，なぜか結果として「小泉礼賛」に終わってしまっているようにも見える．
　「小泉問題」の核心とは，①政治家個人／政治的イベントの魅力が政策よりも人びとに強く働きかけ，②メディアに登場する人物の大衆的魅力が高いことは視聴率という形でTVに外部効果をもたらすため，③TVはその魅力を高める方向に番組をつくる傾向を生じ，④その結果特定の「魅力が高い人物」／政治的イベントに人心が集中し，それに対する批判や他の選択肢の可能性が閉ざされてしまう，という危惧にある．
　そしてその危惧が妥当か否かは，(a) 人物／イベントの（演出された）魅力が人びとを強く引きつけることができる，(b) TVは視聴率を上げるために魅力的なものをより魅力的に見せようとする，(c) TVから顕示的／暗示的に発せられるメッセージは人びとの認識に重大な影響を及ぼす，という三つの命題が成立するか否かで決まる．
　この番組では，制作者たちは，(a)と(c)を前提としたTV人としての自己アイデンティティをもっているようである．たとえば，田原は，同じ番組内の「マンデープラス」のコーナーで「筑紫さんがやっぱり長持ちしているのは，顔がいいとか，しゃべり方がちょっと甘くていいとか，中身きついのに甘く言う，とか，つまり，やっぱりテレビはあらゆることを劇場化する．だから悪くない」と述べている．また第五幕では，1993年の55年体制崩壊への自らの関与経験を語りつつ，「テレビがね，選挙に影響力を持つと言うこと，これはもう，戻りません」と断言している．そしてその前提の上で，テレビの視聴率主義を観念では否定しつつ，実態としては認めてしまう態度が現れてしまう．たとえば鳥越は，「まあ，いまの，テレビの，その裏事情というか，構造はぁ．ですね，基本的に分刻みの視聴率によって，どの話が，お話が，数字をとるかというのはー，あのー，まぁわかるわけですよね．刺客っていう話になるとぴっと上がるとー，そーすっと，そこにどーしてもすり合わせで，行ってしまう．まー，つまり，んー，まぁ，これは，良く言えばね，そこにニュースがある限り，テレビは，それは報道します，っていうことでもある．しかし，いー，一皮めくるとですね，そういうすり合わせでね，つまり，うまく，あ，その，テーマを設定されるとですね，まぁ，操ら

れてしまう危うさも持っている.」と言い，それに対して，

田原：テレビはね，相当ものぐさになって，もらいネタを何でも乗ってしまう．筑紫さんの番組でも，僕もそうですが，あのう，刺客，あれは1回も出していません．いや，それをねぇ，ものぐさになったテレビがね，何でも向こうから出してくると飛びつく．（一部聞き取れず）テレビがものぐさ，なまけものですよ．

筑紫：ただ，あの，話題を提供すれば，それに，言ってみれば，まあ，報道はそれに乗る，という部分はどうしてもありますよね．だから，だから，提供を，うまく提供したヤツが勝ち，だと．

田原（かぶせて）：勝ち．そうなの，勝ちなの．

筑紫（かぶせて）：あー，いう部分．

田原：だけどテレビってそういうもんなんです．だけどさっきの鳥越さんのね，意見．あー言うとね，誤解されるの．鳥越さんの番組はね，視聴率なんかにこだわってないですよ．

というやりとりが行われ，自分たちが視聴率主義に陥っていないという自負は語られるものの，必ずしもTVメディア全体を擁護し切れていない．むしろ，TVはそのような危うさをもつのだと認めざるをえない．

その結果，奇妙なことが起こる．

先に見たように，第二幕，第三幕では，岡田民主党主，薬師寺『論座』編集長，政治評論家・浅川氏がそれぞれの立場から小泉TV政治を批判する．しかし，その批判は小泉「TV」政治批判であると同時に，「TV」メディア批判とならざるをえない．その結果，小泉政治を擁護する世耕は，むしろ余裕をもってTVメデ

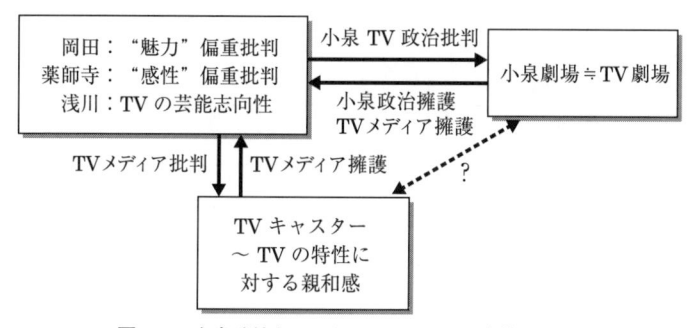

図 2-8 小泉政治とTVジャーナリストの奇妙な関係

ィアの「公正性」を擁護し（1993年の55年体制崩壊時はもとより，従来，自民党はメディアが野党よりの報道をするとTVを批判してきたのであるが），小泉政治に対する高支持率，2005年選挙における自民党の歴史的圧勝を正当化する．そして，この番組，あるいは田原・筑紫は，ややとまどいを見せつつも，TVメディアの前提を擁護せざるをえないために，むしろ岡田，薬師寺，浅川らに反論する立場にたち，結果として（おそらくは意図とは違って）小泉政治を論破できないことになるのである．

たとえば，岡田による「偏向」報道批判に対しては，田原は「テレビがとびつくコンテンツを提供できなかった民主党が悪い」と言ってしまう．

さらに，薬師寺による感覚的な「ワンフレーズ・ポリティクス」批判についても，「米百俵」のエピソードでもそうであったが，実際には小泉の所信表明演説はもっとずっと長いものだったにもかかわらず，それを「米百俵」に集約してしまったのはむしろTVなのである．

そしてTVは，ニュースステーションがそうであったように，文化芸能と政治とを同列に語ることによって，新しい報道番組を作ってきたのである．

TV的ハビトゥス——「鏡像」としてのTVと小泉

結局，この番組は，期せずして，小泉とTVジャーナリストたちが鏡像的な関係にあることを暴露してしまっている．

図2-9と図2-10と図2-11を見比べてほしい．自民党の伝統的代議士イメージと小泉の風貌，人気TVキャスターたちの肖像を比べてみれば，小泉は明らかに，

表 2-5 伝統的代議士，小泉，TVキャスターのハビトゥス

事項	伝統的自民党代議士	小泉	TVキャスター
支持基盤	人脈・地盤・金脈を介した強固な紐帯	政治を介した抽象的な弱い紐帯	TVを介した抽象的な弱い紐帯
支持層	農業・自営業の男性	サラリーマン男性，女性，学生	サラリーマン男性，女性，学生
体型	貫禄のあるがっしりした体躯	細身のスマートな体型	細身のスマートな体型
表情	威圧的，権威的	シャープ，ソフト，洒脱	シャープ，ソフト，洒脱
声	野太い声，寡黙	甲高い，よく喋る	良く通る声，よく喋る
ファッション，振る舞い	バンカラ，硬派のイメージ	洗練された物腰，服装に気配り	洗練された物腰，服装に気配り
文化流行	疎い	敏感	敏感

4. 何が問題なのか？――ニュースショーの内容分析　61

初登院　　　　　記者会見　　　　　厚生大臣時（1996年）　　施政方針演説
（1972年12月）　（1988年12月：初入閣）（写真提供＝共同通信社）　（2002年2月）

図 2-9　小泉純一郎氏の肖像[13]

（写真提供＝共同通信社）

図 2-10　人気キャスターたちの肖像（田英夫[14]，筑紫哲也[15]，鳥越俊太郎[16]）

（写真提供＝共同通信社）　（写真提供＝共同通信社）　（写真提供＝共同通信社）

図 2-11　伝統的自民党代議士の肖像（浜田幸一，森喜朗，亀井静香）

TVキャスターたちに似ている．伝統的代議士たちが，がっしりした体格，強面の風貌など男性性やムラ的心情で自らのイメージを構成しているのに対して，小泉はスマートな体型，洗練されたファッションや身ごなし，都会的なソフトな語り口，と，ある意味対極的なイメージ構成をしている．

　このイメージは，かつて，TVを有効に利用して大統領になったケネディ大統領のイメージ構成でもあり，その後，TV人たちのひとつの範型となっているイメージでもある．その意味では，TVを活躍の場とするTVキャスターたちと小

泉のイメージが似てしまうのは当然なのである．

「抵抗勢力」化させられるTV

このように，権力者がTV的ハビトゥスを身につけているという事態は，TV側が自らの似姿である権力者に対して批判が鈍るという問題だけでなく，反対に，TV側が守旧的な存在として批判されるという事態を招く．

小泉劇場の重要なキーワードの一つは，「抵抗勢力」である．

小泉は，首相就任直後の国会代表質問で鳩山に「抵抗勢力とは誰のことか」と問われて，「それはやってみなけりゃわからない」「私の内閣の方針に反対する勢力はすべて抵抗勢力だ」と叫んだ．

この発言は，いい加減にも聞こえるが，大衆へのイメージ付けとして強く作用したのではないか．

この言い方によれば，世界は，小泉に賛成のものと反対のものに分けられる．反対のものの最大のものは，伝統的自民党代議士（派閥議員，族議員）である．しかし，小泉に批判的な民主党など野党や，TVジャーナリストも，この二分法によれば，「抵抗勢力」と呼ばれうる存在となってしまうのである．

5. 小泉劇の神話構造
——トリックスターあるいは少年英雄としてのコイズミ

ドラマと神話

第2節では，国家／政治過程と儀礼とが，本来，極めて重なり合ったものだということについて述べた．

そして，国家の儀礼が，共同体の「死と再生の物語」を表すことは，文化人類学においてつとに主張されてきたことである．いや，国家儀礼とは，国家の「死と再生」の再現（リプレイ）であるというべきなのである．

一方，ターナー（Turner 1974）は，政治過程（より一般には社会過程）は，「社会劇」という単位によって分析できると述べている．社会劇とは，①規範的ならびに規定的な社会関係が破られる，②危機的な状況が発生し，拡大する，③危機拡大を食い止める何らかの調整または矯正の装置が作動する，④混乱した社会集団が再統合される，あるいは，抗争中の党派間の分裂が正当化される，とい

う四つの局面から構成される一連のプロセスをいう．

「社会劇」は，あらゆる社会過程に適用できる分析枠組みであるが，同時に，人間が「現実」を認知するときの潜在的な枠組みでもある．したがって，あらゆる物語もこの形式で書かれているし，ハヤカワ (Hayakawa 1971) によれば，広告の訴求もこの形式で行われているという．そして，このフレームが鮮明であるほど，見る側はそれを「理解」しやすいのである．

「政治」とは，まさにこの「社会劇」を演じることによって，反復／持続的に，社会を再統合するプロセスにほかならない．

小泉政治のドラマ分析

この点から考えれば，小泉人気は，単に小泉個人の容姿や語り口，振る舞いなどだけによるものとはいえない．「チャーミングに，魅力的に，ワンフレーズで語る」ことだけでは千両役者にはなれない．「骨太の」プロットに支えられてはじめて，それらがリアリティをもってくるのだ（そもそも，小泉の声はそれほど「良い」声ではない．甲高く，しかもかすれている）．

小泉政治の最大の特徴は，それが社会劇としての明確な構造をもっている点にある．そのために，わかりやすく，コミットしやすい．

小泉はまず郵政民営化を柱とする自らの政策を宣言した（「聖域なき構造改革」）．

次に，この政策に対して自党内に反対意見が強いことから，「自民党をぶっ壊す」という（自殺的とも思える）闘いを開始し，〈敵〉に「抵抗勢力」という名付けを行った．

第三に，この闘いに勝利するために，人びとに「痛みに耐える」ことを要請する．

そして，あとは勝利が実現されればよい．

社会劇小泉政治のプロットは良くできている．というより，プロットの運動自体をプロット化することができるので，きわめて構造がロバスト（堅固）になる．小泉の「強運」の正体はこれである．

小泉政権のドラマトゥルギー

さてしかし，「社会劇」とはあらゆる社会過程に潜んでいるスキーマである．したがって，小泉政治が「社会劇」の構造をもっていることは，それだけでは取

り立てて言うべきことではない．小泉劇の第一のメリットは，「社会劇」としての輪郭が明確であることによって，大衆の目からわかりやすく，コミットしやすい点にある．もっというなら，小泉劇を見る人は，それが，主役の英雄＝小泉，英雄によって退治されるべき敵＝抵抗勢力（小泉に反対するものすべて）であることを直ちに了解し，したがって（「劇」の前提として）英雄（小泉）は必ず勝つと，潜在的に思いこんでしまう．この思いこみが，一種の自己成就予言としてはたらき，小泉はいかに窮地に陥っても（あるいはむしろ陥るがゆえに）必ず復活する．そのことがますます，小泉の不死鳥伝説を強固なものとしてゆく．そして，不死鳥伝説を身にまとうことは，まさにそれ自体が「英雄」の証と見なされるのである．

トリックスターとしての小泉

　小泉劇のもう一つの特徴は，主役の英雄がトリックスターであるという点である．
　一般的な英雄は，すでにある共同体に危機が迫る→共同体の平和を守るためにたちあがる，というパターンをたどる．たとえば，ウルトラマンなどもこの類の代表的な筋書きである．このタイプの物語では，共同体自体には何ら問題がなく，英雄はこの共同体の正統な「王」（守護者）であり，「王」の責任として，外部からやって来た敵と戦うのである．
　これに対して，もう一つのタイプの英雄（「トリックスター」）は，正統な王であるより，周縁にいる道化であり，状況に波風を立て，既存の権威をひっくり返してしまう存在である．たとえば，民話のなかの人気者である吉四六さんや一休さんがそうである．

> 「トリックスターという人種は分類しにくい．彼（あるいは彼女．男の場合が多いようだが）はいたずら好き，破壊的，人騒がせ，憎らしさ，大胆さ，気高さ——それらを全部具有していると言える．トリックスターは他人の作った規則や制約にしばられるのを拒み，こうした制限と闘ったあげく世の中を変えてしまう．」
> （Boese 2002＝2006: 187）

> 「トリックスターは創造者であって破壊者，贈与者であって反対者，他をだまし，自分がだまされる人物である．彼は意識的には何も欲していない．抑えつけ

ることのできぬ衝動からのように，彼はつねにやむなく振舞っている．彼は善も悪も知らないが，両方に対して責任はある．道徳的，あるいは社会的な価値は持たず，情念と食欲に左右されているが，その行動を通じて，すべての価値が生まれて来る．」(Radin1956=2005: 9-10)

　すなわち，トリックスターとは，反権力の革新者／悪戯者である．したがって，トリックスターは（一般には）「王」にはならない．永遠に，「悪戯」を繰り返し，その悪戯のできばえによって喝采を浴びる者である．
　小泉は，もともと「変人」(田中真紀子)と呼ばれるような存在だった．郵政民営化や派閥解消を叫び続けてきたが，それは非現実的な主張であるように聞こえていた．それは必ずしも周囲の無理解というよりは，本人があえてマイノリティ（反権力）のスタンスをとっていたからだと考えられる．
　そのような人物が，日本の最高権力者の座に着いてしまった．
　ここに，「反権力的言動をとる権力者」「トリックスターである王」という，パラドキシカルなアクターが現れたのである．それが，「小泉」である．
　トリックスターが王になるとき，「トリックスター王」以外の存在は，すべて，敵であり，かつ，あらかじめ「嗤われるもの」であることが決定してしまう．嘲笑に対して，敵は，対抗することができない．なぜなら，「滑稽」であることに理由などいらないからだ．トリックスターが名指ししただけで，その者は嗤うべき者になるのである．いわば，「裸の王様」の逆バージョンであり，少年が「あいつは裸だ」と言挙げしてしまえば，いかなる衣裳も無化されてしまうのである．
　しかも，トリックスターは，「少年」であることによってその責任を問われない．トリックスターは，そもそも「悪戯者」なので，「悪戯者」に首尾一貫性や論理性を求めるのは愚かなことである．彼はいかにうまく「言い逃れ」するかによって喝采を浴びるのである．

野党の「抵抗勢力」化

　トリックスターが王になるとき，いいかえれば，「秩序」を代表すべき権力が「反秩序」あるいは「非秩序」を標榜するとき，権力に対する批判はむしろ，実際の「権力」以上に権力的に見えてしまうことになる．
　社会に重大な影響力を及ぼしえる「権力」（端的には「首相の座」）は，原理的

には，社会の秩序を守るためにそのような「力」をあたえられているのだと考えられる．したがって，「権力」はつねに社会的批判（モニタリング）を受ける必要がある．野党という存在は，政策的代案を提示する機能と同時に，「権力」に対する批判機能も要請されているわけである．その意味で，たとえ「万年野党」の「反対のための反対」であっても，それなりの機能は果たしているのである．トリックスターはまさに，無責任であろうと（無責任であるがゆえに），権力に対する鋭い批判能力を発揮するがゆえに，必要とされてきた．

ところが，このような批判能力が，本来ならば批判される側であるべき「権力」の側から発揮されるとき，野党は批判され，笑われるべき「年老いた王」（実際には一度も王の座に着いたことなどないのに）の役柄を割り当てられてしまう．

小泉は，自党内の守旧勢力だけでなく，野党をも一括して「年老いた王」（小泉の用語法によれば「抵抗勢力」）とすることによって，彼に対する一切の批判を封じる物語を演じきったのである．それはまさにトリッキーな神話劇であった．

6.　おわりに——政治構造の変化

小泉時代の終わり

いずれにせよ，2006年9月25日をもって，小泉劇場は終幕となった．それまでに比べるとドラマティックなところはなく，淡々と首相は幕の奥に消

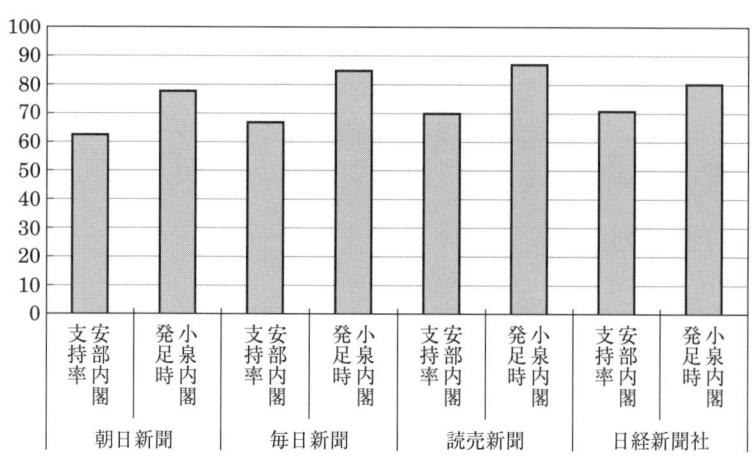

図 2-12　各新聞世論調査による小泉・安部内閣発足時支持率(%)

えた．

　9月26日安部新内閣が誕生した．安部首相は，小泉首相の後継者としての位置づけによって総理の座に着いた．発足時内閣支持率は歴代3位の高さだった．

「劇場政治」の終わり？

　小泉退陣と相前後して，いくつかの出来事があった．

　その一つは，2004年〜2005年にかけて，とくに郵政選挙においてマスメディアの寵児であった堀江元ライブドア社長と村上ファンド社長の逮捕劇である．堀江も村上も「ヒルズ族」として，インターネット関連企業のM&Aを繰り返し，飛ぶ鳥を落とす勢いで市場への影響力を拡大してきた．堀江も村上も，「放送と通信の融合」をかかげて，マスメディア企業の買収を図った．また，それと並行して，球団の買収もはかり，社会的に賛否両論の渦を巻き起こした．不遜ともいえる発言や大胆な行動により，彼らもまた劇場型英雄であり，旧勢力からは激しい批判を浴びたが，2005年選挙で「刺客」として立候補したことから，一時は社会的な承認を得たかのように見なされた．しかし，2006年1月，突然東京地検が証券取引法違反容疑で，ライブドアおよび関連施設等に強制捜査に踏み切った．

　また一つは，2006年8月6日に長野県知事選で田中康夫が敗れたことである．

　田中もまた，劇場型政治家としてもてはやされた人物だった．1980年，まだ大学生の頃『なんとなくクリスタル』で一躍流行作家となり，さまざまな話題でマスメディアをにぎわした．

　2000年に長野県知事となったが，「脱ダム」宣言や「脱記者クラブ」宣言によって旧来の政治を否定した．それもあって，議会との軋轢が絶えず，2002年には出直し知事選挙を行った．このときは，対立候補の2倍以上の得票数をえた．

　しかしその後も議会との確執はつづき，2006年の選挙では「『壊す』政治から『創る』政治へ」の転換を訴えたが，自民党候補に敗退した．

　もう一つの出来事は，2006年8月2日の亀田興毅世界戦勝利である．亀田興毅は1986年生まれのプロボクサーで，父史郎氏に育てられた亀田三兄弟の長男である．興毅を含む亀田三兄弟は，少年の頃からメディアに取り上げられ，独特の練習法や不敵な態度，奇抜なパフォーマンスで，それまでボクシングに興味をもたなかった若い女性層にまで多くのファンを獲得した．

　8月2日にWBAライトフライ級王座決定戦，亀田興毅－フアン・ランダエタ

戦が行われ，TBS系で全国生放送された．その平均視聴率[17]は，関東地区で42.4％，関西地区で42.9％だった．また瞬間最高は亀田の判定勝ちが決まった直後の52.9％（関西地区52.1％）だった．

しかし，その判定に疑問がもたれ，ネットを媒介にして，批判が沸騰した．Yahoo!投票では95％[18]が判定は誤りであるとした．この疑いは，掲示板でも論議され，試合の動画はYouTubeにアップされて多くの人びとがこれを見た[19]．TBSには55,000件以上の抗議が寄せられた．その後，大晦日に開催されると伝えられていた亀田興毅の試合について，「予定はない」とTBS社長は断言した．

小泉劇場とは何だったのか？──「メディア政治」という幻影

このように考えたとき，「小泉劇」とは何だったのか，と改めて問わざるをえない．

第2節に述べたように，そもそも国家あるいは政治とは劇場性・演劇性を備えたものである．「近代」という枠組みのなかで，あるいは活字に媒介された公共性が正統とされた時代にあっては，政治の演劇性は非本質的な事柄によって人びとをあざむくベールであるかのように論じられることもあった．しかしながら，それはむしろ，「コミュニケーション的行為」を過度に単純化した観念にすぎない．

そして，TVなどの視聴覚メディアを主流とする情報環境が一般化したとき，国家／政治の忘れられていた演劇性が，再び大きな力をもって顕在化してきたのである．その意味でいうなら，今後の国家／政治は，メディアを媒介とした演劇性を意識せずにはすまされないだろう．小泉政権は，このような情報環境の変化，

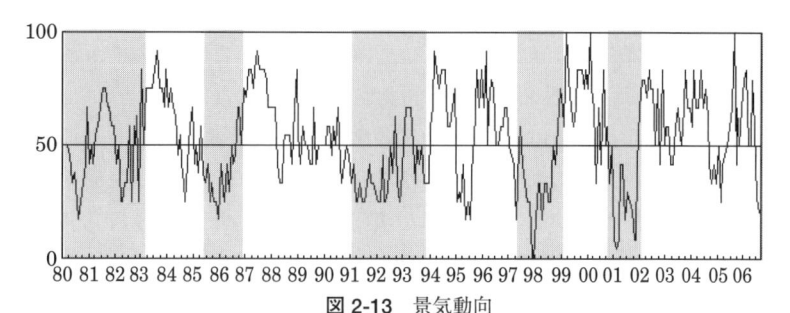

図 2-13 景気動向
（内閣府，平成18年10月6日公表，http://www.esri.cao.go.jp/jp/stat/di/di-graph.html）

政治の演劇性の再顕在化を，日本人の眼前に突きつけた政権だったといえる．

ただし，先にも述べたように，演劇性は演劇の形をしているというだけでは何の意味もないのである．芝居には，面白い芝居もつまらない芝居もあり，感動を与える演劇も興ざめな演劇もあるのである．

本章でもずっと述べてきているように，小泉内閣は持続的な高い支持率によって特徴づけられてきた．そしてその支持率の基盤は，小泉個人の「パフォーマンス（演技）」にある／にしかないという認識が，「小泉劇場」という言葉を生んだ．

2006年10月16日，小泉は退陣後最初の公の場に立った．スポーツ報知ネット版[20]は，次のようにそれを報じている．

> 小泉新喜ゲキ！きみまろ本でトークに磨き…劇場アンコール編
> 　ライバルは「きみまろ」だ!?　小泉純一郎前首相（64）が16日，衆院神奈川16区と大阪9区の応援で選挙区入りした．首相退任以降，初めての表舞台では，プレゼントされた漫談家の綾小路きみまろ氏の本を参考に"磨き"をかけたトークで会場は爆笑と歓声の連続．一方で後継の安倍晋三首相（52）を気遣い，動員力が比較されないように屋内での演説会にとどめる気配りも．小泉劇場はアンコール編も拍手が鳴りやみそうにない．
> 　「純ちゃ〜ん」という年配女性の黄色い声で迎えられ小泉前首相は演説台に上った．開口一番「久しぶりにドキドキしているよ」とニヤリ．その一言だけで会場をどっとわかせた．

このニュースを，TV各局は，朝と昼のワイドショーでは取り上げたが，夜のニュースショーでは放送しなかった．

いずれにせよ今後われわれは，政治／国家のパフォーマンス（演技）ではなくパフォーマンス（性能）に目をこらしていくことが必要である．

第3章

2004年アメリカ大統領選挙と複合メディア環境
—— インターネットとアメリカ〈世論〉

1. はじめに

　2004年11月，アメリカ大統領選挙が行われた．実質的には，共和党のブッシュ大統領と民主党のケリー上院議員の対決であった．

　最終的な選挙人獲得数は大統領が286，民主党のケリー上院議員が252で確定した．AP通信によると，5日午後2時（日本時間5日午前4時）現在，ブッシュ氏の得票数は5945万9765票（得票率51％）で，ケリー氏は5594万9407票（同48％）である．

　今回の選挙は，両陣営ともメディア戦略にしのぎを削った．

　史上最大といわれるCF制作費，熾烈な中傷合戦，インターネット上にあふれるパロディは，まさにメディアが政治そのものであるかのようにさえ見えた．

　本章では，TVや新聞などの既存マスメディアとインターネットが相互に影響を及ぼしあいながら多次元的な情報環境を構成する，今日の間メディア状況のなかで，今回の大統領選がどのように進行したかを考察する．

2. ネガティブ・キャンペーンと残余層

熾烈なネガティブ・キャンペーンと感情的分断

　2004年の大統領選では，これまでにもまして多くのTV CFが放送された．スタンフォード大学の政治的コミュニケーション研究所（Political Communication Lab）が収集したCFだけでも，2004年6月～10月の間で，ケリー陣営が60本以上，ブッシュ陣営も40本以上のCFを製作している[1]．とくにブッシュ陣営のCFは，ケリー候補に対する（感情的ともいえるような）批判が目立ち，対するケリー候補のCFはそれに対する応答に終始しているとも見える．今回の大統領選が，ネガティブ・キャンペーンを基調としたものだったというマスメディア等の認識の所以である．
　こうしたネガティブ・キャンペーンは，争点に関する議論ではなく，感情的な対立だけを煽る．
　その結果，支持政党による国民の感情的分断が起こる．たとえば，ハインツ・ケチャップ[2]をめぐるエピソードや，支持政党別出会い系サイトなどの登場[3]は，こうした状況を表すものであろう．
　選挙後のケリーの敗北宣言でも，いつにも増して，選挙によって生じた感情的分断の解消が訴えられていた．また，1月20日（米国時間）に行われた大統領就任式の演説でも，「国民の連帯（unite）」が盛んに訴えられたのだった．

残余層の動き

　しかし，相互のあら捜し競争は，どちらをも支持できない層を生みだす．ましてや，今回の選挙では，争点はきわめて見えにくいといわれた（表3-1参照）．「どちらがましかを選択する選挙」といわれる所以でもあった．
　このような状況では，「残余」としての政治的ペシミズムが生じやすい．
　今回の選挙では，どちらもメディア戦略にしのぎを削った．どちらもが大衆を情報操作しようとした．CFはTVで流されただけでなく，両陣営のインターネットサイト上にも掲載された．その数は膨大である．しかし，多様なメディアに接している今日の大衆は，メディア戦略や情報操作を見抜く，あるいは疑う能力

表 3-1 主な政策課題をめぐる主張 (http://www.asahi.com/special/usaelection/)

政策課題		ブッシュ氏	ケリー氏
経済	減税	大型減税で雇用・景気を拡大	富裕層の減税をやめ，中間所得層の減税は維持
	雇用	景気は拡大しており，雇用もいずれ増える	製造業の海外移転を税制措置で抑制し国内雇用を確保
	通商	NAFTA，WTOを支持（輸入鉄鋼に高関税をかけてWTO違反の裁定を受ける）	NAFTA，WTOを支持（ただし，環境，労働基準に，より配慮する）
イラク		当初国連の参加に反対，今は必要性を認める．6月末に主権移譲	再建・治安維持には国連，国際社会の参加が必要．主権移譲は急ぐべきでない
国土安全保障		テロ対策の強化，入国管理の厳格化，愛国法で捜査機関の権限強化	市民的自由と安全の両立を主張，愛国法の自由侵害に反対
教育		教育にも効率と説明責任を求める．私立や教会が経営する学校への進学希望者に支援を強化	公立教育の改革を主張，大学進学希望者への財政支援を強化
社会保障（年金）		政府の財政負担削減のため民営化を促進	民営化に反対．支給開始年齢の引き上げや支給額の削減にも反対
環境		水素動力燃料電池の開発，アラスカ野生生物保護区での石油採掘を提案．京都議定書から離脱	20年までに電力の20%を石油代替燃料で供給，アラスカ保護区での石油採掘に反対，京都議定書は改訂のうえ支持
同性愛・中絶		同性愛者カップルの婚姻を禁じる憲法修正案を支持，中絶は原則反対	同性愛者の婚姻には反対．ただし異性カップルと同等の権利を認めるべきだ．中絶は支持

（リテラシー）を，多かれ少なかれ，身につけている．そのため，人びとの政治に対するシニシズムが増大する．「笑うしかない」状況と人びとは認識するわけである．

このようなペシミズムが，大統領選全体に対するアイロニカルな気分を生じ，揶揄的な言説がインターネットを中心に広まったといえるだろう．

たとえば，wolfと題されたブッシュ陣営のTV CFは，背後からアメリカを伺うテロリストを象徴するイメージとしてオオカミの群れを映し出す．ところが，このオオカミたちが，出来上がったフィルムで見る限り（制作者の意図とは異なり）「カワイイ（cute）」であるとの記事が，アメリカの人気ブログDaily KOSに掲載された[4]．この記事には，238ものコメントが付き，ネット上で大評判になった．いくつものサイトが早速これを取り上げ，そもそもこのCFの論旨に批判を加えた（ケリーは諜報活動費を削減しようとはしていない[5]，オオカミは危

険な動物ではない[6]，など）．ブッシュ候補の公式サイトは，この後，10月25日から国外からのアクセスが不能となった（これはブッシュ陣営の選挙作戦の一部だという説もある）．

投票率の向上と浮動層

とはいえ，2004年の大統領選挙で投票率は結果的に史上まれに見る高さであった．

CNNニュースによれば[7]，有権者の投票動向を調べる超党派団体「米国有権者研究委員会（CSAE）」のギャンス委員長は投票した有権者は約1億2000万人に上り，投票率は約60％に達した見通しを発表した．またAP通信の集計では，開票率99％で投票数は1億490万票であり，これに未集計の在外投票や暫定投票などを加えると，1億2000万票に達する計算になるという．

さらに同ニュースによれば，4年前の前回選挙では，投票率は約54％，投票数は1億540万票だった．1996年にクリントン氏が再選された際の選挙では，投票率は49％，投票数は9630万票だった．ベトナム戦争のさなかに行われた1968年選挙では，ジョンソン大統領（民主党）の引退表明を受けて，共和党候補ニクソン氏が，民主党候補のハンフリー副大統領を破った．投票数は7303万票で，投票率は約60％だった．過去最高の投票率63.1％を記録した1960年の大統領選では，民主党ケネディ候補が挑戦者として，共和党候補のニクソン副大統領を僅差で破った．投票数は6883万票だった．

この点に関して，ピュー・リサーチ・センター（The Pew Research Center）は2004年9月30日付で，"Young People More Engaged, More Uncertain Debates More Important to Young Voters"[8]という調査結果を発表している．これによれば，この時点で，若年層は誰に投票するか気持ちがまだ揺れている者の割合が高く（表3-2参照），討論が重要であると答えた者の割合が，他の年代に比べて高い（表3-3参照）．すなわち，ネガティブ・キャンペーンの応酬であっても，多くの情報が流れることによってむしろ選挙に対する関心は高まっているとも考えられる．

表 3-2 若年層の気持ちは揺れている(%)

	18歳～29歳	30歳～49歳	50歳～64歳	65歳以上
誰に投票するか決めている	96	92	92	89
決定を変えない	70	76	77	78
決定を変えるかもしれない	24	14	14	8
わからない	2	2	1	3
どちらともいえない	4	8	8	11
合計	100	100	100	100

表 3-3 若年層にとって討論が重要な決め手(%)

	全体	18歳～29歳	30歳～49歳	50歳～64歳	65歳以上
討論が重要な決め手	29	42	28	27	22
すでに誰に投票するかは決定済み	68	58	70	69	74
わからない	3	0	2	4	4
合計	100	100	100	100	100

3. 大統領選挙とインターネット

アメリカ大統領選挙におけるインターネット利用の経緯

また，同調査によると，今回の選挙に関してインターネットから情報を得ようとする人は，全体では，2000年大統領選の10％から17％に上昇した．この傾向はとくに若者層（18歳～29歳）で著しく，2000年選挙では22％であったものが今回は28％となっている．インターネットが選挙に関する情報メディアとして，ますます重要度を増していると考えられる．

インターネットの一般社会への浸透は，そもそも，1992年大統領選挙において，クリントン-ゴアのコンビが「スーパー情報ハイウェイ構想」を打ち上げたときから始まる．

2000年大統領選挙のゴア-ブッシュ対決で，インターネットの選挙利用はいよいよ本格化してきた．2001年の小泉内閣誕生以来，日本でもインターネットを利用した政治コミュニケーションは一般化しつつある[9]．ただしここで注意し

なければならないのは，政治コミュニケーションにおけるインターネット利用は，インターネットのみを利用するのではなく，TVや新聞など既存マスメディアとの連携を図りつつ行われているということである．すなわち，政治的コミュニケーションの「インターネット化」というより，「複合メディア化」の様相にわれわれは着目すべきなのである．

ブログの登場

　大統領選におけるインターネット利用のなかでも，今回の大統領選挙でとくに新たに注目されたのが，ブログである．

　ブログ（ウェブログ，blog, weblog）とは，1999年頃から登場したインターネット利用の形式である．日本では古くからウェブ日記として知られていたものとほぼ同じ表現形態であるが，専用のシステムが開発されたことにより，必ずしも技術的知識が深くなくても容易に利用可能であるところから，急速に普及した．初期にはリンク集の性質が強かったが，その後オルタナティブ・ジャーナリズムとして期待されるようになった．

　とくに2001年9月11日のテロ事件で，政府やマスメディアの情報発信が混乱した状況で，個人の情報集積の重要性が認識され，脚光をあびるようになった．

　2003年3月のイラク戦争では，イラクからの現地情報が，個人のブログを通じて世界の世論にも影響を与えた．

　先にも述べたように，ブログは誰にでも容易に情報発信できることから，今日では多くの人が日常的に利用している．従来のリンク機能だけでなく，トラックバックやRSS機能によって，ブログ同士が緊密につながり合ったコミュニケーション空間を創出するものである．

　現在では，ジャーナリズム的利用だけでなく，個人の日記形式の自由な記述が増え，とくにギーク（geek）文化とのつながりは強い．「ギーク文化」とは，日本における「オタク文化」ときわめて似通った文化嗜好である．アメリカの人気ブログであるBOINGBOING（http://boingboing.net/）なども，ギーク文化に関する記述とジャーナリズム的記述が並列的に混在している．

　ピュー・リサーチ・センターの報告書「ネット上でのコンテンツ創造」（"Content Creation Online"[10]）によると，2004年3月のインターネット利用者に対する電話調査（N=1555）では，2％が自分のウェブ日記またはブログをネ

ットに載せており，11％が他人のウェブ日記またはブログを見たことがあると答えている．

また，ブログはそもそもは個人利用を想定したシステムであったが，その有用性から，現在では個人だけでなく組織も活用する例が増えている．今回の大統領選でも大いに活用された．ブログ形式を用いた場合，従来の広報とは異なり，個人的な感覚で，適宜情報を送ることができる．また，リンクなどによって，広範囲にわたる情報を簡潔に呈示することも可能になるのである．

両陣営の情報戦略

政治的コミュニケーションにおけるインターネット利用のもう一つのメリットは，サイトを通じて有権者から個人的にカンパを募ることができることである．今回の選挙でも，多額の選挙資金が，個人から直接集められたとされる．それは，巨額の資金を持ち，また，大資本のバックアップを受けなくても選挙に勝ち得る可能性を期待させるものであった．

しかしその一方，インターネット利用が一般化するにつれて，また，中傷合戦が熾烈になるにつれて，両陣営とも，有権者に対する情報操作が目立つようになる．

Spinsanityというブログ[11]は，「レトリックに理性で対抗しよう」というスローガンを掲げ，ブッシュ陣営，ケリー陣営のいずれもが行った情報操作に関して告発を行うことで注目された．

情報操作のなかには，偽造文書を流すようなこともふくまれていた．たとえば，2004年9月8日にCBSテレビはブッシュ候補が兵役についていた頃のものとされる覚書を公開したが，この覚書の真偽について直ちに議論が他のメディア組織やネットを中心に沸騰した．CBS側は9月10日付けで弁明を行った[12]が，20日付けでは真偽に疑問があると認めた[13]．

このような状況に対抗するため，FactCheck.org[14]，outragedmoderates.org[15]などの文書公開サイトも登場した[16]．

既存マスメディアに対する批判——独立系ネットサイトの動き

上記文書疑惑事件にCBSが関わっていたことからもわかるように，今回の大統領選挙では，候補者だけでなく，マスメディアの報道についても多くの疑問が

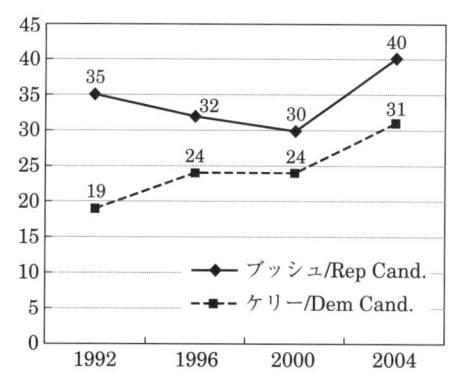

図 3-1 マスメディアは各候補者／政党に対して不公正だったと思うか？
（％，ピュー・リサーチ・センター）

投げかけられた．

　ピュー・リサーチ・センターが 2004 年 11 月 11 日に発表した報告書[17]によると，「マスメディアは各候補者／政党に対して不公正だったと思うか？」という問いに，今回の大統領選では，両候補のどちらについても「不公正だった」と答えたものが大きく上昇している．

　同じく同調査によれば，今回の大統領選で，最も多くの人びとが主要な情報源としたのは TV であった．アメリカでは TV メディアのなかでもケーブル TV の影響力が高い．そして，そのなかで，今回は CNN にかわって FOX テレビが多くの視聴者を集めた．

　しかし，FOX は，露骨にブッシュサイドにたった報道を行い，多くの批判を集めた．

　たとえば，知的財産権に関する革新的な提唱を行っている著書『クリエイティブ・コモンズ』で知られるローレンス・レッシグ（Lawrence Lessig）は，自らのブログに「Fox News: "Fair and Balanced" は『馬鹿げた主張』か？」（2004 年 7 月 21 日）[18]を掲載し，Fox の姿勢を批判した．

　このレッシグの記事は，FOX を批判する市民による自主制作ドキュメンタリー映画『OutFOXed』に対して，FOX 側が行った反論に対して再反論するものでもあった．FOX 側の主張は，「FOX がこれほど共和党寄りに見える理由は……他局のやっている事との対比によるものだ．メディア・リサーチ・センター（Media Reserch Center）が行った調査のように，他のネットワークでどんなこ

とが言われているか調べてみれば……左寄りの非常に強い偏向があることが分かるだろう。FOXが保守的に見えるのはそれらとの対比によるものだ」（前記レッシグの記事より）というものであった。図3-1にも表れているように、世論調査結果では「マスメディア報道はブッシュに対して不公正である」という回答も多い。FOXはこのような層を吸収して視聴率を獲得したといえるだろう。このことはすなわち、今回の選挙では、政治家／政党だけでなく、マスメディアの間でもそれぞれイデオロギーにもとづく闘争が行われたといえるだろう。

　さて、上記のドキュメンタリー映画『OutFOXed』は、7月13日に「ニューヨーク市のニュースクール大学で初上映された13日（米国時間）以降、インターネットを通じて5万枚以上のDVDを販売している。初上映の5日後には、進歩的な政治団体「ムーブオン」主催の3000を超えるホームパーティーでこの作品が上映された」[19]。『OutFOXed』の製作を支援したのは、MoveOn[20]、Center for American Progress[21]、AlterNet[22]、BuzzFlash[23]などの政治市民団体であった。

　これらの市民団体の特徴は、インターネット上でサイトを立ち上げ、そこを拠点に一般の人びとを集め、（緩やかに）組織化することにより、大きな影響力を獲得したという点である。今回の大統領選では、ブッシュ、ケリー両陣営だけでなく、一般の人びともインターネットを選挙組織作りや政治献金集めに最大限利用したのである。

4. 映像メディアと2004年選挙

映像メディアへの注目とショート・ムービー

　前節でも述べたように、2004年大統領選挙の特徴は、何より映像メディアの多用であった。そして、その映像メディアを自由に大量に流通させる媒体として活用されたのがインターネットだったといっても過言ではない。

　大統領選挙への一般の注目を集めた映画として、マイケル・ムーア監督の『華氏911』や『Team America』などがある。

　とはいえ、映画という形態は、その制作に多くの資金や組織やノウハウが必要である。したがって、そのような資源をもつ人や組織にしかこれを活用すること

はできない.

　しかし,インターネットを介した情報の受発信の特長は,第一に,個人が簡単に情報発信できるということ,第二に,映像を用いた表現が個人にも容易に行えるということ,第三に,他の情報を容易に収集・複製・加工できるということである.とくに最近では,QuickTime,WindowsMediaPlayer,Flashといったソフトが,誰にでもきわめて簡便に映像制作を可能にした.こうした背景のもとで,インターネット上には,現在,膨大な数の個人による映像作品が流通している(遠藤2002a,2004aなど参照).

　先にも挙げた市民団体MoveOnは,"Bush in 30 seconds"(30秒でわかるブッシュ)というショート・ムービーコンテストをネット上(http://www.bushin-30seconds.org/)で開催した.1,000本以上の応募作品があり,290万人以上の人がこのサイトを訪れて,投票を行った.最優秀作品に選ばれたのは,"CHILD'S PAY"(ツケは子どもに)という作品で,ブッシュの政治的失敗をテーマとしている(図3-2).

　MoveOnは,ブッシュ批判を基調としており,応募作品もすべてブッシュ批判をテーマとしている.

　しかし,ネット全体を見渡せば,ケリー批判の映像も流通していた.

　双方に対して,公平の立場を取ろうとするサイトもある.例えば,p2p-politicsというボランティア・グループは,ネットに出回っている映像作品を共有するサイト[24]を開いている.P2Pファイル交換を利用して,双方の主張を比較したうえで議論しようという趣旨である.ただし,掲載されている作品数は,ケ

図 3-2　CHILD'S PAY by Charlie Fisher of Denver, CO
(http://www.bushin30seconds.org/release-winner.html)

図 3-3 WHAT I BEEN UP TO...by Mark Wolfe and Ty Pierce of Columbus, OH
(http://www.bushin30seconds.org/)

リー支持ブッシュ批判の立場をとるものが圧倒的に多い．この点に関して同グループは，「ブッシュやネーダーにも積極的に働きかけている」とコメントしている．

一方，大統領選そのものを相対化する作品も目立つ．JibJabが2004年7月に発表した"This Land"という作品は，ウディ・ガスリー（Woody Guthrie）の名曲"This Land is Your Land"（邦題「我が祖国」）にのせて，ブッシュ，ケリーともにからかうアニメであり，3千万人もの人がアクセスしたといわれる．こうした映像文化，サブカルチャー的要素が示唆しているものは何だろうか．

政治とエンターテインメントの間

JibJabのように，必ずしも一方の主張に与しない，独立系の映像サイトが今回の大統領選では数多く登場した．膨大な数のパロディ作品が掲載され，多くの人がアクセスした．

パロディ映像の多くは，一般の娯楽用映像サイトにも置かれた．たとえば，ifilmやatomfilmなどのサイトである．

図3-4は，Google検索によって，こうした政治的な映像サイトへのリンクの数を比較したものである．棒グラフの色は，濃いグレーがどちらの陣営にもたたない立場，うすいグレーがブッシュ派，白がリベラル派であることを示している．これによれば，多くのリンクを集めているのは，どちらの陣営にも距離をおいた立場にたつものであったことがわかる．

重要なことは，今日のアメリカでは，インターネットの利用率が90％程度に

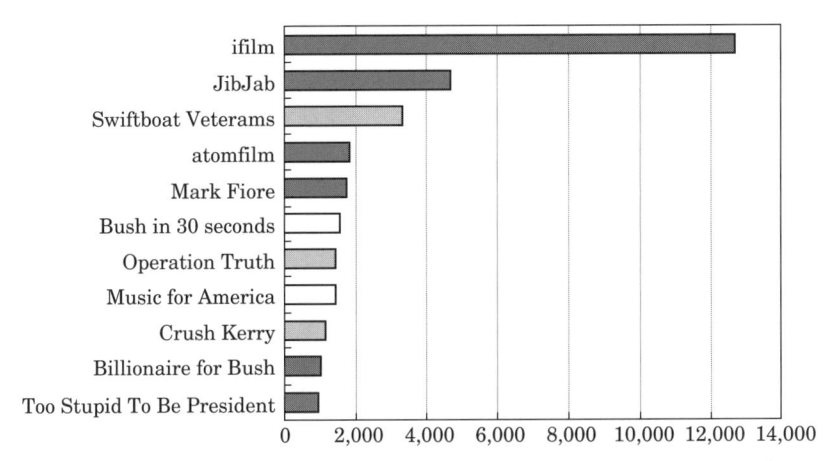

図 3-4 Googleのリンク検索による各サイトへのリンク数比較（2004年11月4日）

達し，すでに一般メディアとなっていることである．

　その結果，かつてのようなインターネット文化＝リベラルという図式は成立しなくなっている．多種多様な人びとが，インターネットを介して文化の受発信を行っている．

　そして政治コミュニケーションも，個人化，複製可能化，映像化という流れが顕著になってきた．こうして，個人によるパロディ映像の大量生産という現象が起きた．そのなかから傑作もたくさん生まれ，「私」のリアリティが表現されるようになったのである．

　これらの映像の評判は，ブログを通じて広範囲に伝わっていく．また，アメリカでは，マスメディアとインターネットの相互関係が，日本以上に緊密化しており，インターネット上の情報発信が広く社会に伝わり，社会に及ぼす影響も大きい．

　こうした映像表現のなかに，イデオロギーとは次元の異なる「私」の気分，（どちらにも皮肉な目を向けざるを得ない）「私」のリアリティが映し出される．そのため，「政治」そのものがパロディの対象となる（ムーア監督も，自作『華氏911』について，「これは政治的プロパガンダではなく，娯楽映画だ」と言っている）．

その他の活動

こうした動きは，当然，映像だけではなく，他の文化行動とも結びつく．

たとえば，Rock the Vote[25]は，音楽をベースに投票をよびかける運動である．同様に，FAT WRECK CHORDS[26]は，ROCK AGAINST BUSHというCDを売り出した（図3-5）．

図 3-5 ROCK AGAINST BUSH（アルバムジャケット）

ブッシュ支持派では，先にも触れたW. Ketchup社がDan RiversによるCFソング"The W Ketchup Song"[27]と同時に，"One Heart, One Nation"という政治的な歌を発表している．この歌は，"will give people some much-needed solace with the tough fighting and sacrifices the U.S. Marines are undergoing in Iraq."ことを願うものであると，サイトは述べている．

また，Star Spangled Ice Creamも，「コンサバティブなフレーバー」をアピールし，自社のアイスクリームに，Gun Nut（Coconut Ice Cream with Almonds and Chocolate Chips），I Hate The French VANILLA（Real American Vanilla, NOT French Vanilla），Iraqi Road（Chocolate with Roasted Almonds and Rich Chocolate Chips），Nutty Environmentalist（Rich Buttery Ice Cream with Roasted Pecans），Smaller Govern-MINT（White Mint with Rich Chocolate Chips）などの政治的なネーミングをしている[28]．

とはいうものの，こうした動きは，当然のことながら，映像だけ，音楽だけ，インターネット内だけではない．MoveOnも現実の行動をしているが，ナンセンスなサイト，たとえば，Billionaire for Bush[29]といったサイトをベースにして，現実のデモなども行われているのである．

5. 世界からの視線

世界の中の大統領選

　今回の選挙で特徴的だったのは，アメリカ国内と同様，世界からの視線がこの状況に注がれたことといえよう．無論，アメリカの大統領選挙となれば，世界中の注目が集まるのは当然とはいえる．しかし，今回目立ったのは，一般人を対象として国境を越えたネット調査が数多く見られたことである．

　たとえば，朝日新聞のウェブサイトも，10カ国世論調査として，図3-6のデータを挙げている．

　他国のメディアが，アメリカ大統領選に関して意思表明を行う例も目立った．

　たとえば，ドイツのビルト紙はブッシュ候補支持を表明（2004年10月27日，ロイター）し，イギリスのフィナンシャル・タイムズは社説でケリー支持を表明した（2004年10月25日，共同通信）．

　また，アメリカ国内の北朝鮮関係団体がNewYorkTimes紙に広告を出す（10月27日）という行動もあった[30]．

　興味本位に，大統領選を賭けにして楽しもうとする例も多く見られた．たとえ

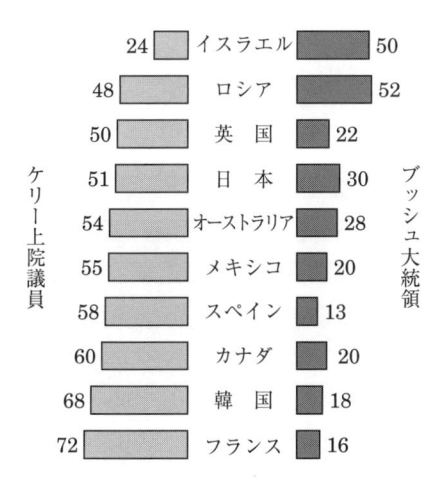

図3-6　どちらの候補者に当選して欲しいかに関する国際世論調査（2004年10月，％）[31]

ば, "2004 US Presidential Elections Betting - Free Bets and Odds Comparison"[32] などである.

アメリカに対する批判

　国際社会からのまなざしについては, アメリカ国内でも意識されていた.
　ピュー・リサーチ・センターのレポート「2002年における国際世論」[33] によれば, アメリカによるイラクへの武力行使について, 国際世論は大きく分断されている. 図3-7, 図3-8は, 同リサーチ・センターが2002年11月初旬に行った国際世論調査の結果の一部である. イラクの脅威に関しては, アメリカ, イギリス, ドイツは「中以上」と答えた者が8割を超えているが, フランス, ロシア, トルコでは多いとはいえない. また, アメリカの武力行使の理由について, 同じように, アメリカ, イギリスでは「アメリカがイラクの脅威を信じているから」と答

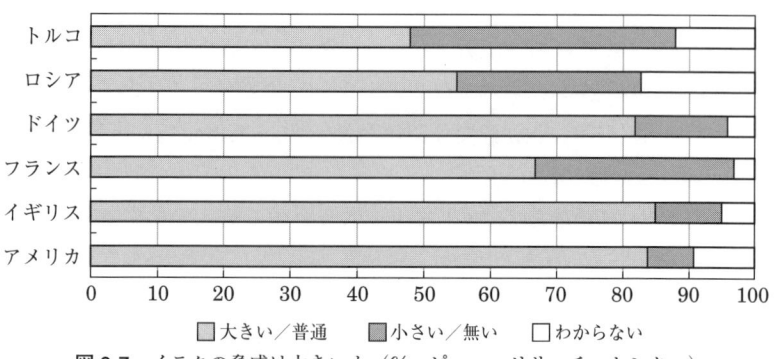

図3-7　イラクの脅威は大きいか (%, ピュー・リサーチ・センター)

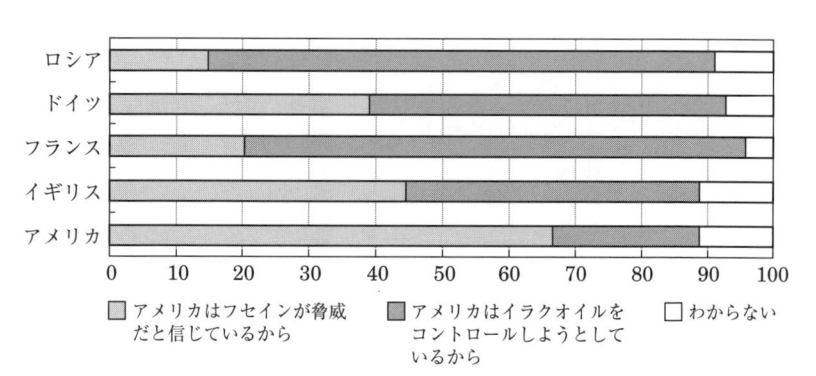

図3-8　アメリカの武力行使の理由 (%, 同上)

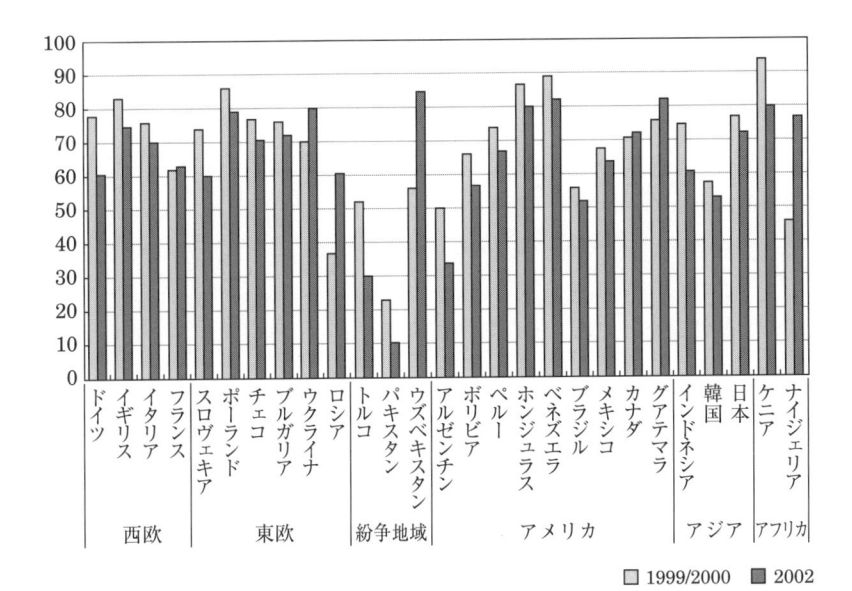

図 3-9 アメリカのイメージの下落
（アメリカに好感を持つと答えた人の割合，％．ブルガリアのイメージ下落は，統計的に有意ではない．
データ出所：http://people-press.org/reports/display.php3?ReportID=165）

える者が多いのに対して，フランス，ドイツ，ロシアでは「アメリカがイラクのオイルをコントロールしようとしているから」と答える者が多い．

図 3-9 は，同レポートによるアメリカの好感度の下落状況である．

とくに，ドイツ，イタリア，イギリス，トルコなどで下落が大きい．イラク問題の影響を受けやすい国々が，神経を尖らしているとも解釈できる．

現代世界におけるアメリカの位置づけ

このような国際社会からの視線は，現代の世界情勢におけるアメリカの位置そのものによるものといえよう．

すなわち，アメリカは，とくに冷戦以降のグローバリゼーションの流れのなかで，ハートとネグリ（Hardt & Negri 2000）が（その適否についていまだ検討の余地があるとしても）〈帝国〉と呼ぶように，世界全体にその動向が重大な影響を及ぼす．アメリカは，世界のほとんどの国に浸透しており，アメリカと他の国とを明確に切り分けて考えることは不可能になっている．いいかえれば，他の

国家主権は、従来の意味からすれば、極めて弱いものになっているのが現在である。

したがって、他国の人びとにとっても、アメリカ大統領選の行方は、決して彼岸のことではない。ある意味では、自国の政府の動向よりも重大な結果を人びとの生活にもたらしかねないのである。

日本においても、大統領選関連ニュースは、つねにトップの扱いとなっていた。

今回の大統領選をめぐる他国からの視線は、その事実を、改めて明らかにしたものといえる。

6. ブッシュ勝利・ケリー敗退の意味

こうして11月3日、いよいよ選挙が行われた。結局ブッシュの勝利となった。

接戦ではあったし、前回と同様に電子投票システムの不手際などもあった。この点を取り上げて訴訟に発展するのではないかとも取りざたされたが、ケリーがあっさりと敗北宣言を出したことで、決着した。

この結果にはさまざまな不満も表明されたが、以下の点から、あらかじめ予想されたことではある。

1. 中傷合戦になった場合、政治力の大きい方が勝つ。
2. メディア戦略的には、単純明快で情緒的な「人間くさい」ブッシュのキャラクターは有利である。
3. CFのつくりを見ても、ケリーのCFは説明的で魅力に乏しい。
4. 公式サイトも同様に、説明的過ぎてアピールに乏しい。

3、4の点については、2000年選挙で敗北したゴアについてもいえることである。すなわち、民主党の選挙戦術が、メディア政治、劇場政治といわれる今日の政治コミュニケーションについて、理解が乏しかったと考えられる。

しかし、注目すべきは、中傷合戦の果てに残されたある種のペシミズム、無力感である。

たとえば、11月3～4日のDAYPOPのTOP40を見ると、上位にはずらりと選挙速報サイトが並んでいるが、4日00時には35位、6時には15位、12時には9位にあがっているのが、人気ブログのBOINGBOINGである。とくにそのなか

の"Kerry Concedes（ケリー敗退）"（3日付）という記事には，静かな悲しみにも似た気分が表明されている．筆者は，アメリカのおたく的な人物らしい．また，民主党支持らしい．同じく，11月4日午前3時30分（米国時間）集計のDAYPOPの"Top NEWS Burst"では，ニュースサイトのトップページで最も使われた言葉として"Kerry Concedes（ケリー敗退）"が1位となっている．Bush WIN（ブッシュ勝利）ではないところに注意したい．また，この言葉が，共和党支持者によっても多用されていることにも注目したい．

「ケリーが負けた」という言葉には，「ブッシュが勝ったこと」に対する不満というより（もし，多くの人がブッシュに勝たせたくなかったのなら，ケリーが勝ったことだろう），アメリカ国民全体の「敗北感」が現れているように思う．

とはいえ，政治コミュニケーションを相対化する視線は，選挙後も活動を止めてはいない．

選挙結果が出た後，11月3日付けで公表されたflash動画（WINNER takes all!（勝ったものが総取り！））[34]は，大統領選の勝者は，イラク問題，雇用問題，国内対立問題などあらゆる問題を「総取り」することになると皮肉っぽく指摘したうえで，「おめでとう！」と祝辞を述べている．

また，2005年1月20日の大統領就任式に合わせて発表されたJibJabの新作"Second Term！（2期目！）"も，「この4年間が平和でありますように！」と祈るのである．

このような「気分」は，調査データにも表れている．

図3-10は，ピュー・リサーチ・センターが2005年1月13日に公表した「世論と大統領は乖離している：ブッシュ支持率は歴代大統領の2期目の支持率より

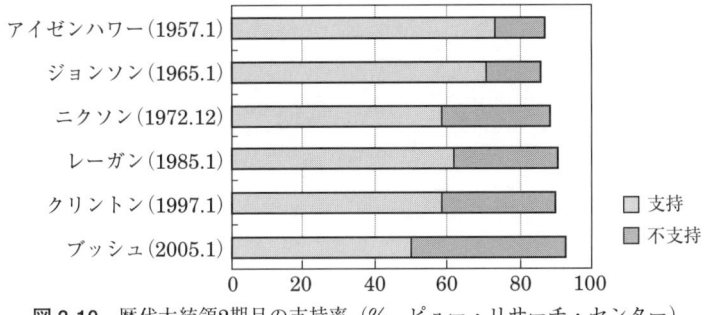

図3-10 歴代大統領2期目の支持率（％，ピュー・リサーチ・センター）

低い」（"Public's Agenda Differs From President's: Bush Approval Rating Lower Than For Other Two-Termers"）という報告書によるものである．確かにブッシュ大統領の2期目の支持率は歴代大統領に比べて際だって低い．

そして，同センターが2004年12月20日に出した報告書「大統領選挙によって世論は変化せず」（"Public Opinion Little Changed by Presidential Election"）[35] によれば，現在のアメリカが抱える諸問題についての見方は，選挙前と選挙後でほとんど変わっておらず，ブッシュに投票した人びととケリーに投票した人びと

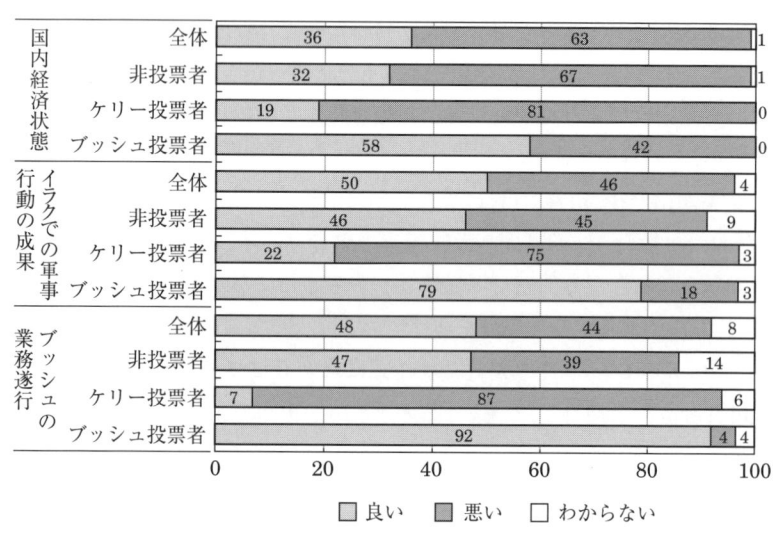

図 3-11 投票行動による「世界観」の違い（%，ピュー・リサーチ・センター）

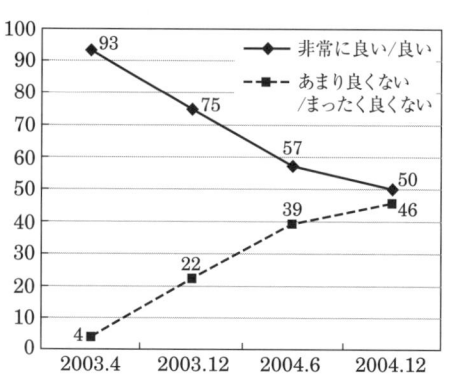

図 3-12 イラクの戦況に関する見方（%，ピュー・リサーチ・センター）

とでは完全に見方が違うが，全体としては，それぞれの見方が半々となっている（図3-11）．

だが同時に，同報告書によれば，たとえばイラクの戦況に関する見方は，全体として「悪い」方へと傾きつつある（図3-12参照）．2004年12月時点では，両方の見方が拮抗している状況にある．

7. 今後の展望

先にも挙げた人気ブログBOINGBOINGの11月3日付けの記事「ケリー敗退」[36]には，父親が次のように語ったと書かれている：「変化は不満から生まれる．そしてまさに今，多くの不満が渦巻いている」．

アメリカ社会，国際社会は，むしろ選挙後に大きく変化していくのかもしれない．

しかし，それはどのような変化なのだろうか．

ミシガン州立大学のガストナー（Michael Gastner）らは，ブッシュの最終的勝利を示す州別の選挙結果（図3-13）に，州人口による地図の変形と，得票率による赤（ブッシュ候補，図3-13ではうすいグレー）と青（ケリー候補，図3-13では濃いグレー）の混合を行った図（図3-14）を公開している[37]．これを見

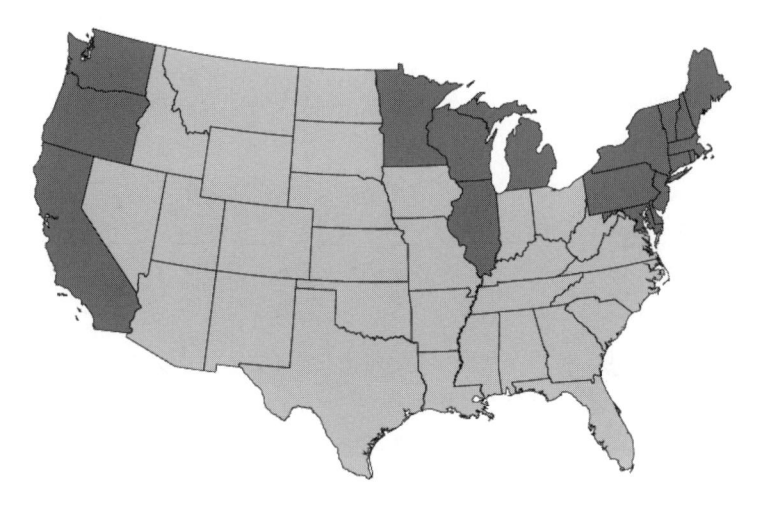

図 3-13 2004年大統領選挙の集計結果（うすいグレーはブッシュ候補，濃いグレーはケリー候補の勝利を示す）

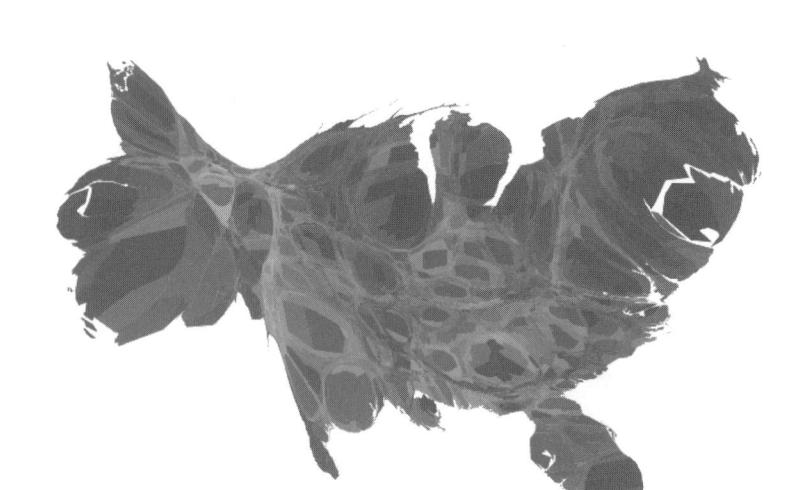

図 3-14　集計地図を変形した図（ガストナーらによる）

ると，必ずしも今回の選挙結果は，一般に言われているような（つまり図3-13から考えられるような）二極分化現象とはいえず，むしろ，アメリカがきわめて境界的な状況にあるとも考えられるのである．

同様に，よりシンプルに，得票率によって赤と青を混合しただけのメッシュ地図（図3-15）も，ヴァンダーベイ（Robert J. Vanderbei）によって2000年の選挙以来作成されている[38]．

さらにシンプルな図もカルバー（Jeff Culver）によって作成されている[39]．

こうした「紫のアメリカ」（"Purple America"）マップが何人もの人びとによって制作されるのは，実際に必ずしも選挙結果に納得しきれない気分と，二者択一的意思決定の危うさに関して人びとが敏感になっているせいでもあろう．

さらに興味深いのは，大学の研究者であるガストナーらは別として，後二者は，これらの地図をTシャツなどのグッズにして，インターネット上で販売していることである．しかも，彼らが利用しているオンラインショップは，こうしたブッシュ批判的なグッズだけでなく，保守派，リベラル派などあらゆる政治的立場のメッセージを含んだ商品を販売しているのである．

それは，MoveOnなどの市民団体を含め，さまざまな立場の政治団体が，消費者データを運動の基礎資料としているというレポート[40]とも通じ合う新たな政治

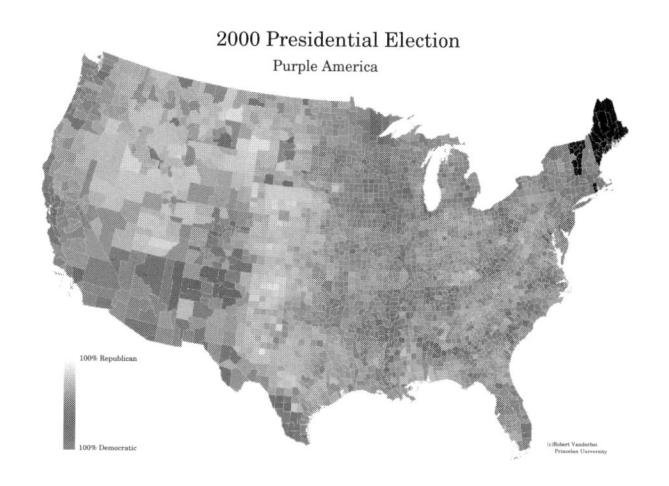

2000 Presidential Election
Purple America

2004 Presidential Election
Purple America

図 3-15 ヴァンダーベイによる2000年および2004年大統領選マップ

コミュニケーションの動向である．

そして，政治的コミュニケーションにおけるインターネットの利用は，今後ますます拡大していくと考えられる．

図3-16, 図3-17は，ピュー・リサーチ・センターによる「有権者は2004年大統領選挙に好意的．ただし過剰な泥仕合も」("Voters Liked Campaign 2004, But Too Much 'Mud-Slinging'")（2004年11月11日公表）[41]と題された報告書に示されている，大統領選に関する主な情報源（二つまで選択）の調査結果の変化で

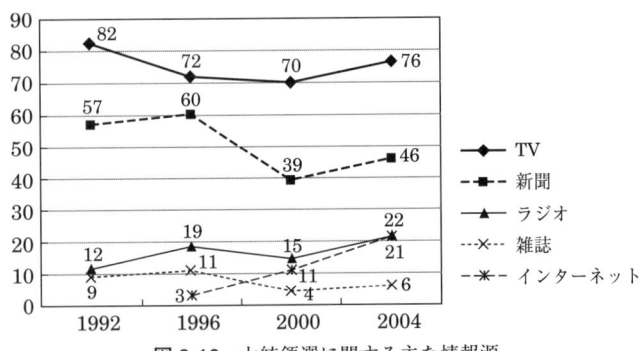

図 3-16 大統領選に関する主な情報源
(二つまで選択, %, ピュー・リサーチ・センター)

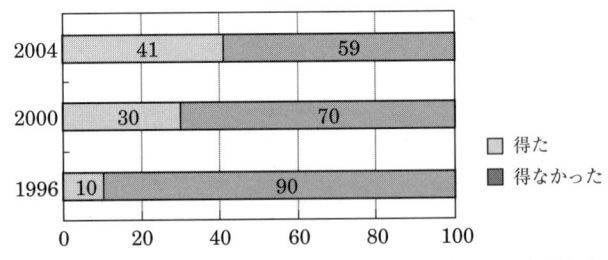

図 3-17 2004年大統領選に関する情報をインターネットから得たか？
(%, ピュー・リサーチ・センター)

ある．

　これによれば，ラジオを除く既存マスメディアが全般に低落傾向にあるのに対して，インターネットは着実かつ急速に主要情報源としての位置を高めつつある．

　このようなインターネット社会の政治状況は，硬直化した過去の枠組みのなかには収まらないのかもしれない．ではどのような枠組みによってこの複雑化した現代の政治コミュニケーションは記述しえるのだろうか．本章での考察を踏まえたうえで，改めて今後の課題としたい．

第 II 部

分断社会における不安と信頼

第4章

日本におけるネットワーク社会の幻滅
—— alt.elite.digと逆デジタル・デバイド

1. はじめに

　2004年6月に発表されたプロ野球の近鉄・オリックス合併は，リーグ制の見直しという球界再編問題へと発展し，9月には選手会による史上初のスト決行にいたった．この動きのなかで，ライブドア，楽天などの新興IT企業が相次いで球団買収に名乗りをあげた．その一方，ドラフト制に絡んで読売巨人の渡辺オーナーが辞任した．また，ダイエーの企業再建不調や西武鉄道株問題から，ダイエーホークスの今後が取りざたされ，堤西武球団オーナーは辞任という事態を迎えた．ホークスについては，球団副代表がスキャンダルで辞任し，ここでもまたソフトバンクというIT企業が買収に乗り出した．西武についても，テレビ朝日とスカイパーフェクトTVが買収を申し出た．
　この一連の動きは，プロ野球界のみにとどまらない，財界を巻き込んだ大きな日本社会の変化を暗示させた．そして，あたかも，不動産を基盤とした既存大企業を，新興IT企業が駆逐していく状況を象徴しているかのようにも見える[1]．
　しかし，それは本当だろうか？
　2004年のアメリカ大統領選挙においては，両陣営がインターネットを活用し，

大々的にメディア戦略が展開された．同時に，インターネットは誰にでも容易に情報発信が可能であるため，草の根的な市民活動も以前にもまして活発化した．しかし，その結果，むしろ，きわめて保守的な体質のブッシュ大統領が，接戦を制して，再選を果たした．

こうしてみると，インターネットは，当初語られたような社会の再編制をもたらすものではなく，むしろ，既存体制の強化，あるいはそれ以上に古い体制への逆行をもたらすものであるかのようにもみえる．

むろん，「変化」が必ずしも「良い」ものであるとはいえない．そして，旧体制への逆行も「変化」と言えるものではある．

本章では，インターネットの一般化を媒介変数として，いままさに起こりつつある社会の動態を記述，定式化しようとする試みである．

2. デジタル・デバイドと格差の再生産

リープフロギングと alt.elite

社会が大きく変わろうとするとき，その変化に乗じて社会階層をリープフロギング（leapfrogging, 2段跳び，蛙跳び）して駆け上ろうとする人びとがいる．と同時に，その変化に適応できずに脱落していく人びとが生ずるのは，社会の歴史のなかでつねに見られる現象である．

では，このようなときにリープフロギングを仕掛けようとするのはどういう人びとだろうか．

だが，すでに階層の上位にいる人びと（既成エリート）は，社会変化への適応能力にも長けており，その変化を自らの利益に通じるよう解釈し，実践する能力ももっている．既成エリートでない人びとの多くは，必ずしも十分なインセンティブやいままさに起ころうとしている変化への対応能力をもっていない．このような観察から，ブルデュー（Bourdieu）のように「再生産」としての社会格差拡大を論ずる研究者は多い．このような議論の背景には，社会変化にともなうリープフロギングに過剰な期待をかけ，結果的に既存体制の拡大再生産へ向けて社会変化を編制しようとする言説がはびこりがちであるという事実がある．したがって，「オポチュニティ」として社会変化を語る者に批判的なまなざしを向ける

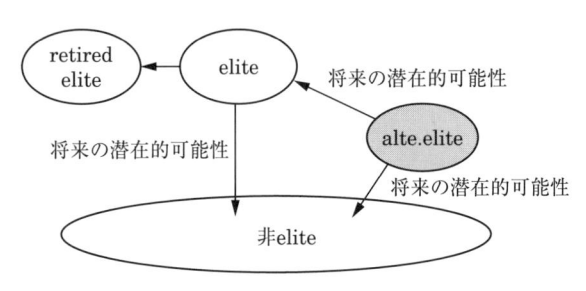

図4-1 動的概念としてのalt.elite

ことは正当であるといえる．

しかし一方，社会史を俯瞰すれば，社会変化は，やはり，新興階層の台頭と旧体制の没落を引き起こしていることも現実である．「再生産」論は，この現実を取り逃がし，そのためにかえって，自らが批判する旧体制の固定化に寄与してしまう可能性もあるのである．

遠藤（1999）は，「社会変化に乗じてリープフロギングを目指す人びと（必ずしも成功するわけではない）」を，alt.eliteとして定式化した．すなわちそれは，「やがてエリートになる能力を潜在させているが，現状では，権威のヒエラルキーの中位以下におり，したがって，心情的にはエリート層に対抗的（非エリート層に同調的）であり，マイナーカルチャーに自己のアイデンティティを託すような，いわば宙吊りの状態にあるグループ」である．彼らは，やがてエリートになるかもしれないが，一般大衆に埋没するかもしれない存在である（図4-1参照）．

情報社会におけるプレエリートとしてのalt.elite.dig

alt.eliteは，通時的な概念である．「社会変化」とは，つねに人びとを何らかの方向へとさしむけるために語られる誘惑の言説であったし，その誘惑に自分自身の夢を重ねる人びとがいる．そして，そうしたalt.eliteたちがかなりの割合で現実にeliteへと変貌していくとき，実際に観察可能な「社会変化」が生じてきたと考えられるのである．

このフレームワークを「情報／ネットワーク社会」とよばれる現代の様相に適用してみよう[2]．

コンピュータ技術およびネットワーク技術の発展にともない，一方で新たな経済・産業の勃興が盛んに喧伝され，また一方で，この技術を身につけることによ

り個人レベルでの自己実現がもたらされるとのさまざまな言説が流布した．ダニエル・ベルの『脱工業社会の到来』，トフラーの『第三の波』などはその先駆的なものであった．また，マクルーハンの『メディア論』なども，しばしばこの文脈で読まれた．

この変化に遭遇したalt.eliteたちのなかから，当然，（意識的にせよ，無意識的にせよ）情報技術を自らの自己実現にとってのチャンスと考える者たちが生まれる．そうした者たちをここではalt.elite.digと呼ぶこととする．実際，1970年代半ば以降，数々の情報関連企業が現れ，瞬く間に巨大企業へと成長した例は少なくない．たとえば，マイクロソフト社のビル・ゲイツやポール・アレン，アップル・コンピュータ社のスティーブ・ジョブスなどはその代表的な存在といえよう[3]．さらに近年では，Yahoo!, Amazon, Googleなどの創業者たちも，この範疇に入るだろう．

alt.elite.digは，必ずしも起業家として市場にだけ現れるわけではない．政治的領域や社会的領域，文化的領域においても現れる．

ただし，繰り返しになるがここで留意していただきたいことは，alt.elite(.dig)という概念は，あくまでも，その時点で，elite（社会的に影響力の大きいポジションを継続的に維持する者）になる潜在的可能性と意志（動機付け）をもつ者であり，現時点では非eliteである者をさす．したがって，特定の個人はその時点時点で，異なるグループに属することとなる．ビル・ゲイツなどは，かつてはalt.elite.digであったが，現在はeliteに属すると考えられる．

模倣のプロセス——ネット利用とライフスタイル

それぞれの時代において，alt.eliteたちのツールとなる何かは，しばしば新たな世界観あるいはライフスタイルとセットになって台頭する．たとえば，かつて資本主義の勃興期にそれがプロテスタンティズムの倫理と共振していたことを指摘したのは，ウェーバー（Weber 1920）であった．

その時代に現れた新たなツールが社会に浸透することと，これを武器として台頭したalt.eliteたちが新たなeliteグループを構成することと，社会のなかで正統的な価値観がそのツールとセットと見なされる価値観へと移行することとは，相互に相乗的に作動する．これを図化したのが，図4-2である（遠藤 1998aより再掲）．

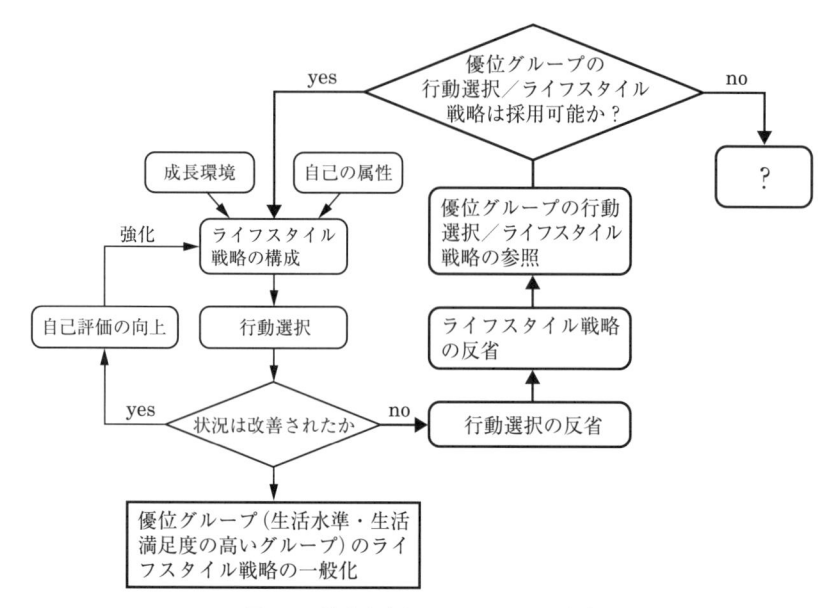

図4-2 行動戦略とライフスタイル戦略

すなわち，個人レベルでの自己実現に有用（と見なされる）なツールが，それと一体化した価値観の一般化をもたらし，それにともない社会の階層構造が変容するという定式化が可能であると考えられるのである．

コンピュータ技術やネットワーク技術は，草の根民主主義的な価値観を背景に社会へ浸透していった．遠藤（2000b，ほか）は，これを「カリフォルニア・イデオロギー」と呼んだ．

そして，1995年SSM調査[4]のデータからは，ノンエリートの情報コンシャス・グループに，他のグループに比較して，達成志向よりも関係志向的な傾向が観察された（詳細は，遠藤1998a, 2000bなどを参照）．

ただし，図4-2にも示したように，このようなメカニズムの作動において，先駆者グループでは動機付けも能力も高い（さもないとメカニズムは作動しない）が，その模倣者（フォロワー）グループでは，数的には増大するが，戦略採用に関しては動機付けも能力も弱い可能性がある．そして，後発者は先行者の戦略の成否，および自分自身にとっての適否をモニターしつつ，戦略を修正する．そのため，時間の経過とともに，初期の価値観が薄まっていく，あるいは意図せざる

結果をもたらすことも十分に考えられる．

インターネットの大衆化――内発的動機と外発的動機

　1995年以降，利用しやすいウェブブラウザやWindows 95などの登場もあって，インターネットの普及率は急速に向上した．

　「インターネットを利用する」動機として，前項では個人のメンタリティ（先駆的自己実現意思およびその模倣）に着目して定式化した．しかしそのほかにも利用の要因として（1）社会環境，（2）利用者の社会的属性が考えられる．すなわち，社会のなかにインターネットが普及すればするほど，利用のメリット，利用しないデメリットが増大し，利用はますます促進される．また，インターネットの利用が，社会適合性のアイコンと見なされる場合，自らの社会的ポジショニング維持のために，一種の衒示消費としてインターネットが利用されることも多くなる．

　これらの三つの動機の間には複雑な相互作用プロセスが存在することはいうまでもない（図4-3参照）．違う角度からこれを整理すれば，個人のメンタリティがインターネット利用の内発的動機であるとすれば，社会環境（普及のレベル）や利用者の社会的属性は外発的動機である．そしてそれらは，相乗的に作用するのである．

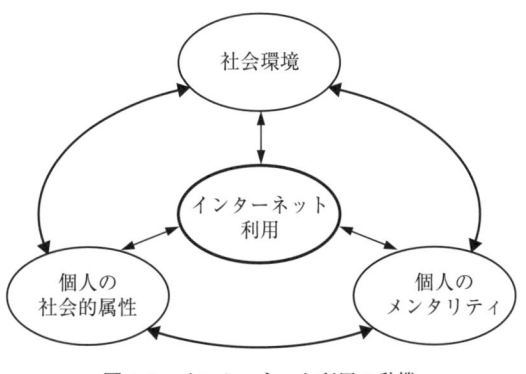

図4-3　インターネット利用の動機

脱落

　以上述べてきたように，インターネット利用は，再帰的自己創出のシステムである．したがって，人によっては，それが逆方向に作動する場合がある．通念的に「デジタル・デバイド」と呼ばれる問題は，これに起因する．

　すなわち，社会的動能性や自己実現の意欲が弱かったり，社会的属性からインターネット利用の機会に恵まれなかったりする場合，あるいは一時的にインターネットを利用してみたものの期待される効果があがらなかった場合など，インターネット利用に消極的になり，インターネット利用の一般化した社会に不適合を生じてしまうことが考えられる．それは，その人に無力感を与え，それが循環的に，インターネット利用を回避しようとするメンタリティへと接続する．

　このような逆循環には，当該の人を社会構造の下位へと下降させ，インターネット利用を媒介として，経済的格差，社会的格差を拡大再生産する可能性がある．

3.　〈現実〉の進行——1990年代から2000年代へ

経済の変容——日米の経済の停滞

　ここでいったん，マクロな社会状況に目を転じよう．

　コンピュータ技術やネットワーク利用の一般化は，国家政策や産業経済的な要請にのっとったものでもあった（遠藤 2000bなど参照）．

　では，社会全体は，この変化のなかでどのように展開してきただろうか．

　コンピュータ産業の成長は1970年代から，コンピュータの個人化とコンピュータ・ネットワークの利用の普及は1980年代から本格化した．

　そして，インターネット利用が一般社会に拡張してきたのは，1992年，アメリカのクリントン-ゴア体制が政権をとり，インターネットの商用利用を解禁し，「情報スーパーハイウェイ構想」にもとづいてNII（National Information Infrastructure）やGII（Global Information Infrastructure）を強力に推進したことによる．

　このアメリカの政策は，80年代のアメリカ経済の低迷からの脱却を図るものでもあった．そして，それはある程度，功を奏したかのようにも見える．実質

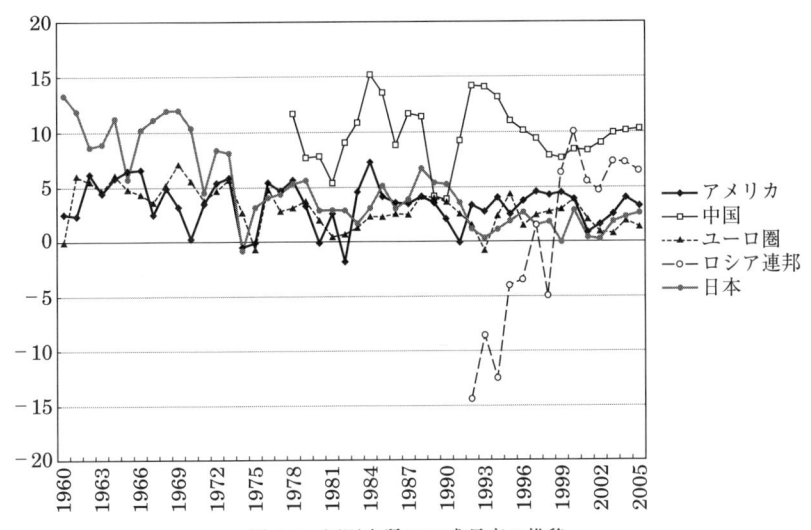

3. 〈現実〉の進行——1990年代から2000年代へ　101

図 4-4　国別実質GDP成長率の推移
（データ出所：内閣府政策統括官室『2006年秋版 世界経済の潮流』
2006.12.18，（財）日本統計協会）

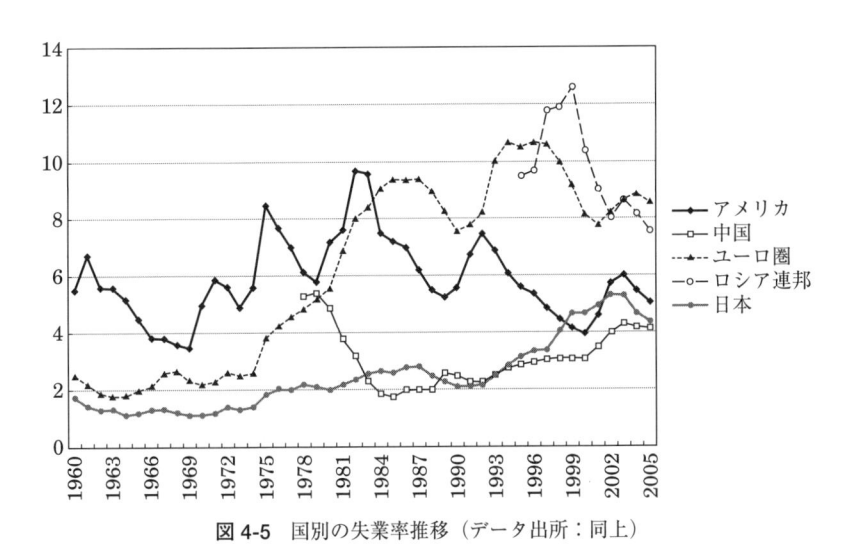

図 4-5　国別の失業率推移（データ出所：同上）

GDP成長率は持ち直し,失業率は低下に向かった(図4-4参照).

ただし,2000年選挙でブッシュ体制に移行した後は,再び,GDP成長率は低下に,失業率は上昇に向かっている.

日本社会はどうかといえば,実質GDP成長率は80年代末から(一時的な持ち直しはあるものの)低迷し,失業率は70年代から一貫して増加傾向にある(図4-5参照).

収入の低下と無業者の増加

このような経済状況のなかで,筆者らが毎年実施しているWIP(World Internet Project)日本調査[5]の結果を見ると,明らかに世帯収入は減少しており,同時に無業者は増加している.

図4-6は,WIP調査から,世帯年収の平均を年代別,インターネット利用別(PC経由)に,時系列で見たものである.一見して明らかなとおり,いずれの

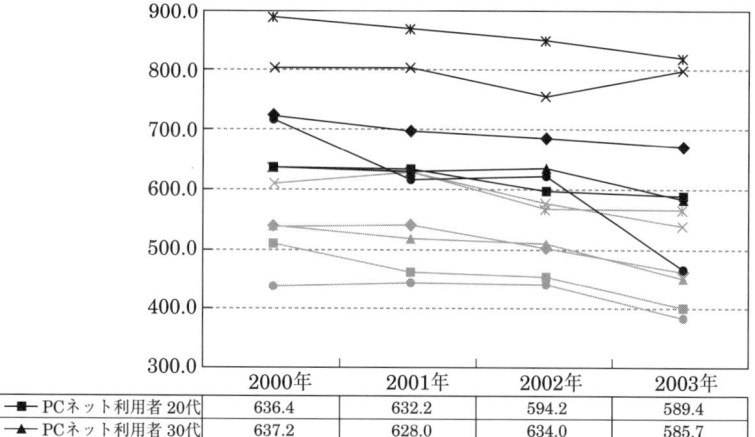

	2000年	2001年	2002年	2003年
PCネット利用者 20代	636.4	632.2	594.2	589.4
PCネット利用者 30代	637.2	628.0	634.0	585.7
PCネット利用者 40代	803.7	804.3	756.3	800.0
PCネット利用者 50代	888.8	867.9	850.9	818.8
PCネット利用者 60代	719.0	616.0	620.0	466.7
PCネット利用者 合計	722.6	699.6	685.8	670.5
非利用者 20代	508.8	460.0	453.6	401.6
非利用者 30代	538.0	518.2	506.9	450.0
非利用者 40代	611.0	630.4	576.7	539.0
非利用者 50代	636.0	634.1	568.9	562.5
非利用者 60代	437.4	443.0	438.9	384.5
非利用者 合計	539.3	539.9	499.0	460.9

図4-6 ネット利用別年代別平均世帯年収の推移(万円,WIP調査)

年代でも，年を追うごとに世帯年収が減少していることがわかる．全年代の平均で，4年間に約150万円もの減少が見られる．

最も減少率の高いのは60代のネット利用者であり，最も低いのは30代，40代のネット利用者である．しかし重要なことは，全体に見て，ネット利用の有無に関わらず，また年代に関わらず，収入の一貫した低下傾向が見られるという点である．

同様に，図4-7は，WIP調査から，無業者の割合を年代別，インターネット利用別（PC経由）に，時系列で見たものである．ただし，ここでいう「無業者」とは，「フルタイムワーカー」「専業主婦」「学生」「パートタイム，アルバイト」「無職」という就業カテゴリーのうち，後二者を合わせたものを指すこととする．ここでも，無業者の割合は，いずれの年代でも，ネット利用の有無に関わらず，増加している．

では，社会内における格差は現在拡大しているといえるのだろうか？ そこで，WIP日本調査からジニ係数を計算してみたのが，表4-1である．これによれば，2000年〜2003年の間で，ジニ係数が増大しているとはいえない．ほぼ横ばい状

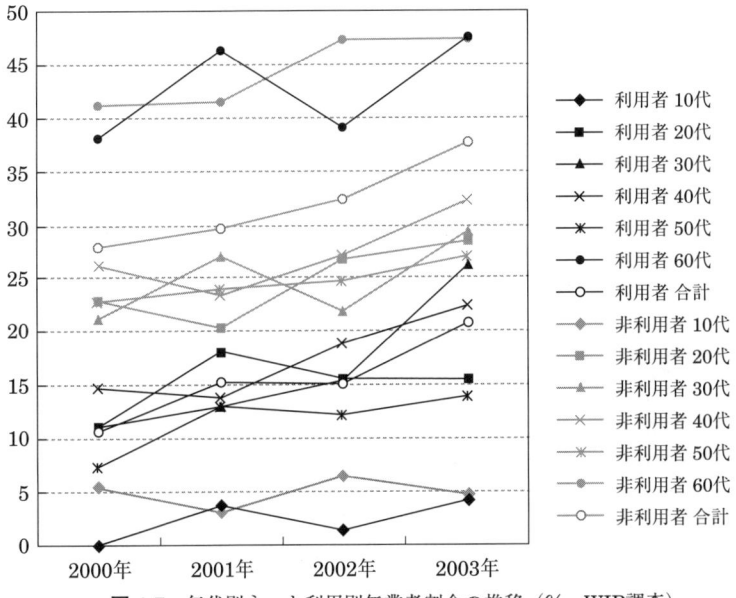

図 4-7 年代別ネット利用別無業者割合の推移（％，WIP調査）

表 4-1　ジニ係数の推移[6]

2000年	2001年	2002年	2003年
0.1664	0.1462	0.1574	0.1692

態である．

　すなわち，この期間，平均世帯年収や無業者割合は悪化しているが，格差という面からいえば，大きな変化はないといえる．いいかえれば，日本社会全体が，経済的に降下しているといえる．

　そうしたなかで，PCネットワーク利用率は高まっているが，むしろ高まっているからこそ，PCネットワークの利用可能性はもはやメリットクラシーの指標とはならなくなっている．反対に，「PCネットワークが利用できない」ということは社会的ドロップアウトの指標になりつつあるとは考えられるのである．

alt.elite.digの失望と変容

　このような状況変化のなかで，alt.elite.digのメンタリティはそのまま維持されているだろうか．

　表4-2は，1995年SSMデータで，当時のalt.elite.digと措定した，ノンエリートで情報コンシャスなグループの価値観のその後をWIPデータで追ったものである[7]．これによれば，1995年時点でのalt.elite.digが，達成的価値よりも社会関係的価値を重視し，その動能性が高いと見られるのに対して，2000年以降，その動能性は弱まり，達成的価値重視へ移行しつつあるように観察される．

表 4-2　alt.elite.digの変化

	学歴			職業		
	1995	2000	2003	1995	2000	2003
エリート全体	2.521	2.463	2.682	3.261	2.455	2.852
ノンエリートネットユーザ	2.403	2.144	2.344	2.999	2.308	2.438
ノンエリート非ユーザ	2.333	2.029	2.264	2.949	2.245	2.294

	社会活動			サークル活動		
	1995	2000	2003	1995	2000	2003
エリート全体	2.418	2.805	2.761	2.305	2.229	2.295
ノンエリートネットユーザ	2.976	2.643	2.687	2.397	2.192	2.238
ノンエリート非ユーザ	2.890	2.651	2.566	2.306	2.101	2.108

表4-3 再グループ化

		価値観　sence of values		
		mainstream	mediate	marginal.dig
動機付け incentive	High	mainSt.elite	alt.elite.med	alt.elite.dig
	Middle	mainSt.middle	alt.middle.med	alt.middle.dig
	Low	mainSt.mob	alt.mob.med	alt.mob.dig

　この変容は，第2節ですでに指摘したように，コンピュータ利用やネットワーク利用が大衆化した結果，もはや利用しているということだけでは何らかのメリトクラシーを構成する指標とはなりえなくなっている状況を表していると考えられる．

　そこで改めて，現状を考えると，まず，ネット利用の大衆化により，ネット利用者がその先駆的グループ（alt.elite.dig）だけでなく，潜在能力のある追随者（alt.middle.dig），あまり意識的でない大量の模倣者（alt.mob.dig）という階層構造が作られてきていると考えられる．

　また他方，2000年代の成功者を見ると，コンピュータ／ネットワーク技術そのものというより，その社会的利用能力（インターネットを利用して新たな市場を構成するような能力）に長けた者が増えてきているように思われる（このとき，その能力とセットになる価値観も異なっている）．このグループもまた，その先駆的グループ（alt.elite.med）だけでなく，潜在能力のある追随者（alt.middle.med），あまり意識的でない大量の模倣者（alt.mob.med）という階層構造をなしている（表4-3参照）．

　本章ではこれ以上詳しくは述べないが，状況はいっそう複雑化し，見えにくくなっている．

4. alt.middle.digとしてのネットヘビーユーザ層の変化

ネットヘビーユーザ層の変化——逆デジタル・デバイド

　では，現時点におけるalt.elite.digグループ（つまりヘビーユーザ層）は，何を指標として識別できるだろう？

　ネット利用が一般化した今日では，この問題は案外難しい．たとえば，利用時

間が長いことや様々なサービスを利用していることは，必ずしもヘビーユーザの指標とはならない．

そこで，本章では，BBSの利用と個人サイトの開設を指標として考えてみる．BBSや個人サイトは，インターネットに特有のコミュニケーション形態であり，ネット文化，ネット言説と呼ばれるものもここから発生しているからである．

このように考えたうえで，BBS利用者と個人サイト開設者（BBSを利用しているか，個人サイトを開設している者）をネットのヘビーユーザと見なし，そのプロフィールの変化をWIP日本調査から見たのが，図4-8である．

2000年のデータでは，学歴や年収が高いほどヘビーユーザの割合が多いという，明らかにデジタル・デバイドと見られるような状況が現れている．

しかし，2000年と2003年を比較すると，ネットユーザ全体に占めるヘビーユーザの割合は全体として減少している．インターネットの普及によって，ライトユーザが増えたからである．したがって，いずれのカテゴリーにおいても，ヘビーユーザの割合は減少している層が多い．なかでも減少が激しいのは，高学歴層，フルタイムワーカー層，世帯年収1200万円以上の高所得層などである．反対に減少が少ないのは，パートタイム・アルバイト層，世帯年収400万円以上800万円未満の中所得層，町村部居住層であり，むしろ割合が増加しているのが，60代以上の高年齢層，低学歴層，無職層，世帯年収400万円未満の低所得層である．この結果，世帯年収ではあきらかに逆デジタル・デバイドと見なしうるような状態が生じている．

ヘビーユーザの心理的傾向

では，図4-8に照らして，このようなネットヘビーユーザに特徴的な心理的傾向はあるだろうか？

図4-9，図4-10は，WIP 2001年および2003年日本調査から，ネットヘビーユーザ，ヘビーユーザではないネットユーザ，非ネットユーザに分けて，それぞれのグループの心理的傾向の差を見たものである[8]．

これによれば，ネットユーザは一般に非ユーザに比べて（1）情報感度が高く，（2）情報探索的であり，（3）変化志向的であり，（4）孤立感や競争不安も高いが，（5）友人信頼的であり，（6）努力は社会的に報われると感じている．すなわち，情報化社会に対してポジティブな動機付けをもっていることは，ほぼ一貫

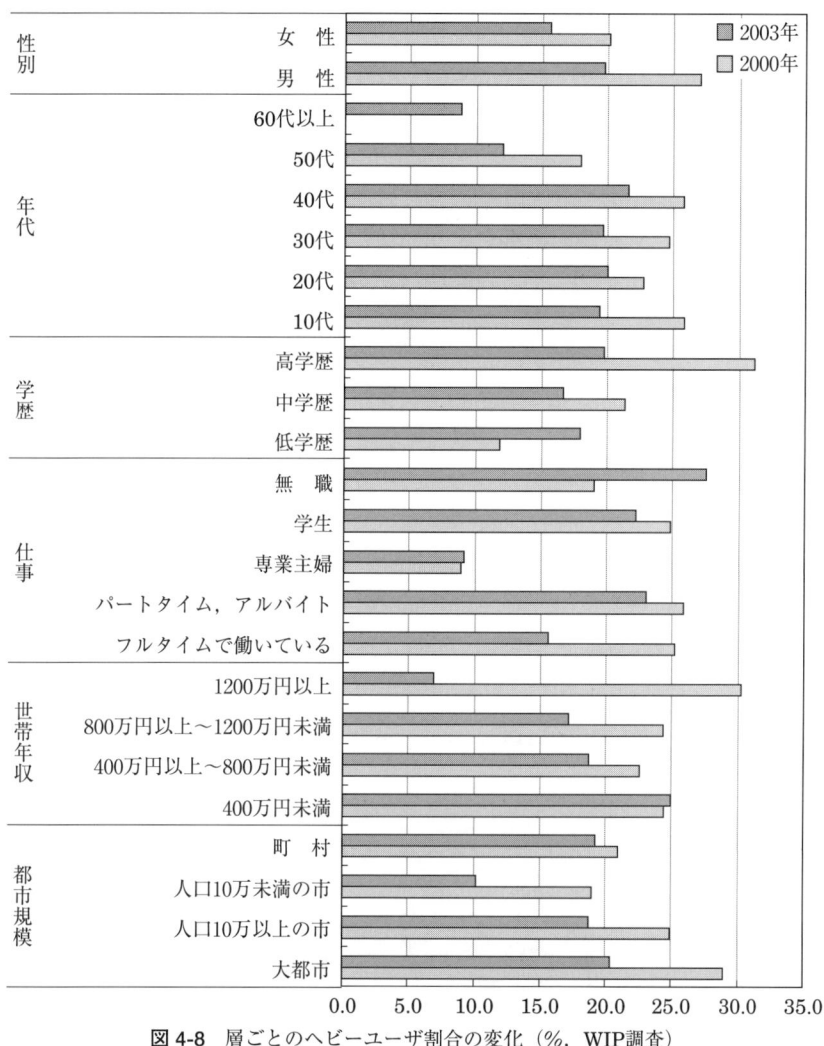

図 4-8 層ごとのヘビーユーザ割合の変化（%，WIP調査）

している．

ネットユーザをヘビーユーザと非ヘビーユーザに分けて比較すると，2000年データでも2003年データでも，ヘビーユーザはとくに情報探索的であり，動能性が高いグループであることがわかる．その一方で，2003年データでは，友人に対する信頼感が非ネットユーザよりも低くなっている．すなわち，時代の流れ

のなかで，ヘビーユーザは関係志向性を失いつつあり，むしろ達成志向性へと方向転換しつつあることが観察される．

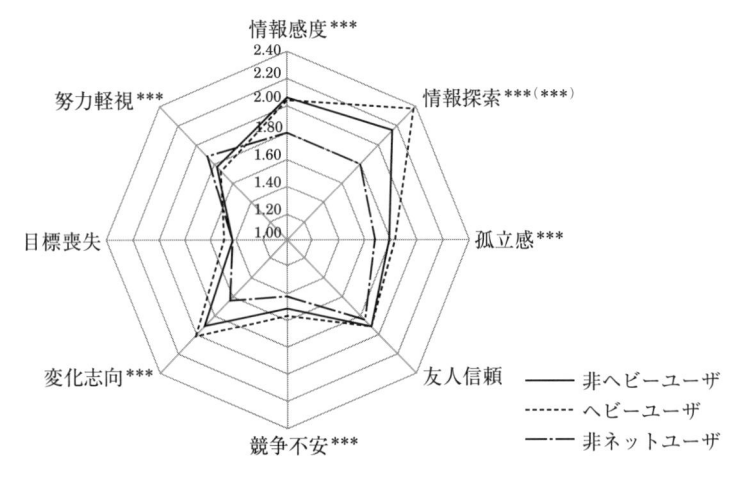

図 4-9 心理的特性の差（2000年，WIP日本調査）[9]

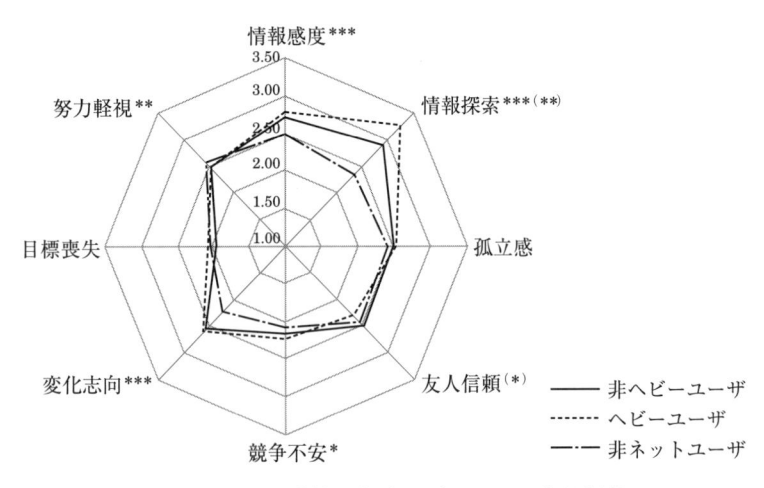

図 4-10 心理的特性の差（2003年，WIP日本調査）[10]

ネットヘビーユーザの価値観

次に，グループ別の価値観の違いの変化を見てみる．図4-11はWIP日本2000年調査，図4-12は同2003年調査の結果である．

両図のおおよその形には大きな違いはない．

しかし，「家族」を除くすべての項目について，ネットユーザと非ネットユー

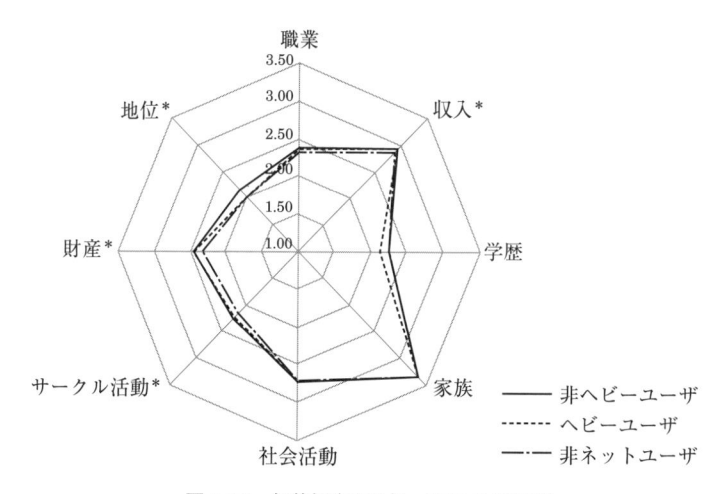

図4-11 価値観(2000年，WIP日本調査)

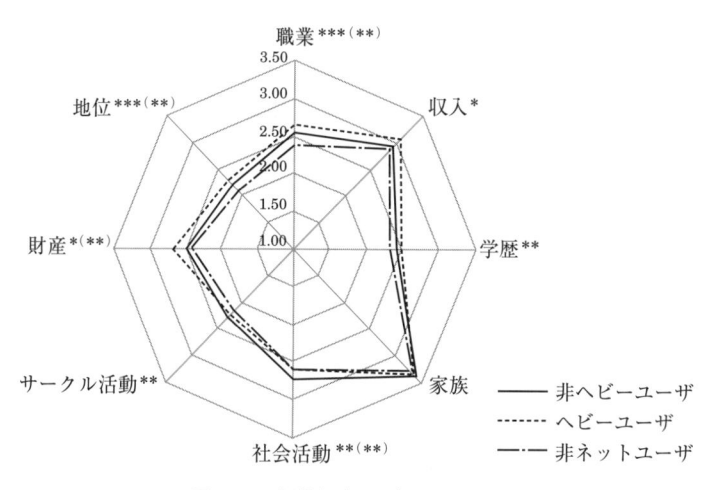

図4-12 価値観(2003年，WIP日本調査)

ザの間で重要性の評価の差が開いている．しかも，2000年では，学歴についてはネットユーザの方が低い評価を下していたが，2003年には逆転している．すなわち，2000年から2003年の間に，ネットユーザと非ネットユーザの動能性の格差が拡大しているといえる．

また，ヘビーユーザでないネットユーザとヘビーユーザとを比較すると，2003年データでは，ヘビーユーザは，職業を重要視し，社会関係を軽視する方向へ向かっているように観察される．

ネットヘビーユーザの不公平感

では，このような価値観をもつ人びとの目に社会のあり方はどのように見えているだろうか．

図4-13，図4-14は，グループごとに不公平を感じる者の割合を図化したものである．

大きく見て，ネットユーザの方が非ネットユーザに比べて不公平感を持つ者の割合が高いのは，すべての年の調査に共通して見られる傾向である．不公平感の高さは，その人物の客観的状態によるより，周囲の他者に対する競争意識の表れとも考えられる（遠藤 2000b参照）ので，不公平感の高さは，社会に対する動能性（動機付け）の高さを表すと考えられる．

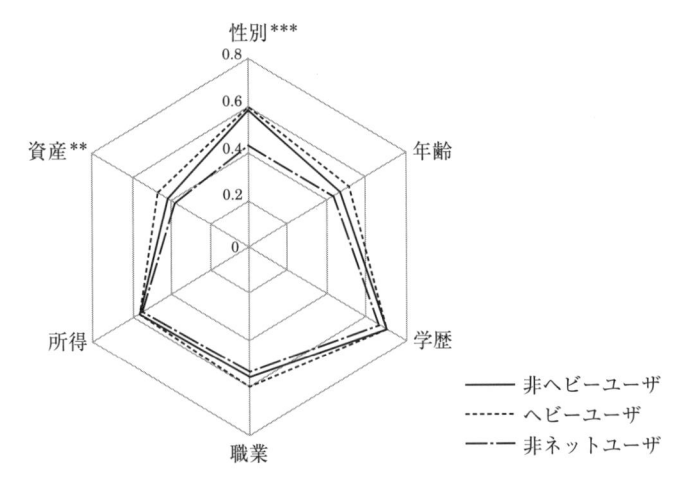

図 4-13 不公平感（2000年，WIP日本調査）

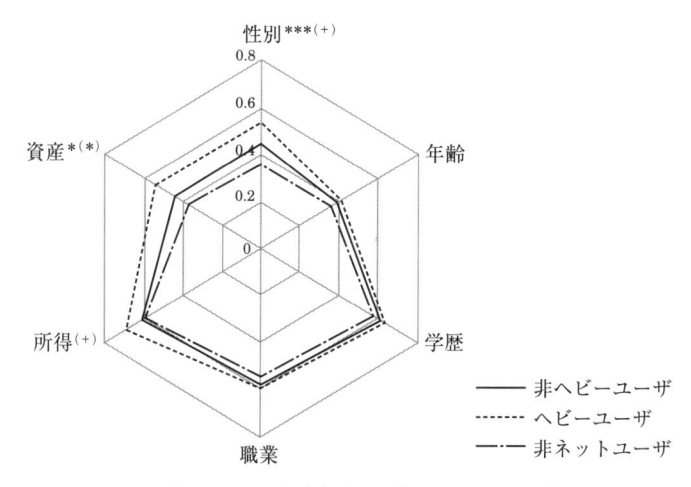

図 4-14 不公平感（2003年，WIP日本調査）

　他方，2000年データと2003年データを比較すると，全体にヘビーユーザグループの不公平感がヘビーユーザでないネットユーザに比べても高くなっている．その傾向は，とくに所得，資産，性別において顕著である．ここにも，ヘビーユーザグループの動能性（動機付け）が高くなっていることがうかがわれる．

ネットヘビーユーザの満足度

　こうしてみると，ネットヘビーユーザは自分の生活や社会の状況に対して，強い不満をもっていると考えられる．ところが，同じくWIP調査により，生活満足度と社会満足度の推移を見ると，必ずしも予想とは一致しない結果が見られる．

　図4-15は，生活満足度の推移を見たものであるが，数値尺度[11]はいずれも0を超えており，人びとはどちらかといえば現在の生活に満足している．2001年から2003年の間，この傾向はほぼ横ばい状態といえる．

　ネットユーザ全体と非ネットユーザ全体でみると，2001年ではほぼ満足度に違いはないが，その後ネットユーザ全体の方が非ネットユーザよりも満足度が高くなり，その差は拡大している．この頃から，ネットユーザが一定の割合を占めるようになり，そうでない人びと（ネットを利用できない人びと）に対して主観的に優位にあると感じられるようになったためかもしれない．一方，ヘビーユー

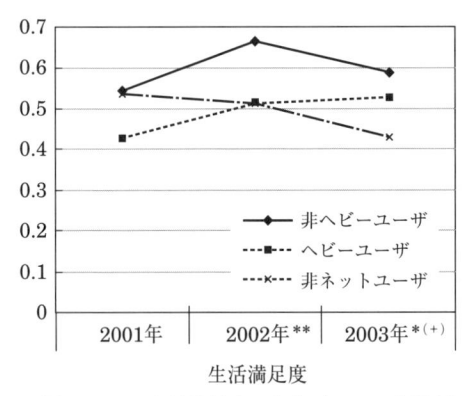

図 4-15　生活満足度の変化（WIP日本調査）

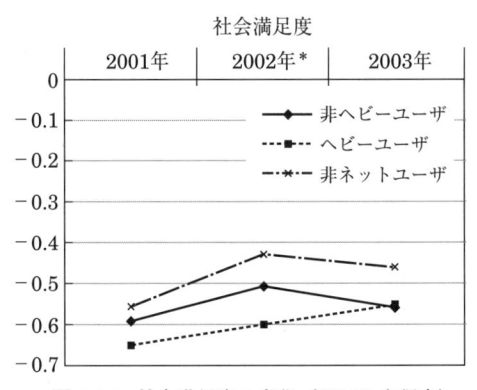

図 4-16　社会満足度の変化（WIP日本調査）

ザは生活満足度が一貫して低い．ただし，時系列的に見ると，非ネットユーザ層とは反対に，一貫して満足度は向上している．

一方，図4-16は，社会満足度の推移を見たものであるが，数値尺度[12]はいずれも0を下回っており，人びとはどちらかといえば現在の社会に不満を感じている．2001年から2003年の間，この傾向もほぼほぼ横ばい状態といえる．

グループ別に見ると，ネット利用度が高いほど，社会的満足度は低い傾向が見られる．ただしここでも，ヘビーユーザ層の満足度は一貫して上昇している．

この矛盾した傾向をどう解釈するかは難しいところである．

一つの解釈としては，遠藤（2000b）ですでに指摘したように，日本社会は

60年代から80年代にかけて世界でもトップクラスの経済力を達成した．個人の生活も豊かになり，階層格差も大きくはないので（格差を拡大しない方向で社会が運営されてきた），暮し向き自体は現在も満足できる水準にとどまっている．その一方で，経済成長の悪化など全体状況は必ずしも良い方向へ向かっていない．不況，リストラ，中高年自殺，フリーター問題などが取りざたされている．それは個人の生活を脅かす流れでもあるため，社会に対しては不満を感じる．とくに，情報コンシャス（情報感度の高い）人びとにとっては，自分自身の生活水準には一応満足しているものの，社会に対する不満は高まる．

その一方で，人びとの経済環境はどんどん悪化していく．「不満をもつ」ということは，「不満解消のために何らかのアクションをとろうとする」動能性（動機付け）にもつながるものである．しかし，その「アクション」が期待される効果をあげないとき，人びとは無力感に陥り，同時に，「これでよいのだ」と現状を受け入れ，満足しようとする．その結果，客観的状況の悪化が満足度の向上をもたらす．

この解釈に立つ場合，ヘビーユーザグループにおける満足度の向上傾向は，きわめて問題である．すなわち，すでに見てきたように，ヘビーユーザグループは，現時点で最も動能性の高いグループと位置づけられる．そのグループが（しかも，これもすでに見たように，このグループはむしろ逆デジタル・デバイドの様相を示しているにもかかわらず），その動能性をあえて放棄しているとも解釈できるからである．

もしこの解釈が正しければ，すでに「デジタル」デバイドの構図も成立しなくなっている状況下では，社会階層は現状の格差再生産を続けることになり，社会は硬直化の一途をたどることになろう．

5. おわりに——alt.elite.digの行方

以上，本章で明らかになったことをまとめると，以下のようになる：

70年代から80年代にかけて，アメリカを中心に日本でも，情報通信技術を媒介にして社会のなかでの自己実現を図る人びとが登場してきた．この人びとを「80年代 alt.elite.dig」と一応呼んでおく．80年代 alt.elite.dig の行動は，草の根理想主義的価値観と重なり合うものであった．それは，情報通信技術が新たなコ

ミュニケーション・メディアを社会に提供するものであったことにより，それ以前の達成志向的価値観に否定的な，社会関係志向的価値観ともいえる．

80年代alt.elite.digのなかから社会的自己実現を果たしていると見なされる者たち，さらには成功者（eliteへ移行する者）が現れるにつれ，これを模倣する者たち，すなわち，同じく情報通信技術を媒介にして社会のなかでの自己実現を図る人びとが増えてくる．

90年代に入るとこうした人びとの社会的アクティビティが高まり，模倣者を集めることによって，インターネット利用に拍車がかかり始める．

ところが，日本経済の停滞や金融破綻などを背景に，関係的価値重視型のalt.elite.digのアクティビティが弱まり始める．自己実現のツールとして，むしろ，技術自体，コミュニケーション自体とは異なるマネジメント能力が浮上し始める．それは，インターネット利用が大衆化したために，それだけでは何らかの新奇性のアイコンとはなりえなくなったこととも関連した変化である．

2000年代にはいって，alt.digグループが識別されるとすれば，その指標はネット・コミュニケーションへのコミットの深さであろう．本章ではその指標として，BBSを利用しているまたは個人サイトの開設を取り上げ，このグループをネットヘビーユーザとした．

すると驚くべきことに，ネットヘビーユーザの社会的属性には，逆デジタル・デバイドとも呼ぶべき様相が見られた．また，このグループは，社会的動能性がきわめて高い一方，社会関係的価値よりも達成的価値を強く志向する態度が見られ，社会に対してシニカルな視線を投げかける傾向が強いこともわかった．しかも，生活満足度や社会満足度は（状況に反比例するかのように）高まっている．この事実は，まさに，ネットという空間がこれまで理想主義的に語られてきたものとは異なる方向を含み始めたことと符合する．

社会はつねに変化する．その変化の端にいるalt.digの動向は，社会学的にきわめて示唆的である．

第5章

ネットワーク社会におけるリスクと信頼
―― 「安心・安全社会」のために

1. はじめに――ネットワーク社会のパラドックス

　20世紀半ば以降の社会を特徴づけるのは，コンピュータ・ネットワーク（以下，ネット）の社会的埋め込みであろう．しかし，ネットの信頼性については早い時期からさまざまな問題が取りざたされてきた．ネットは，膨大な量のデータを瞬時に双方向的に流通させる．その結果，いわば社会の神経系の多くがネットワーク回線上に置き換えられることになり，社会のネットへの依存性が従来とは比較にならないほど高くなる．必然的にネットワーク・リスクの問題が大きく浮上してくるのである．

　だが問題はそれだけにとどまらない．より広く社会全体を俯瞰しても，今日ほど「リスク」と「信頼」の問題が，社会の中心課題とされる時代はかつてなかった．なぜこのようなことが生じるのだろうか．

　かいつまんでいえば，以下のような背景によると考えられる：

　近代以降，社会の産業化にともない，伝統的社会の解体が生じ，一方で高度資本主義社会が発展してきた．この結果，社会の大規模化・複雑化が急速に進んでいる．そのプロセスでは，グローバリゼーション，抽象システムの高度化，ネッ

トの発展（情報量の増大）などの動きも生じ，またこれらが，社会の大規模化・複雑化をいっそう促進させる要因ともなっている．このとき，「見知らぬ他者」との出会いの機会は増大し，また，これまでは意識に上らなかった，あるいはこれまでにはなかったリスクが一般の人びとにも顕在化するようになった．しかし，リスクが顕在化すれば，人びとは不安になり，社会に対する信頼感も薄れてしまう．だが反対に，社会に対する信頼感が揺らぐと，リスクに対する不安感もいや増すことになる．こうして，リスクと信頼は，現代社会の問題として，互いに互いへの関心を高めあうのである．図5-1は，このような関連を図示したものである．

　本章は，このような背景を踏まえつつ，情報通信総合研究所の協力により実施された「インターネットにおける信頼に関する実態調査2004年」に基づいて，「安心・安全社会」を具体的に展望しようとするものである．

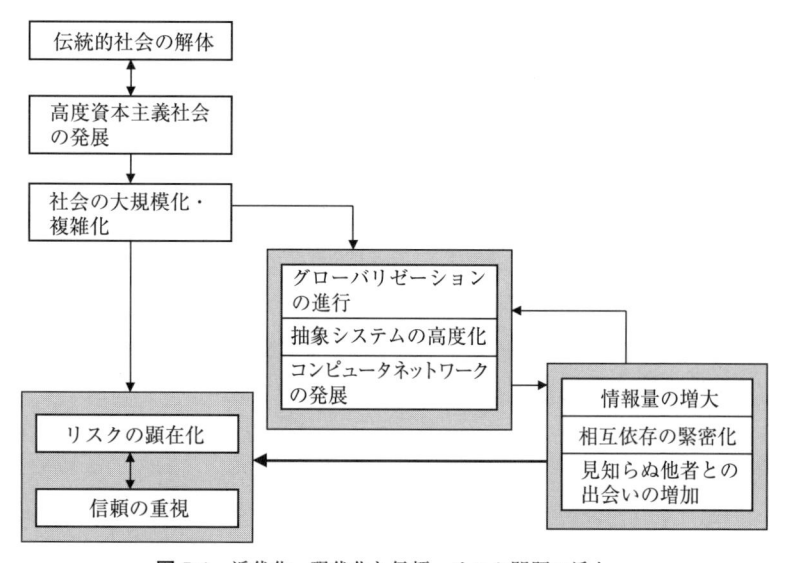

図 5-1 近代化・現代化と信頼・リスク問題の浮上

2. リスクと信頼のカテゴリー

　「リスク」あるいは「信頼」という言葉は，現在，あまりに日常的に，つまりは多義的に使われている．そのため，「リスク」や「信頼」に関する議論はしばしば空転する．そこで本章では，これらの用語を定義し，分類するところから始める．

　「信頼」とは，他者（システム）を信じ，頼りにすることである．しかし，「頼りにする」ことにも，いくつかの種類があるだろう．本章では，それらを，「存在論的信頼」「依存的信頼」「自律的信頼」の三つにカテゴライズする．

　「存在論的信頼」とは，あるものが存在することによって安心が得られるような信頼をさす．たとえば，「親がいる」という事実が子どもにとって生きるうえでの安心感の基盤になる．メディアに関していうなら，そのメディアが存在すること自体によって社会とのつながりや情報の確保という安心感を得るような信頼感覚である．

　「依存的信頼」とは，たとえば，幼い子どもにとって，親の言うことはすべて正しく，それに従えば間違いないと考えられるだろう．このような「信頼」感をここでは「依存的信頼」と呼ぶ．同様に，新聞やTVから流れる報道に対して，われわれはかなりの部分「それは正しい情報」と信じているだろう．このような感覚が，依存的信頼である．

　しかし，子どもも成長するにしたがって，親を相対化してみるようになり，善意であっても親も間違うことがあり，親の大切さは変わらないにしても親が病気で倒れた場合の対処法についてもあらかじめ考慮に入れるようになる．すなわち，親に対する依存的信頼や存在論的信頼が裏切られるようなことも想定したうえで，そうしたリスクに対応できるという自己信頼を基盤としてやはり親子関係を自分にとって重要なものとして「信頼」するようになる．このような「信頼」を筆者は「自律的信頼」と呼ぶ．メディア情報に対しても，必ずしもすべてを鵜呑みにすることには問題が生じる．近年，「メディア・リテラシー」が盛んに言われるようになったのも，自律的信頼の重要性が社会的に認識されるようになったからといえる．

　「信頼」をこのようにカテゴライズした場合，それに対応して，リスクもまたカテゴライズされることになる．「依存的信頼」に対応するリスクを，この「信

頼」に対する（悪意，善意を問わぬ）裏切り行為として「信頼否定リスク」と呼ぼう．「存在論的信頼」に対しては，その存在が内部に含む脆弱性という意味で「脆弱性リスク」と呼ぼう．「自律的信頼」に対しては，自分自身の判断誤りによって悪い結果を受ける可能性があり，これを筆者は「誤判断リスク」と呼ぶことにする．

これらの関係を図化したのが図5-2である．

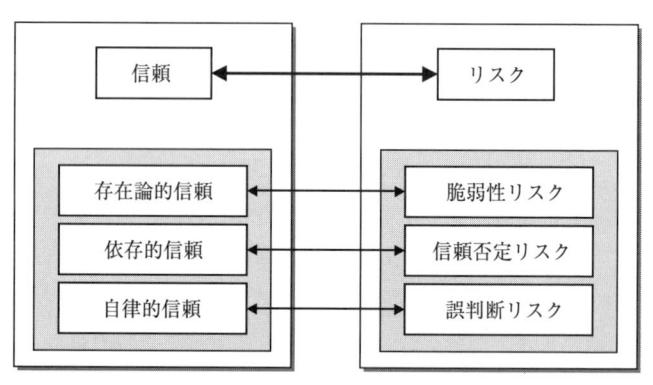

図 5-2 信頼とリスクの三つのカテゴリー

3. 「信頼」創出の三つのパターン

では，安心して生きられる社会を構成するための「信頼」はどのように創出され得るのだろうか？ あるいは，安心してインターネットを利用できるようにする「インターネット信頼」はどのように創出され得るのであろうか？

単純に考えれば，信頼を高めるにはリスクを減らせばよい．三つのタイプの信頼を高めるには，三つのタイプのリスクを低下させればよい．脆弱性リスクを低下させるには，セキュリティ技術の進歩を促進し，現在まだ十分ではないインターネットの社会的埋め込みを推進する制度的対応を行う必要があるだろう．また，信頼否定リスクを低下させるには，徹底的な監視と規制の強化によるのがよいように思われる．一方，誤判断リスクを低下させるには，インターネット・リテラシー，すなわちコンピュータやインターネットの利用法に関する教育を推進することが望ましい．

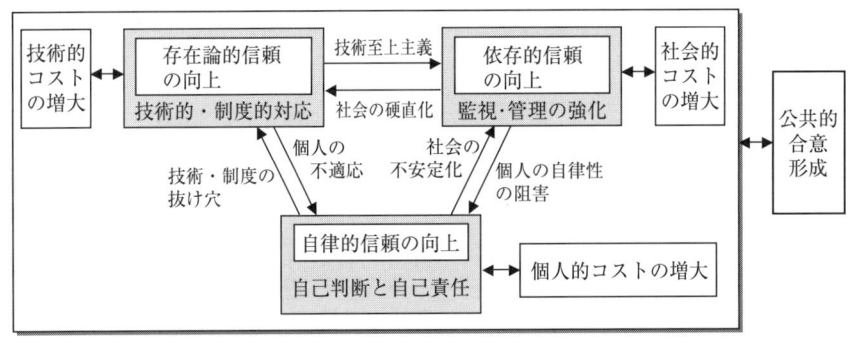

図 5-3 インターネット信頼に関わる三つの解決とその相互作用

ただし，問題は，これらの信頼向上策が，それぞれにコストを要し，また相互に相反する機能をもつことである．その相互関係を図にしたのが，図5-3である．

たとえば，インターネットにおける依存的信頼の重視は，場合によっては，個人や技術の自律性を阻害し，社会の活力を失わせる結果となりかねない．他方，存在論的信頼の重視は，社会性や人間性を無視したシステムの押し付けとなりかねない．また，自律的信頼の重視は，社会を不安定化させる要因ともなる．

したがって，われわれが求めるべき解決は，上記二者の一方的な強化ではなく，むしろ，利用者たちの合意に基づくルールを社会的に構成していくこと，すなわちインターネット社会の信頼を緩やかに醸成することと考えられる．

4. オンライン調査の結果から

上記考察と現実との対応を探るため，情報通信総合研究所の運営するMIN（Marketing Interactive Network）サイトにおいて「インターネットにおける信頼に関する実態調査2004年」（http://www.commerce.or.jp/enquete/min41/min41.html）を行った．調査実施期間は2004年2月5日～2月11日であり，回答数は3,382票であった．

回答者のプロフィールは，表5-1のとおりである．30代～40代を中心とした，相対的に高学歴，高収入のビジネスマン／ウーマンが大勢を占めていると考えられる．

表 5-1 回答者のプロフィール

性別	男性	女性	無回答				
	48	51.8	0.2				
年齢	10代	20代	30代	40代	50代以上	無回答	平均年齢
	2.8	18.1	37.6	28.7	12.7	0.1	37.89
学歴	小学校在学中	中学校	高校	短大・高専・専門学校	大学	大学院	無回答
	0.1	1.2	24	23.9	44.4	6	0.3
就業形態	フルタイム	パートタイム,アルバイト	専業主婦	学生・生徒	無職	無回答	
	51.7	15	19	5.5	7.2	1.6	
世帯年収	200万円未満	200万円以上～400万円未満	400万円以上～600万円未満	600万円以上～800万円未満	800万円以上～1000万円未満	1000万円以上～1200万円未満	無回答	平均(万円)
	9.1	19.3	26.2	20.1	13.3	11.1	0.9	604.04

インターネットのイメージ

　インターネットに対して人びとがどのようなイメージを抱いているか——どのような〈場〉として利用しているかを見ることとする．先に論じたように，「信頼」とは，あらかじめその対象に対して何を期待し，何を予期するかによって異なるからである．

　調査結果を図5-4に示す．この調査は，対象がインターネット利用者であるために，インターネットに対する評価は全般に高いようである．

　内容を見ると，「楽しいと感じる」「退屈なときの暇つぶしになる」「そこで見た情報やコンテンツを友達との話題にできる」などの項目はTVと並んで肯定率が高い．インターネットのマスメディア的利用の様子がうかがわれる．ただし，「思わず興奮することがある」「くつろいだり，リラックスしたりできる」といった項目は，TVに対する肯定率に比べてインターネットは低い．インターネットの閲覧がTV視聴より能動的な態度を要請するものと捉えられていることをうかがわせる．

　また，「趣味やレジャーに役立つ情報が手に入る」「仕事や勉強に役立つ情報が手に入る」は，インターネットが他を大きく引き離している．個別の関心に特化した情報入手では，インターネットは大きなメリットを有していると考えられて

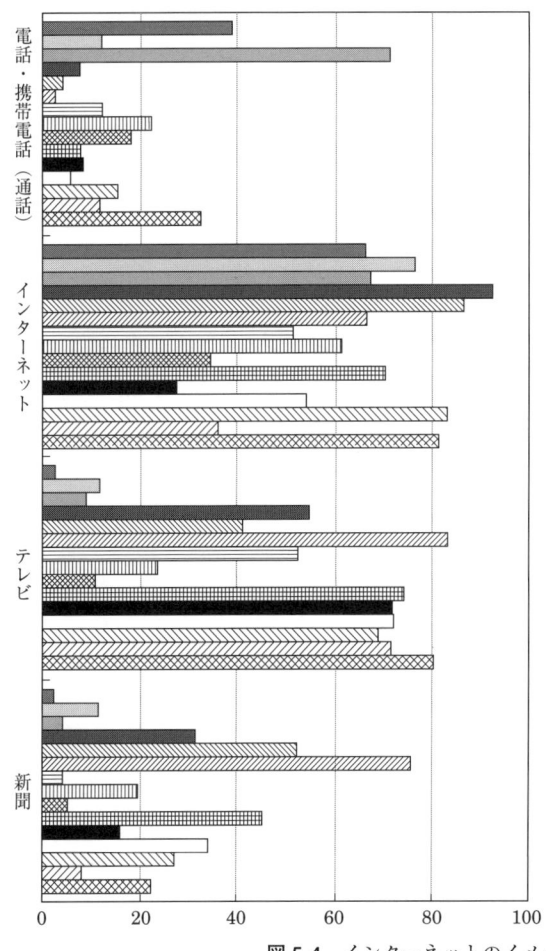

図 5-4 インターネットのイメージ
（％，インターネットにおける信頼に関する実態調査2004年）

いるようである．

　同様にインターネットが他を圧している項目として，「自分と似た関心をもつ人の意見や考えを知ることができる」「自分の考えやアイディアを他の人に伝えることができる」「日常生活上の悩みや問題を解決する助けになる」などがある．これらは，インターネットが「コミュニティ・オブ・インタレスト」の形成基盤として認識されていることを示している．

　こうしてみると，インターネットは，新聞やTVなどに比べて，能動的接触や

図 5-5 メディアの布置

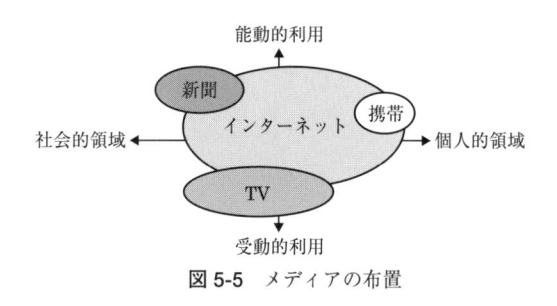

個人的領域の情報取得に特長があると見られていることがわかる．ただし，社会的領域の情報や受動的接触が必ずしも低いわけではなく，既存マスメディアをもカバーするようなメタメディア的利用が行われていると考えられる．このような，新聞・TV・インターネットの利用メリットの布置イメージを示したのが，図5-5である．

インターネットへの期待

次に，インターネットを利用することにどのようなメリットがあると考えられているかを見てみよう．調査結果をグラフ化したのが，図5-6である．

これによれば，「インターネットを介して，もっと多くの情報を誰もがいつでもどこでも手に入れられる」「インターネットを介して，もっと多くの人の意見や創作物を知ることができる」が最もポイントが高く，続いて，「インターネットを介して，もっと多くの人が自分の意見や創作を発信することができる」「インターネットを介して，政府や自治体の政策決定に一般の人びとの意見を活かすことができる」が高い．

一方，「インターネットを介して，もっと自分と興味関心を同じくする人とグループ活動を組織することができる」「インターネットを介して，もっと自分のアイディアを活かした企業活動を行うことができる」「インターネットを介して，もっと自分と考え方を同じくする人と社会活動を組織することができる」「インターネットを介して，政府や自治体の政策決定に個人が影響を及ぼすことができる」などは相対的に低くなっている．

この結果を見る限り，インターネット利用は，結局情報受信に偏っており，発信にしても一方向的な発信が見込まれているようである．インターネットを介し

図5-6のグラフ項目（上から下）:
- インターネットを介して，政府や自治体の政策決定に一般の人びとの意見を活かすことができる
- インターネットを介して，政府や自治体の政策決定に個人が影響を及ぼすことができる
- インターネットを介して，もっと自分と考え方を同じくする人と社会活動を組織することができる
- インターネットを介して，もっと自分のアイディアを活かした企業活動を行うことができる
- インターネットを介して，もっと自分と興味関心を同じくする人とグループ活動を組織することができる
- インターネットを介して，もっと多くの人の意見や創作物を知ることができる
- インターネットを介して，もっと多くの人が自分の意見や創作を発信することができる
- インターネットを介して，もっと多くの情報を誰もがいつでもどこでも手に入れられる

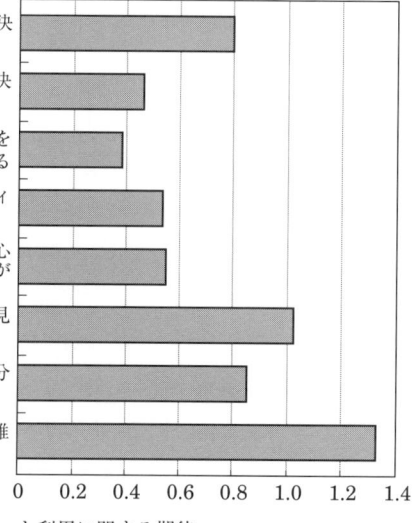

図 5-6 インターネット利用に関する期待
（あてはまる：2，ややあてはまる：1，あまりあてはまらない：-1，あてはまらない：-2，として数値尺度化した値の平均値）

て集団を形成し，何らかの活動へとつないでいくことに対する関心はやや薄い．

だが，インターネットの特徴は，この第三の可能性をもつところにある．また，すでに考察してきたように，インターネット信頼を高めるには，利用者間の合意に基づくルールづくりが必要と考えられる．また利用者もそのように感じている．とするならば，なぜこの第三の可能性への期待が低くとどまっているかについては，さらに分析が必要であろう．

インターネット情報の正確性と重要度

では，インターネットを利用する人びとは，そこを流通する情報がどの程度「信頼」できると考えているのだろうか？　ただし，「情報」といってもさまざまであり，その種類によって人びとの対し方も異なってくるだろう．本調査では，情報を「政治・経済・社会に関する情報」と「個人的な興味関心に関する情報」に分けて尋ねた．

図5-7は「政治・経済・社会に関する情報源としての正確性と重要性」に関して尋ねた結果を示したものである．この結果によれば，政治・経済・社会に関する情報源としての正確性が最も高いと考えられているのは新聞であり，インター

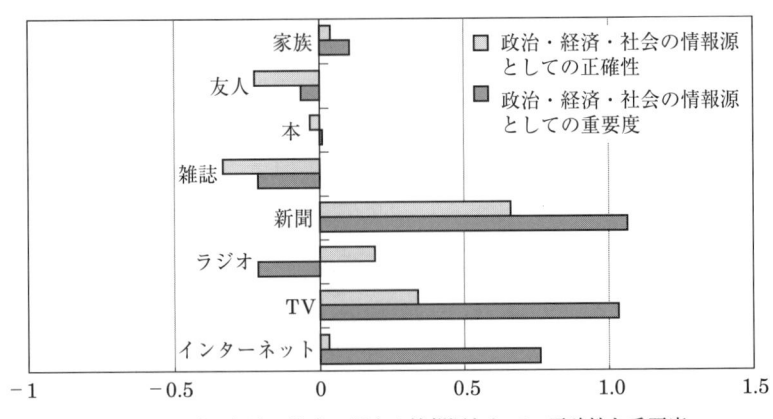

図 5-7　政治・経済・社会に関する情報源としての正確性と重要度
（正確性は，全部が正確：2，大部分が正確：1，半々くらい：0，一部が正確：−1，正確な情報は全くない：−2として数値尺度化した値の平均値．重要度は，非常に重要：2，重要：1，どちらともいえない：0，あまり重要ではない：−1，全く重要ではない：−2として数値尺度化した値の平均値）

ネットは正確性はほぼ五分五分（家族からの情報と同程度）と見なされていることがわかる．一方，情報源としては，新聞，TVよりはやや低いものの，インターネットの重要性はかなり高くなる．すなわち，利用者は，インターネット上の情報は，個々には真偽半ばであるがそれらから取捨選択することによって重要な情報源として利用可能だと考えているということになる．

また，「個人的興味関心に関する情報源としての正確性と重要性」を尋ねた結果（図5-8）では，インターネットの正確性のポイントが他のメディアを圧して最高となる．これは，個人的興味関心についてはすでに本人がどこを調べればよいかを熟知しているからと考えられる．重要度をみると，やはり，インターネットが他のメディアを圧している．

以上をまとめると，本調査の回答者たちは，社会全体に関する情報の正確性については真偽半ばであるが，それを上回って，インターネット利用の重要性は高いと考えている．すなわち，インターネットに対して自律的信頼をもっている（誤判断リスクは個人が負えると考えている）ということである．

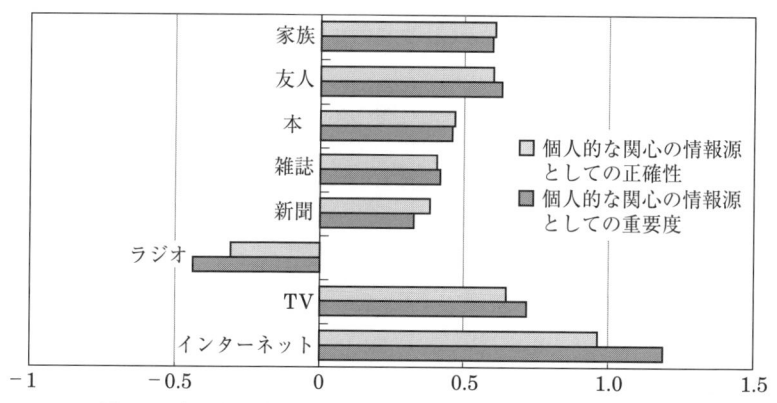

図 5-8 個人的興味関心に関する情報源としての正確性と重要度
（正確性は，全部が正確：2，大部分が正確：1，半々くらい：0，一部が正確：-1，正確な情報は全くない：-2として数値尺度化した値の平均値．重要性は，非常に重要：2，重要：1，どちらともいえない：0，あまり重要ではない：-1，全く重要ではない：-2として数値尺度化した値の平均値）

情報リテラシーに関する自己評価

　自律的信頼を重視する傾向は，回答者が自分の情報リテラシー（情報を扱う能力）をどのように評価しているかによるとも考えられる．そこで，回答者に自分の情報リテラシーがどの程度であるかを尋ねた結果が，図5-9である．

　これによれば，「情報を集める自分なりの方法をもっている」「たくさんある情報の中から，自分の必要とする情報を取捨選択できる」「関心ある情報を多少苦労しても自分であれこれ探すのが好きだ」「得た情報について，その真偽や信頼性を自分なりに評価することができる」といった項目についてはかなり自己評価が高い．しかし，これらに比べて，「他人とのやりとりで，必要なことをきちんと相手に伝えられる」「皆でいろいろな意見を出し合いながら新しいことを生み出すのが好きだ」に対する肯定率は相対的に低い．

　つまり，利用者は，インターネット上の情報を受信し評価する能力についてはある程度自信をもっているが，双方向コミュニケーションを活用する能力にはそれほど自信をもっていない，と考えられる．

　これは，前々項「インターネットへの期待」で述べた結果と合わせ，現在の日本のインターネット利用が，その双方向性を十分活用していないことを示唆する．

```
皆でいろいろな意見を出し合いながら新
しいことを生み出すのが好きだ

他人とのやりとりで，必要なことをきち
んと相手に伝えられる

得た情報について，その真偽や信頼性を
自分なりに評価することができる

関心ある情報を多少苦労しても自分であ
れこれ探すのが好きだ

たくさんある情報のなかから，自分の必
要とする情報を取捨選択できる

情報を集める自分なりの方法をもってい
る

        0    0.2   0.4   0.6   0.8   1.0   1.2
```

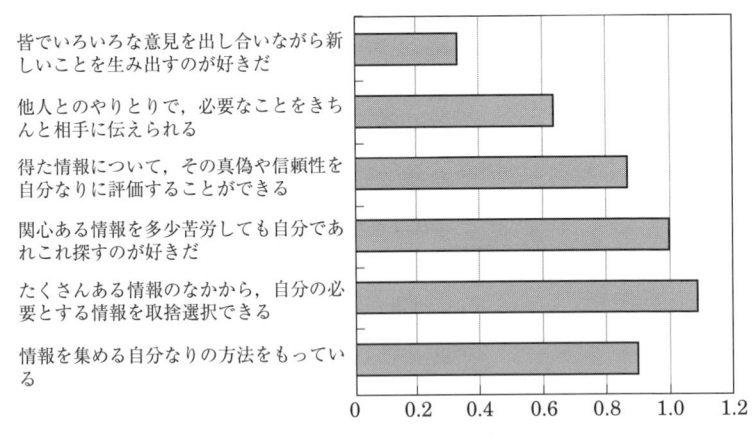

図 5-9 情報に関する能力

(あてはまる：2，ややあてはまる：1，あまりあてはまらない：-1，あては
まらない：-2として数値尺度化したものの平均値)

インターネットに対する不満と不安

インターネットのリスクには，情報自体の信頼問題以外にも多種多様なものがある．そこで，インターネット利用に関わるさまざまなリスクについて，利用者がどのように感じているかを尋ねた．その結果が，図5-10である．

これによれば，「インターネット技術の発展に，法や制度が追いついていない」が最もポイントが高く，この点に関して社会的議論の必要が痛感されていると考えられる．

次に多いのは「個人情報などが他人にもれてしまう」「コンピュータウィルスに感染してしまう」「自分のパスワードを盗まれて，勝手に使われてしまう」「自分のパソコンの中身を知られたり，勝手に書き換えられたりする」などの個人的利用に関わるセキュリティ不安である．また，「インターネットに障害がおこると，社会全体に重大な影響が出る」「セキュリティ技術がなおざりにされている」「サイバーテロのおそれがある」などの社会全体に関わるセキュリティ不安も高い．「アクセスしたサイトでログ解析される」「意図せずに危険なサイトに接続してしまう」「ネット詐欺にあう」「不要メールや迷惑メールが多い」なども多いが，これらはネット犯罪にまつわる不安といえよう．

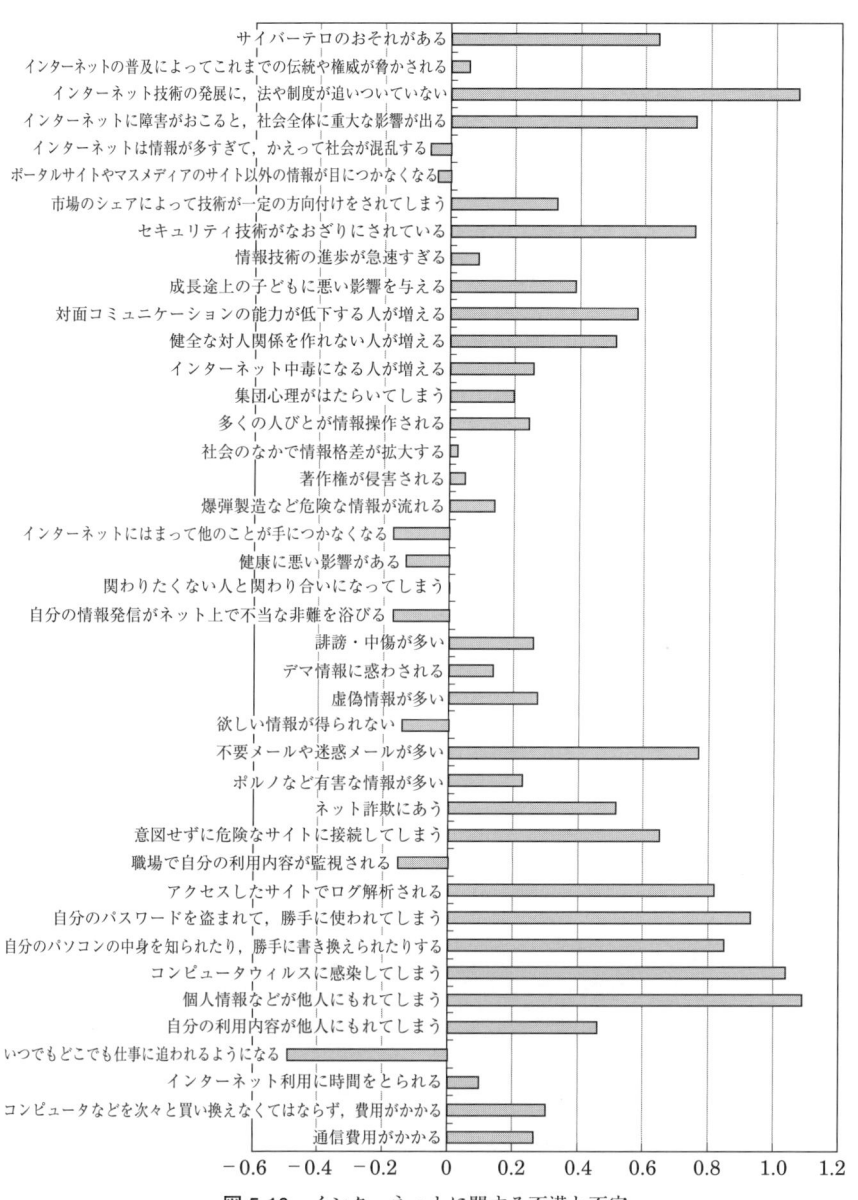

図 5-10 インターネットに関する不満と不安

これらに比較すると，有害情報や虚偽情報，誹謗中傷などに関する不安感は低い．これは，先にも見たように，利用者が自分の情報評価能力にある程度自信をもっているからといえよう．

ただし，「健全な対人関係を作れない人が増える」「対面コミュニケーションの能力が低下する人が増える」などのポイントは高い．つまり，本調査の回答者は，自らの情報リテラシーには自信をもっているものの，社会全体では必ずしもインターネットを使いこなせる人間が多くはないと見なしていると解釈できる．

インターネット利用の不安を解消するために

では，不安なくインターネットを利用するために，今後どういう方向で考えるべきかを尋ねた結果が図5-11である．これによれば，問題が生じた場合にはその問題の発生に責任を負う者に対して（罰則などを含む）強く責任を問うべきであると多くの人が考えていることがうかがわれる．同時に，「自己責任に任せるべきだ」という回答は相対的に少ない．このこともまた，現在の利用者（本調査の回答者）の多くは，インターネットの利用に関して，存在論的信頼，依存的信

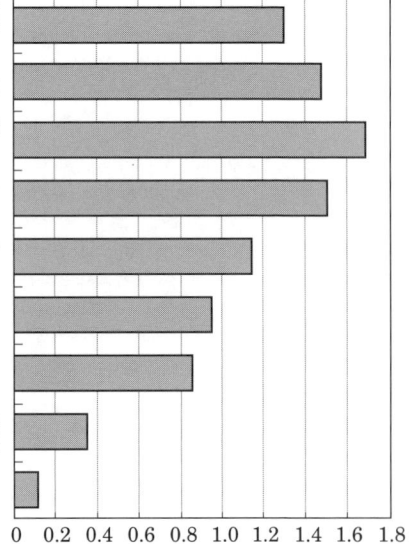

図 5-11 インターネット利用に関わる不満・不安
（あてはまる：2，ややあてはまる：1，あまりあてはまらない：－1，あてはまらない：－2，として数値尺度化した値の平均値）

頼を求めているといえよう．

　反面，「表現の自由は規制されるべきだ」という回答もきわめて低い．結局，利用者たちは，インターネット利用上の不安は，システム（技術的，制度的）によって解消されるべきであって，利用者個人の自由は損なわれるべきではないと考えているといえる．

掲示板に関する意見

　以上を踏まえたうえで，しばしば物議を醸す掲示板コミュニケーションのイメージを聞いたのが図5-12である．ここでも，掲示板は必ずしも建設的なコミュニケーションとはいえないが，楽しく，重要な情報源でもあるという認識が見られる．また，虚偽情報などに関しても「自分は対処できる」と考えているようである．

　掲示板でののマナー違反や反社会的発言に対する対応について聞いた結果が図5-13である．ここでは，掲示板管理者や掲示板参加者が適切に対応すべきであるという意見が大半を占めている．実名制を取るべきであるという意見はきわ

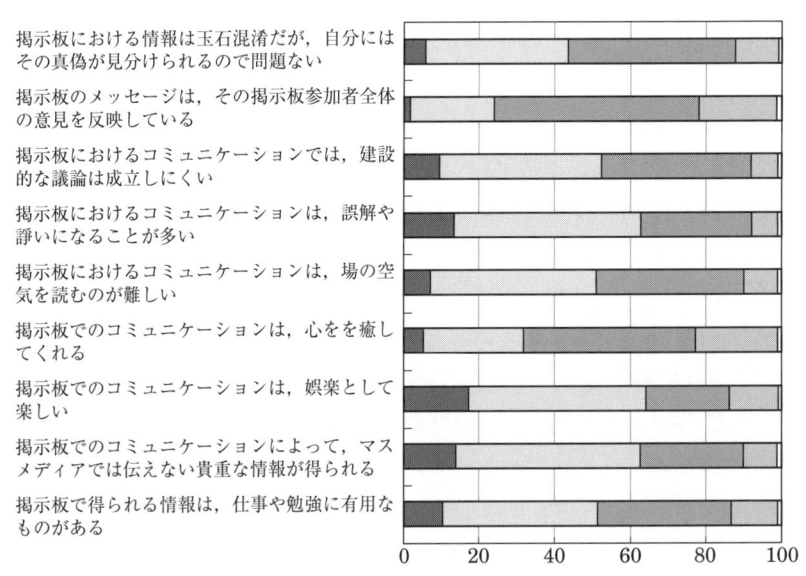

図 5-12　掲示板コミュニケーションのイメージ（%）

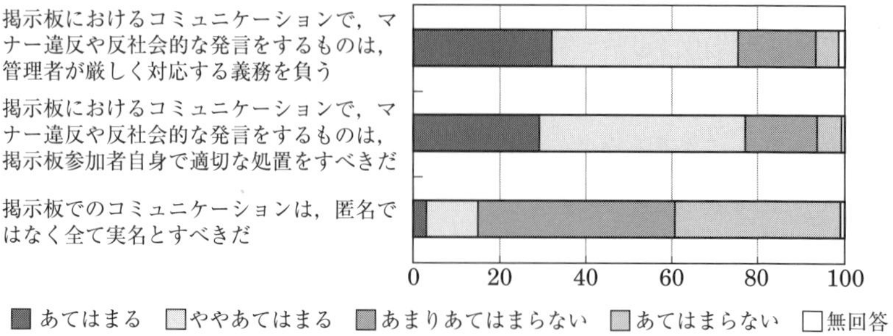

図5-13 掲示板の運営に関する意見（%）

めて少ない．この結果もまた，存在論的信頼や依存的信頼の確保を求める一方で，個人の自律性は尊重すべきであるとの考え方が現れている．

インターネット・リテラシーに関する意識

最後に，インターネット・リテラシーの学習に関する意識を見ておこう（図5-14）．

先に見たように，本調査の回答者は，インターネット利用に関わる諸問題は，技術的な領域以外は，規制や監視強化よりも，ルールやマナーによって解決したいという希望をもっている．また，自分のインターネット・リテラシーに関しては（双方向コミュニケーション能力以外は）かなり自信をもっているが，他の利用者のリテラシーに関しては必ずしも評価は高くないようである．

このような場合，インターネット・リテラシーの学習／教育が問題になる．

調査結果（図5-14）によれば，最もポイントが高いのは，「インターネット利用に関するマナーやルールについての教育をしてほしい」で，このことはこれまでの考察をさらに裏付けるものである．

しかし，それに続くのは，「学校や公的機関でのインターネット教育の機会を増やすべきだ」「インターネットを利用するための基本的なソフトウェアに関する教育をしてほしい」「インターネットを利用するための基本的なハードウェア操作の教育をしてほしい」といったグループで，やはり本調査の回答者は，自分はインターネット・リテラシーがあるが，他の人びとについては基本的な操作の学習が重要であると考えていることがうかがわれる．

さらに，「インターネット上でのコミュニケーション能力を高めるための教育

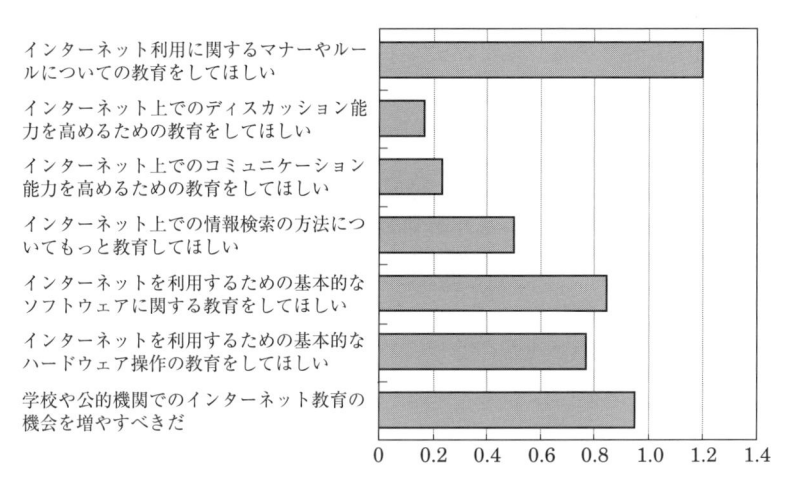

図 5-14 インターネット・リテラシー教育に関する意識
（あてはまる：2，ややあてはまる：1，あまりあてはまらない：-1，あてはまらない：-2，として数値尺度化した値の平均値）

をしてほしい」「インターネット上でのディスカッション能力を高めるための教育をしてほしい」といったインターネット・コミュニケーションに関する項目については概してポイントは低い（プラスではあるが）．インターネット・コミュニケーション能力については，回答者自身についても評価が低いにもかかわらず，教育もそれほど必要でないと考えているのは，インターネット利用の一般的レベルがまだそれほど高くはないと考えているとも推測できるが，社会信頼のためのインターネット利用を人びとの合意に基づくルールづくりをベースとして構築しようとするならば，欠くことのできないリテラシーである．今後の大きな検討課題といえよう．

5. おわりに

以上，本章ではインターネット利用に関わるリスクと信頼の問題を，さまざまな角度から考察してきた．以上をまとめると，以下のようになる：
1. インターネット社会は，従来にないほどさまざまなリスクが顕在化し，したがって，信頼が求められる時代である．
2. しかし，信頼は，一様ではなく，大きく存在論的信頼，依存的信頼，自律

的信頼にカテゴライズされる．同様に，リスクも，脆弱性リスク，信頼否定（裏切り）リスク，誤判断リスクに分類できる．
3. そして，これらは相互にトレードオフの関係にある．したがって，われわれの考えるべきことは，これらの信頼向上をいかにバランスさせるかという問題であり，この問題に対する公共的合意を形成することにある．
4. そこで，利用者に対する意識調査を行った．その結果，利用者は，存在論的信頼と依存的信頼をある程度確保したうえで，個人の自律的信頼を重視していると考えられる．
5. ただし，自律的信頼重視の基盤には，自己の情報リテラシーの高さについての自負がある．ところが，他者の情報リテラシーに関してはかなり不安をもっている．したがって，インターネット・リテラシー教育の必要性も重視している．その教育内容は，利用上のマナー，ハード・ソフトの基礎知識に要望が高い．その一方，コミュニケーション能力を向上させる教育については，それほど意識が高くない．

しかしながら，すでに本章で見てきたように，安心・安全なインターネット社会を作るには，バランスの取れた信頼向上策をとる必要があり，そのための公共的合意形成が必要である．そして，このような合意形成のためのメディアとしてインターネットは大きな特長をもつものであるにもかかわらず，インターネットを介した議論や合意形成については，利用者の自己評価も低く，期待も大きくなく，教育の重要性の認識も低い．このことは，今後の重要な検討課題となるのではないだろうか．

第6章

モバイル・コミュニケーションと社会関係
──携帯メールとPCインターネットメールの比較を通じて

1. はじめに

　モバイル・コミュニケーションとは，一般に，移動体通信によるコミュニケーションを指す．なかでも，日本においてすでに日常化しているのは，携帯電話（PHSを含む）によるコミュニケーションであろう．

　新しいコミュニケーションの形式が現れたとき，それはしばしば既存の社会慣習と摩擦を生じる．携帯電話（PHSを含む）の利用に関しても，携帯電話利用のマナーなどが大きく取りざたされている．しかし，そのような摩擦は，必ずしも新しいコミュニケーション形式が，何らかの社会的病理をもたらしたり，あるいは，何らかの社会的病理の社会的現れであったりすることを意味するものとはいえない．新しいコミュニケーション形式をめぐる摩擦は，むしろ，世代間や，その他さまざまな社会的グループの間に生ずる不協和を暗に示すものとも考えられるのである．無論それは同時に，新しいコミュニケーション方式が，必ずしも技術的に新しい（高度である）ことだけによって，社会に恩恵をもたらすものではないことも意味している．

　したがって，新しいコミュニケーションの形式の社会的意味を考えようとする

ならば，その新たなメディアのコミュニケーション回路が，既存の社会構造とどのように接続し，またどのような「意図せざる結果」を派生させるかを，客観的に検証するべきだろう．

本章では，このような立場から，とくに携帯メール[1]とPCインターネットメールの利用の違いを通して，モバイル・コミュニケーションと社会関係について考えることとする．

2. モバイル・コミュニケーションと社会的グルーピング

一般に，新しいコミュニケーション・メディアの普及過程は，バスタブ（S字型）曲線を描くと考えられている．すなわち，初期においては，コストが高くメリットが少ない（そのメディアを使おうとしても相手が使っていなければ役に立たない）ため，普及はなかなか進行しない（そのため，この時期を乗り越えることができずに消えていくコミュニケーション・メディアも多い）．しかし，わずかずつでも普及率が伸びていき，一定の閾値を超えると，コストよりもメリットが大きくなり，爆発的に利用が進展する．そしてやがて普及が飽和状態になると，再び利用率の伸びは緩やかになっていく．

図6-1は，インターネットの普及率と携帯電話（PHSを含む）の普及率の推移を示したものである．これを見ると，インターネットに関しては，企業，事業所，世帯のそれぞれに関して，綺麗なS字を描きつつ100％に向かっていることがわかる．ところが，携帯に関しては，飽和状態に向かっているとはいわれるものの，必ずしもS字状とはいえず，また，100％にもまだ程遠い状態である．

これは，次のように説明されるだろう．インターネットの普及統計が企業，事業所，世帯で分けられていることからもわかるように，新たなコミュニケーション・メディアは何らかの社会圏を基盤として普及を開始すると考えられる．社会圏とは，何らかの緊密な社会的相互関係のネットワークないしはそれを構成する主体の集合を指す．ただし，直感的にもわかるように，個々の社会圏の境界は曖昧であり，また，個々の主体は，一般に，複数の社会圏に多元的に属している．

たとえば，インターネットの普及は企業で著しく先行している．それは企業間取引によって構成される社会圏（「ビジネス圏」と呼んでもよいだろう）において，インターネット・コミュニケーションの有用性がいちはやく認識されたこと

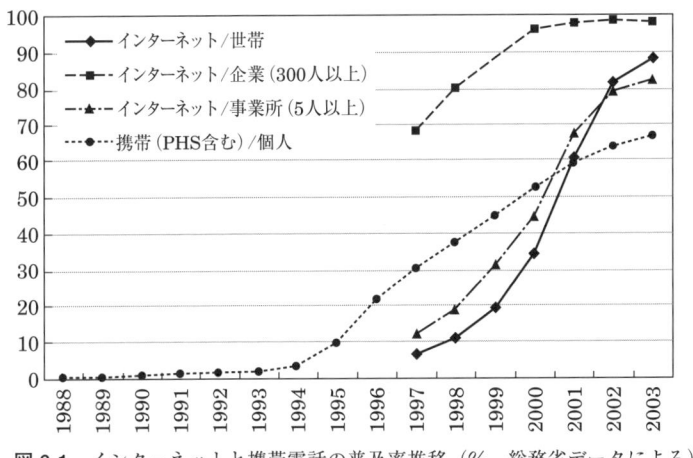

図6-1 インターネットと携帯電話の普及率推移（%，総務省データによる）

を意味している．そして，事業所や世帯のインターネット普及が企業とは異なる曲線を描くのは，事業所の取引関係や世帯間のコミュニケーションが基盤としている社会圏が，企業によって構成されるビジネス圏とは異なるものであることを示している．したがって，これらを混合した状態で普及率を算出したならば，普及の曲線はS字型にならないと考えられる．

このことからすれば，携帯電話の普及曲線が綺麗なS字型にならないのは，現代日本社会において，携帯電話が，異なる社会圏において異なる普及のプロセスをたどっているからだと考えられるだろう．

実際，携帯電話の普及率が，年代・性別によって大きく異なることはよく知られている．しかしそれは，よく言われるような「高年齢になるほど機械に弱い」とか，「女性の方がおしゃべり好き」といった推測よりも，それぞれが属する社会圏におけるコミュニケーションのあり方から考えるべきではないだろうか（年代や性別は，各社会圏の特性を示していると考えられるからである）．

そこで，携帯電話の普及率を，筆者らの行ったWIP日本調査[2]から，社会的立場（職業）によって比較してみると，図6-2のようになる．

これによれば，携帯電話の所有率は，フルタイム勤務者，学生，パートタイム・アルバイトでは高く，専業主婦や無職グループで顕著に低くなっている．これは，学生や，仕事に就いている者たちの間では，持っているものの割合が高い

136　第6章　モバイル・コミュニケーションと社会関係

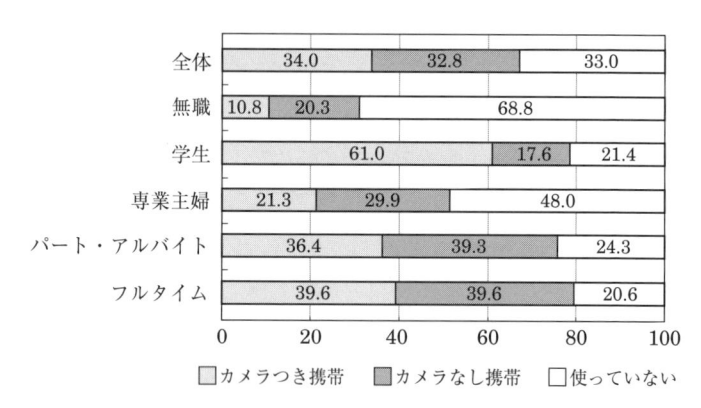

	カメラつき携帯	カメラなし携帯	使っていない
全体	34.0	32.8	33.0
無職	10.8	20.3	68.8
学生	61.0	17.6	21.4
専業主婦	21.3	29.9	48.0
パート・アルバイト	36.4	39.3	24.3
フルタイム	39.6	39.6	20.6

図 6-2　携帯電話の所有率（％，WIP 2003年日本調査）

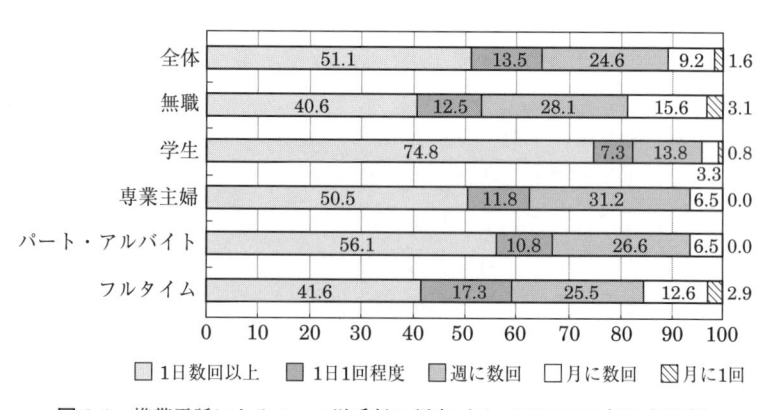

	1日数回以上	1日1回程度	週に数回	月に数回	月に1回
全体	51.1	13.5	24.6	9.2	1.6
無職	40.6	12.5	28.1	15.6	3.1
学生	74.8	7.3	13.8	3.3	0.8
専業主婦	50.5	11.8	31.2	6.5	0.0
パート・アルバイト	56.1	10.8	26.6	6.5	0.0
フルタイム	41.6	17.3	25.5	12.6	2.9

図 6-3　携帯電話によるメール送受信の頻度（％，WIP 2003年日本調査）

ために持つ理由も高い，というフィードバックループが働き，専業主婦や無職の人びとが属する社会圏では，所有率が低いために所有の動機付けが弱いという逆向きのフィードバックループによると考えられる．

　このことは，携帯電話によるメールの送受信の様子からも推測される．図6-3によれば，所有者のなかでの携帯電話によるメール送受信の頻度の分布は，学生を除いては，いずれも大きな違いはない．つまりそれは，携帯メールによるコミュニケーションの意欲自体は，いずれのグループも大きな違いはないことを意味する．にもかかわらず所有率に前の図6-2のような違いが現れるのは，所属する社会的グループ内部での利用可能性（所有率）によるフィードバックループのためと考えるのが妥当であろう．

3. モバイル・コミュニケーションは私的・日常的社会圏を強化する

さて，このように，モバイル・コミュニケーションの普及率と使用頻度が社会的立場（社会圏）によって大きく異なってしまうのはなぜだろうか？

もちろんその理由は，先にも挙げたように日常的な社会圏の違いであるわけだが，ここで，携帯メールと同様にテクスト通信の新形態であるPCを経由したeメールとの違いを見てみる．図6-4は，携帯メールとPCメールの利用率を比較したものである．すると，携帯メールとPCメールのいずれも学生層で最も利用率が高いのはうなずけるとしても，学生層とパート・アルバイト層では携帯メールの方がPCメールよりも圧倒的に利用率が高く，フルタイムと無職層ではPCメールの利用率の方が高いことが目を引く．

さらに，図6-5は，PCメールの利用頻度の分布を見たものであるが，図6-3の携帯メールの利用頻度分布と比べると興味深い．すなわち，学生層は，他の社会的グループに比べて，携帯メールの利用頻度は圧倒的に高いが，PCメールの利用頻度は圧倒的に低くなっている．反対に，フルタイム勤労層は，携帯メールの利用頻度は無職層と並んで低いが，PCメールは最も高くなっている．

このような現象は，携帯メールとPCメールの利用法，いいかえれば，モバイル・コミュニケーションとPC経由のインターネット・コミュニケーションとでは，それぞれが基盤とする社会圏が異なっていることによると考えられる．

実際，頻繁にメール交換する相手を，携帯メールとPCメールとで比較してみ

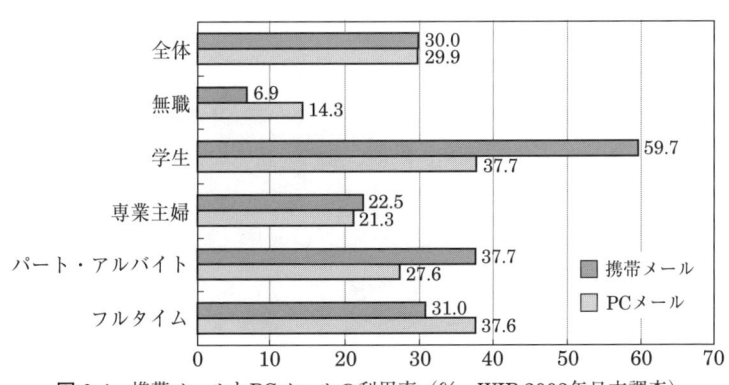

図6-4　携帯メールとPCメールの利用率（%，WIP 2003年日本調査）

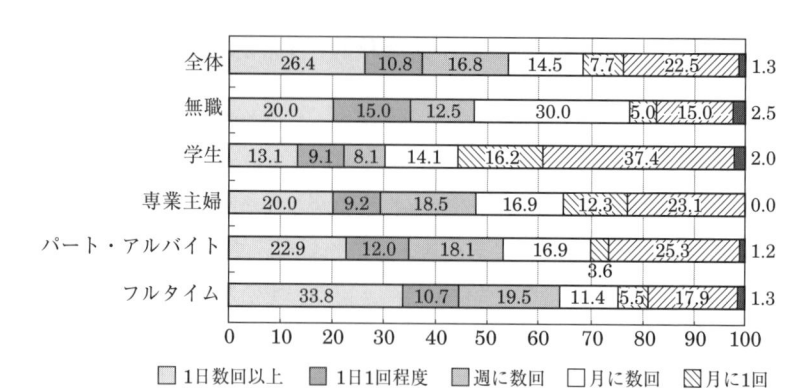

図6-5 PCメールの利用頻度の分布（%，WIP 2003年日本調査）

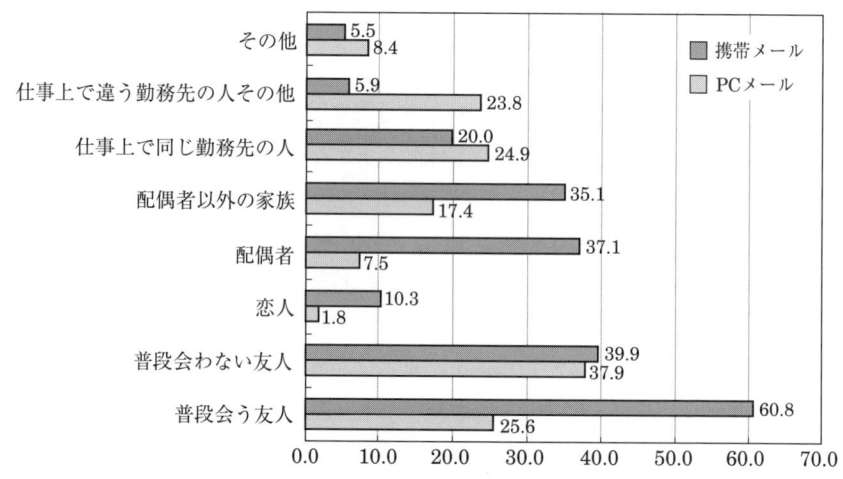

図6-6 頻繁にメール交換する相手（複数回答，利用者全体，%，WIP 2003年日本調査）

る（図6-6）と，携帯メールでは「普段よく会う友人」は「配偶者」「家族」が圧倒的に多く，PCメールでは「仕事上で違う勤務先の人」が携帯メールを大幅に超えている．

つまり，携帯メールは私的・日常的に親しい関係（親密圏）の内部で使われ，PCメールは公的な関係において使われるという，棲み分けが見られるのである．

しかも，図6-3～図6-5でみたように，それぞれの利用頻度は，社会的立場によって大きく異なっている．とくに，学生層では携帯メールの利用が主であり，

フルタイム勤労者層ではPCメールに大きくシフトしている．いいかえれば，学生層は私的親密圏の内部で生活しており，フルタイム勤労者層では親密圏が縮小した企業人としての生活しかもてない状態におかれているともいえるのである．このような分離は，社会集団間の相互不理解を招き，学生層が社会に関心をもたず（もてず），また勤労者層は若年層の気持ちを理解できない，という社会集団間の不協和を招くおそれがある．もちろん，このような分離は，他の社会的グループも含めて生じていると考えられる．

　携帯マナーをめぐる諸問題も，単に「若者が個人化している」というのではなく，むしろ背景にはこのような社会的コミュニケーションの分離があるのではないかと危惧されるのである．

4. モバイル・コミュニケーションと社会関係

　このように，日本ではモバイル・コミュニケーションは日常的親密圏，PCインターネット・コミュニケーションは相対的に公的なあるいは非日常的な社会圏との棲み分けがあるようである．

　しかし，PCインターネット・コミュニケーションでも諸外国に比べて日本では日常的私的親密圏に偏るとの見かたもある．この点について本章で詳述する余裕はないが，たとえば，PCインターネット・コミュニケーションのなかでも，見知らぬ他者との多対多のコミュニケーションの場である掲示板などの利用率が日本では低く，また，ネットで初めて知り合った友人の数も諸外国に比べて極めて少ない．すなわち，日本では，コミュニケーションがどうしても非公式な仲間内のものに閉じがちな傾向がある．

　他方，外国では，アメリカのみならず中国や韓国などのアジア諸国でも，掲示板など開かれたコミュニケーションの場が活況を呈している．また，モバイル・コミュニケーションに関しても，モブログやフォトログ（図6-7参照）といった，携帯経由で情報や音声，画像などを共有するシステムが，急速に拡大しつつある．

　このような違いについて，短絡的な価値評価を下すのは適切ではない．

　しかし，少なくとも，すでに見てきたように，もし，日本におけるコミュニケーションが私的日常的親密圏に閉じる傾向が，日本社会のなかでの社会的グループ間の分断と相関する現象であるならば，それは社会にとって，その社会に生き

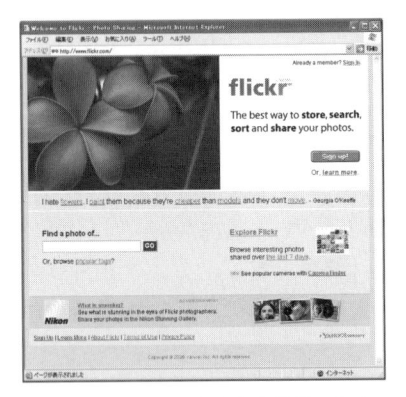

図 6-7 フォトログの例（携帯からもPCからも写真を投稿できる．http://www.flickr.com/）

る人びとにとって，好ましいこととはいえないだろう．社会的立場を異にするグループ間の相互交流と相互理解を深めるためにも，PCインターネット・コミュニケーションのみならず，モバイル・コミュニケーションについても，開かれたコミュニケーションの場を模索することは重要であろう．

5. おわりに——今後の展望

以上をまとめると次のようになる．

日本では，モバイル・コミュニケーションが非常に早くから普及し，現在すでに飽和状態に入りつつあるともいわれる．とくに若者層ではほぼ100％に近い浸透を示している．

日本のモバイル・コミュニケーションの特徴は，親密な人びと（友人や家族）との日常的コミュニケーションが主たる利用法であることが調査からもわかる．しかし，このような日常的私的親密圏は，社会における個人の位置すなわちその人物が属する社会的グループによって大きく異なる．そのため，社会的グループによって，携帯電話の使われ方も非常に異なってくる．

このようなモバイル・コミュニケーションをPCを介したインターネット・コミュニケーションと比べてみると，前者の日常的私的親密圏内に閉じる傾向に対して，後者は公的社会圏あるいは親密圏でも日頃交流の薄い相手に開かれている傾向が見られる．すなわち，前者と後者は，現状，ある種の補完関係にあるとい

える．

　ただし，学生層では相対的に前者への依存度が高く，後者は意外なほど使われていない．それは，学生層の生活のほぼすべてが日常的私的親密圏に覆われていることを暗示している．反対に，フルタイム勤労層では，前者も仕事関係に偏っており，後者への依存度が高くなっている．すなわち，生活が仕事一辺倒になって，私的親密圏は極めて縮小しているといえる．このことは，ライフステージという面から当然とも言えるが，データを見ると，その違いがかなり極端である．

　このような極端な違いは，個人が，その属する社会的グループによって他から分離されてしまっており，相互の交流がなく，他の社会グループについてほとんど理解しない（できない）という問題が，現代社会に潜在していることを暗に示している．携帯マナーに関する軋轢も，一部はこのような社会グループの分断によって生じているとも考えられる．

　その意味で，モバイル・コミュニケーシンとPCインターネット・コミュニケーションを滑らかに接続し，相互浸透的に利用することが問題解決の一助となる可能性はある．日本ではPCインターネット・コミュニケーションも私的親密圏に閉じる傾向があると指摘されており，またモバイル・コミュニケーションはインターフェースに限界があることは否めない．しかし，モブログ，フォトログなどの使いやすいシステムは，より社会的に開いたコミュニケーション圏を構成するかもしれない．

　紙数の関係上，本章では言葉の不足が否めない．詳細についてはまた別稿に譲りたい．

第7章

情報化社会における不安
——ネットを媒介とした集団自殺の連鎖を巡って

1. はじめに

　2003年，奇妙な集団自殺が連鎖的に起こった．
　最初に人びとが「おや？」と思ったのは，2003年2月11日に入間市で起きた事件だった．それまでの人生で関わり合うことのなかった男女3人が，七輪で練炭を焚き一酸化炭素中毒によって集団自殺したのだ．「死」をともにする，ということは，そこに最も深く濃密な人間関係が想定される．しかし，その後の調べによれば，彼らはネットの「自殺志願者サイト」で知り合っただけの関係だった．
　しかも，この後，同じように七輪と練炭を使った集団自殺が相次いだ．その数は40件以上にも上った．なかには，通常の意味で「心中」と呼ばれるような親子や家族の集団死もあったが，かなりの数がネットを介した「一緒に死んでくれる人」募集の呼びかけによるものだった．また，「七輪と練炭」という自殺の方法自体も，もともとはネットを通じて広まったものだった（2月の事件が新聞で詳報されたときにこの方法も掲載されたが）．
　この一連の集団自殺（とくにネットを媒介にしての集団自殺）は，われわれにいくつかの問題を提起する．

一つは，現代人の不安の所在と情報化社会との関係である．集団死した人びとは，それぞれに悩みを抱えていた．それはなくなった人びとにとっては，生きることを放棄するに足るほどの重大なものであったのだろう．しかし，遺された者たちは必ずしも納得できない．なぜ逝ってしまった人びとと残された人びとのあいだに，自殺という行為のリアリティについて，このような齟齬が生じるのか？それは，彼ら／彼女らが死の媒介としたインターネットの社会的埋め込み——社会の情報化と何らかの関わりを持つのだろうか？

　二つ目は，情報化社会における人びとの「不安解消」行動の特徴である．集団死した人びとは，家族や友人たちを措いて，ネットワーク上のコミュニケーションの場に救いや癒しを求めようとした節がある．なぜ，彼／彼女らは，顔も知らない誰かを求めたのか？

　第三は，情報化社会における人間関係の究極的な様相である．そして最終的に彼／彼女たちは，それまで知り合うこともなかった人びとを「死をともにする」という究極的な運命共同体として選んだのか？

　本章では，これらの問題について以下に考察することとする．

2.　「情報」による不安

　インターネットに代表される新たなコミュニケーション・メディアが一般化した今日，社会のなかを膨大な量の情報が行き交っている．われわれは日夜，この到底処理しきれない情報にさらされている．

　われわれの社会や生活にとって，情報はなくてはならないものである．それは，今日始まったことではなく，人間が生物として発生した瞬間からそうであったろう．人間だけではなく，すべての生物は，外界の「情報」を感知し，これに対処，適合するように次の行動を決定するのである．

　情報科学的には，「情報」は不確実性を低減するものとして定義される．たとえば，二つの可能性（選択肢）があったとき，これを一つに決める「情報」は，二つの可能性という不確実性を排除してくれるものと考えるのである．

　この定義は，「情報」が必ず「真」であることを前提としている．しかし，現実にわれわれが入手できる情報は，必ずしも「真」であるとは限らない．誤情報や虚偽情報はまだしも，原理的に真偽を定められない情報が多いのである．たと

えば天気予報の「降水確率」という表現は，世界の複雑性によって未来が原理的に一意に定まらないことを示している．

　人間同士のコミュニケーションは，自然環境以上に複雑である．たとえば，Aという人がBに「今日は寒いね」といったとき，それは，単なる時候の挨拶なのか，それとも「エアコンをつけて欲しい」という依頼あるいは命令なのか，解釈は多様に存在する．一方，これに対してBが「そうですね」と答えても，その答えが単に挨拶の返しなのか，「私はあなたの依頼に応じない」という意味なのか，ここでも多くの解釈が可能である．このように，コミュニケーションのそれぞれの当事者の間で，交換されるメッセージの解釈が多数存在するため，コミュニケーションはしばしば当事者の思惑を超えて迷走する．これをコミュニケーションの二重偶有性（ダブル・コンティンジェンシー）と呼ぶが，とうぜんそれは，社会のあらゆる場面での情報交換に存在し，社会関係を複雑化する．この観点からするなら，「情報」量が多くなればなるほど，個人が対処しなければならない社会の複雑性は増大することになる．いいかえれば，「情報」量の増大は，一方で便利であると同時に，他方では社会を複雑化し，人びとが社会全体を一定の枠組みで認識し，自己の行動指針を定めることを困難にするのである．

　かつての社会においても，社会が（上記の意味での）複雑性をもたなかったわけではない．しかし，社会制度や身分が固定的であり，個人の社会的役割がかなり所与であるような社会においては，個人は上から与えられる認識枠組みに従っていればよかった．あえて「自分はこれでいいのか」「自分の居場所はどこか」「自分とは何者か」という問いにわずらわされる必要は少なかったのである．そして，その認識枠組みを与えるのが，家族，地域といった基礎集団・中間集団であった．

　ところが，社会の産業化，都市化が進むにつれて，従来型の基礎集団・中間集団は解体に向かった．情報化の流れは，ある意味こうした解体を補完するものでもあったが，方向づけを与えられない膨大な情報は，人びとの心に，上記の自問――言うならば自己アイデンティティの不安を浮かび上がらせるものでもあった．現代人の不安の大きな源泉の一つがここにある．そして，自己アイデンティティ不安は，容易に「生きていることの意味」への疑念へとつながり，「自殺」に結びついてしまうことも多い．Yahoo!で検索すると，自殺に関するページは約165,000件にのぼる（2004年1月18日現在）．

3. コミュニティ・オブ・インタレスト
——ネットワーク・コミュニケーションによる癒し

　その一方で，ネットワーク・コミュニケーションが個人にとって癒しやエンパワーメントの契機になりうる可能性も数多く報告されている．

　ネット上のサイトの分類として，「メンタルヘルス」というカテゴリーは重要な位置を占めている．たとえばYahoo! の登録サイトを見てみると「メンタルヘルス」のカテゴリーには412（2004年1月18日）ものサイトが登録されている．無論，登録されていないサイト，あるいは心の問題をコンテンツの一部に含むものはもっとずっと多い．Yahoo! で検索すると，メンタルヘルスに関するページは約1,640件（2004年1月18日）ヒットする．

　これらのサイトの内容は実に多種多様であり，病院などの紹介，症状に関する知識，自分の状態に関する告白あるいは日記，また同じ苦しみをもつ人びとが互いに語り合う場など，ありとあらゆるものがある．書き手もまた，専門家やカウンセラーから，宗教者や一般人，さらに実際に心の不調で苦しんでいる人までさまざまである．なかでも他のメディアにないネットの特徴は，無名の個人による心情吐露のサイトや，辛さを語り合う掲示板だろう．

　そこには，悩みを抱えた個人の，それぞれの特異な文脈に基づいた苦しみが，あえぐような切実さとともに書き込まれている．専門家のもつ外部的・分析的な視点ではなく，まさに苦しさの内側からのリアルな証言なのである．心の痛みに苦しむ者たちは，自分の心が外部から客体化されることに違和感を感じ，同じように悩みを抱える者の内部からの語りにリアリティと癒しを感じる．自らの心の奥底をさらけ出すようなサイトや掲示板が膨大な数開設され，また膨大なアクセス数を集める理由はそこにある．

　また，ネット自殺が報じられると，ネット上の掲示板などでも議論が沸騰する．書き込まれるメッセージのなかには，自殺した人びとを批判したり，揶揄したりするものもあるが，多くは彼らの死を自分のことのように悲しみ，あるいは，その掲示板に集っている他の人びとに「死ぬなよ」と呼びかける．誰にともなく宛てられた匿名のメッセージは，ときに，珠玉の言葉となって人の心を打つ．「おかげで自分は死ぬことを思いとどまった」という書き込みを目にすることもある．

もちろん，心に痛みをもつ者が，他のすべての心に痛みをもつものに対して共感を感じるわけではない．個人の心情は超個人的な特異性に依存しており，そのため，共感を感じることのできる他者のメッセージはきわめて限定されることになる．しかし，ネットワークには膨大な数の〈場〉が開かれているため，いかに特異な心情も，どこかしら類似した他者を見いだすことができる．都市は人口の多さによってコミュニティ・オブ・インタレスト（関心を共有する小集団）を形成しやすいことが指摘されているが，ネットワークにはさらに多くの「人口」が存在し，その結果，さらに超個人的なコミュニティ・オブ・インタレストも形成されえるのである．

4. オンライン・リレーションズ
――ネットワークを介した人間関係の〈濃さ〉と〈淡さ〉

　このようなネットワーク上のコミュニティ・オブ・インタレストにおいて構成される人間関係（以下，これをオンライン・リレーションズと呼ぶこととする）は，その〈コミュニティ〉への参入離脱の容易性と匿名性によって，独特の性質を帯びることになる．

　オンライン・リレーションズは，きわめて淡くはかない関係である．掲示板やサイトにアクセスし，メッセージを読む／書くという行為は，何の契約も約束も意味しない．彼／彼女は，何の制約も受けないし，何の束縛も受けない．たまたま訪れて二度とアクセスしない者もいる．頻繁に書き込む者でも，あるときを境にぷっつりとアクセスは絶たれるかもしれない．掲示板やサイト自体，不意に削除されてしまうことも多い．

　このような〈淡さ〉から，オンライン・リレーションズには何ら社会的／人間関係的意味はないと考える人も多い．しかし，たとえば2ちゃんねるのユーザたちが「2ちゃんねらー」を名乗り，ASH[1]の参加者たちがASHerを名乗るように，こうした場を介して，淡くはあるかも知れないが一種の仲間意識，帰属意識が形成されることも事実である．

　そしてその一方，場合によってはそれが広大な空間のなかでようやく出会えたという希少性，あるいは匿名のコミュニケーションからくる上記のような〈はかなさ〉の感覚によって，かえって関係が極度に濃密化する場合があるのではないか．オンライン・リレーションズから濃密な恋愛あるいは結婚へと進む例は数多

いが，なかには，性別を取り違えたまま結婚してしまうような例もある．また，出会い系サイトで知り合った者がストーカー化したり，辛い事件にまで至る例もある．これらは，自殺願望という一点に収斂した仲間感覚が，「ネットでの出会い」によって一種運命的なものとして彼らに認知され，後戻りのきかない状況を生み出したのではないかと考えられる．

ネットでは，心を打つメッセージや創作品が現れたとき，「神降臨」という言い方がされる．これなども（決して悪い意味ではないが），オンライン・リレーションズの〈淡さ〉ゆえの〈濃さ〉を現しているかもしれない．

そして，2003年の一連のネットを媒介とした集団自殺事件は，このようなオンライン・リレーションズの負の特性を，極端な形で具現化してしまったものといえよう．それは，今後も，同様の形で，あるいはやや形を変えて，発生するおそれがある．たとえば，同じく2003年11月には，大学生と高校生のカップルによる家族殺傷事件があったが，ここでも，女子高生のホームページには「私たちは生きるためではなく，死ぬために出会ったのだから」と書き込まれていた．

5. おわりに――オンライン中間集団は可能か？

では，このような状況を改善する何らかの手立てはあるのだろうか？

すでに見たように，情報化社会における人びとの不安感は，既存の基礎集団や中間集団が解体され，個人が「甲羅を剥がれた蟹」の状態で社会の複雑性と対峙せざるを得ず，その結果，自己アイデンティティの安定が困難化している状況が原因の一つと考えられる．

しかし，従来の基礎集団・中間集団は社会全体の変容にともなって解体したのであるから，これらを従前どおりに再生させることは不可能でもあるし，不適切でもある．情報化社会としての今日に適した，新たな基礎集団・中間集団，とくに中間集団の再構築を目指すべきであろう．

本章では，「情報化社会の不安」を中心に考察したため，どちらかといえばオンライン・リレーションズの負の側面に焦点を当てて論じてきたが，当然，オンライン・リレーションズならではのメリットもある．このメリットを生かす形で，ネットワークを利用した新たな中間集団の形態を模索することが，今後の課題となるだろう．

第 III 部

間メディア性と群衆社会の〈世論〉

第8章

屍を踏み越えて零度の地点へ……
──ブログはジャーナリズムを変えるのか？

1. はじめに──ブログに塊る人びと

「塊魂」というビデオゲームをご存知だろうか？
　主人公の「王子」を操作して，塊を転がし，周辺のものを次々と巻き込んで塊を大きくするという単純なゲームだ．これが世界的に大ヒットした．塊を転がすにつれ，周囲のありとあらゆるもの──クリップやえんぴつなどから，自転車や自動車，人間たちまでもが塊にくっつき，塊がどんどん大きくなっていく，そのこと自体が「楽しい！」のである．

図 8-1　みんな大好き塊魂：ⓒNBGI

「情報」は，この塊魂と似たような性質をもっている．別に何の意味もないような小さな情報のかけらも，それらが相互に結びつくと，時に大きな社会現象となる．世論はしばしばこうしてつくられる．うわさ，あるいは口コミの連鎖が人や商品の評価を決定づけ，流行を生み出す．

そしてインターネットは，このような情報の塊をつくり出すうえで大きな力を発揮する．

そのインターネット上で注目されているのがブログである．アメリカのピュー・リサーチ・センターが2005年1月に発表した調査[1]によると，2004年末の時点でアメリカの成人インターネット利用者の7％がブログ（またはウェブ日記）を自分で書いており，27％がブログを読んでいる．日本でも，筆者らが行った情報行動調査（2005年3月）によると，12歳以上のインターネット利用者の4.4％がブログを書いており，38.1％が読んでいる．

ブログとは，誰もが簡単に書き込めるネット上の公開日記のようなものだ．これほど多くの人びとがブログに引き寄せられるのは，それだけ多くの人びとが，自分の意見や想いを誰かに伝えたいと願い，また無数の誰かの言葉に耳を傾けるのかもしれない．自らの実存を位置づける座標軸を，拡散する世界のなかに見いだそうとして．それは，「ジャーナリズム」というものの，まさに絶対零度ともいうべき振る舞いであるかもしれない．

2. 悲しみのなかから——9.11テロとイラク戦争

ブログが登場したのは，1990年代末である．当初はウェブログと呼ばれた．ウェブ上のログ（記録，日誌）という意味だった．その名のとおり，管理者が興味をもったサイトへのリンク集的なものだった．やがてそれは，ブログの書き手が興味をもったニュースへのリンクと簡単なコメントが時々刻々と書き込まれていく形式へと発展する．

ブログ普及の第一ステップは，1999年に，ブログのホスティング・サービスが誕生したことである．ブログ・ホスティング・サービスとは，ブログの開設・運用などに必要なソフトを，ウェブを通じてユーザに提供するサービスである．これによって，ネットに関する知識がないユーザでも，思い立ったら即刻，ブログを開設できるようになった．また，利用者のブログの一覧やアクセスランキン

グなどが提供されることにより，RSSやトラックバック機能とともに，ブログ同士の相互のつながりもわかりやすくなった．

　第二ステップは，2001年の9.11テロであった．阪神大震災を思い出せばわかるように，災害時，ネット・メディアを介した当事者や支援者間の情報交換は，きわめて有用である．未曾有の悲惨な出来事を前に，既存の情報網は混乱した．一刻を争う切実な情報を求めて，人びとはネットを見いだした．そこには，人びとがいま目の当たりにしつつある状況が，次々と書き込まれていた．それは悲劇の只中にある人びとにとってまさに必要なメディアであった．当時の書き込みは，悲劇を忘れないための集合的記憶（アーカイブ）として，いまもネット上に蓄積されている．

　第三ステップは，2003年のイラク戦争である．何もかもが不透明なまま，イラクは戦争状態に入った．テロ組織以外の人びともたくさん暮らすかの地で一体何が起こっているのか．アメリカをはじめ，現地に投入された兵士たちは，どのような状況にあるのか．既存マスメディアは，こうした問いに十分には答えてくれなかった．わずかに現地の生の声を伝えたのは，まさにそこに住む人が書き綴ったブログ，現地のジャーナリストの見たものを伝えるブログであった．この頃から，ウォー・ブログと呼ばれる，戦争や国際政治を論じるブログも増えていった．

　こうした流れのなかで，ブログは三つの大きな特徴──①誰でもいつでもどこでも書ける，②ローカルな状況に即応したニュース源となる，③マスメディアでは捕捉できないような当事者の生の声を伝えることができる──によって，広く社会のなかに浸透していった．悲しみのなかから，人びとのなかのジャーナリスト魂が，それと意識せぬままに，覚醒したのかもしれない．「ブログ」の「ログ」とは，そもそも「ジャーナル」と同義語である．

　そして，第四ステップ，2005年の7.7ロンドン爆破事件の際の新しい特徴は，カメラ付き携帯電話の普及である．一般の人びとがいつでもどこでも写真を撮る．このことに着目したロンドン警視庁は，反テロリズムを訴えるページで，事件に関連した写真の提供を呼びかけている（図8-2参照）．そして実際，それが犯人逮捕のきっかけとなった．同時に，携帯電話やデジタルカメラによる写真を共有するブログサイトがネット上で人気を集めることとなった．図8-3は，代表的な写真投稿サイトであるFlickrに投稿された「爆弾」関連投稿写真の一部である．「誰でも報道カメラマン」の時代が来たのである．

図 8-2 2005年7月16日のロンドン警視庁のサイト．7月7日の爆破事件のページ．写真などの提供を呼びかけている．

図 8-3 2005年7月16日，写真投稿サイトFlickrで，「bomb（爆弾）」をタグとする写真を検索した画面．ロンドン爆破事件に関連した膨大な写真が投稿されている．

3. ブログ以前——NEWSGROUP，インターネット新聞，個人サイト

　無論，ブログ以前にも，ネットをジャーナリズムの媒体として使おうという試みはあった．いや，インターネットとは，そもそも，「誰もがジャーナリスト」の媒体として期待されてきたともいえる．

　インターネットは，そもそも東西冷戦構造のなかで，ヒドラのように自己再生するネットワークによって，情報を攻撃から守るための技術であった．しかし，同時にその性質は，草の根の情報流通を支援するという機能としても利用可能なものだった．電子メールやメーリングリストといった最も早くからの利用方法さえ，オンライン・マガジンなど個人からの自由な情報発信という新しい可能性を開いた．

　とくに注目されたのはNEWSGROUPというシステムだった．これは，さまざまなテーマに関して人びとが情報を寄せ合い，議論を交し合う場となった．このような場は，パソコン通信における電子会議室，あるいは2ちゃんねるなどの

掲示板集積システムなどに継承される．

　90年代以降，ウェブが一般化すると，インターネット新聞という試みが活発化する．盧泰愚政権誕生させたとまでいわれる韓国のOhmyNewsはその代表的なものである．インターネット新聞は，市民記者を一般から募り，彼らからの身近な情報，等身大の意見を大幅に採用することで，既存メディアにはない新たな「ジャーナリズム」のかたちを示した．

　同時に，ウェブは個人が簡単に情報発信できる場でもあった．個人サイトには，世界中の見も知らぬ無名の人びとの日々の暮らし，想い，家族のこと，ペットの話などが細々と綴られていたりした．それは新鮮な，何かしら心を打つ光景だった．「大きな物語」を大上段に振りかぶった天下国家型ジャーナリズムとは異なる，半径50mのジャーナリズムが誕生したのだ．

4. ブログとウェブ日記——つれづれのジャーナリズム

　個人サイト上の日記や評論の発展形がブログだともいえる．

　先端技術の分野で世界のトップを走る日本だが，インターネット利用の面では必ずしも最前線にはいない（無論，利用率が高ければよいわけではないが）．そんな日本のインターネット利用の特徴が，個人によるウェブ日記の多さである．

　普通に考えると，「日記」とは，個人の内面的なつぶやきを吐露するものであり，他人の目から隠すものだと考えられる．にもかかわらず，ウェブ日記は，前提として不特定多数の人びとに曝される．そしてその内容は，しばしばきわめて私的，日常的な事柄を赤裸々に映し出してしまう．なぜ，多くの人（とくに日本人）がこのような矛盾した行動に出るのかについては，当初から研究者の関心を引いてきた．それは同時に，日本人はなぜ，インターネットを含む公共の場で社会的・政治的議論をすることを好まないのに，日常のよしなしごとを綴ることにはむしろ積極的なのか，という謎でもある．

　よく言われるのは，「日本人は公共性の観念が薄く，日常的な私事にしか興味を示さない」という，日本社会批判である．だが，それは的を射た批判だろうか？

　日本には古くから「日記文学」という文化的伝統がある．『土佐日記』『更科日記』『蜻蛉日記』など今も新鮮さを失わない古典がひしめいている．とくに『方

丈記』や『徒然草』など中世の日記は，日本人の世界観や価値観に大きな影響を与えてきた．ブログにも「つれづれなるままに」といった日本人にとって耳慣れたフレーズを意識したものがかなり存在している（ちなみに，「徒然草」と「ブログ」をキーワードとしてグーグル検索してみると，172万件がヒットする[2]．そのほとんどが，徒然草を意識したブログである）．そこから考えれば，日本人にとって，「日記」はむしろ公開を前提としたものと感覚されて不思議はない．そしてそれは，「つれづれのよしなしごとを通して世界を語る」という，西欧近代の「公共性」とは異なる，東洋的「公共性」の感覚ではないだろうか？

たとえば『方丈記』は，鴨長明自身が体験した都の大災害を語る．その具体的な描写から，われわれは当時の一般の人びとの嘆き，哀しみ，苦痛をまざまざと追体験する．まさに彼はジャーナリストの目をもって，大文字の「歴史」には現れない「現実」を活写しているのである．だが，彼はそこからベタな体制批判をするわけではない．より超越的な仏教的無常観へと止揚するのである．それは現実逃避的な態度なのだろうか？　むしろ，絶対零度の地点から，現実の状況を逆照射するまなざしであるとも言えるのではないか．

『徒然草』もまた然りである．軽やかに語られる，市井の出来事，滑稽な噂話，社会や人生についての皮肉な観察は，傍観者の無責任でアイロニカルな語りと見えつつ，冷徹な省察を底に秘めている．「おぼしき事云はぬは腹ふくるゝわざなれば」と兼好法師は言う．それは，今も変わらぬ人びとの思いであり，ジャーナリズムの原点でもあろう．

5.　ブログ炎上——曝される個人の実存，あるいはその多重性

とはいえ，ブログやネットメディアは，必ずしも情報発信者たちのユートピアではない．

ネット上での発言は，しばしば，それに異を唱えるものたちによる「叩き」に遭う．

ブログでの発言内容や，コメントに対する対応をきっかけとして，揶揄や悪意に満ちた膨大な数のコメントが集中する．さらにそのような「出来事」は，ブログや掲示板を通じてネットの広い範囲に知れ渡り，面白おかしく嘲笑されたりもする．場合によっては，個人情報まで暴かれて，ブロガーが深い精神的傷を負っ

たり，サイト閉鎖に追い込まれたりする場合もある．このような事態を，「ブログ炎上」と呼んだりもする．

　似たような事態は，「フレーミング」と呼ばれて，NEWSGROUPなどインターネット利用の初期から問題視されてきたことでもある（その意味では，目新しい話ではない）．インターネット上のコミュニケーションの場が，誰にでも開かれたものである限り，意見対立や攻撃の可能性はつねに潜在している．無論，無根拠な誹謗中傷あるいは言葉による暴力が許されないことは言うまでもないが，そのリスクにたいしてあまりにもナイーブであることは，「自己責任」を問われてもやむをえない．公開の場での（publicな）言論とは，守られるべき権利であると同時に，発言者の覚悟を要するものである．私的な言論（仲間内での議論）と異なる，このような公共性についての意識は重要である．

　こうした「公開」のリスクに対して一定の緩衝帯をおこうとするシステムが，SNS（ソーシャルネットワーキングサービス）である．ブログが一般に誰でも開設でき，誰でもが読めるのに対して，SNSは，紹介者を通じて初めてサービスを利用することができ，また，利用者の内部でも何段階かに公開のレベルを設定することができる．これによって，見も知らぬ他者から不意の攻撃は避けやすくなる．ネット上のコミュニケーションが一定の人間関係の範囲に限定されるので，仲間意識ももちやすくなる．だが，SNSのようなシステムは，われわれの社会生活あるいは人間関係が，けっして均質なものではなく，色合いや濃淡の異なる多様なつながりの複合体であることを，改めて意識させてくれる．

　そして，われわれが慣れ親しんできた対面的なコミュニケーションとは，実は，人びとが帰属する多様な集団を，むしろ，自然に分断するものであったのだということにも気づく．人は，たとえば職場で，家庭で，遊び仲間のなかで，異なる役割，異なる人格を演じている．それは，背徳的であるよりも，むしろ，人間が本来的にもっている多重性をさりげなく吸収する社会的装置でもあった．だが，ネットというメディアは，人と人のつながりを可視化し，人間存在の多重性を白日の下に曝しだしてしまう．ネットメディアは，匿名性による身体の不可視化と，人間関係の機械的な表示による実存の可視化という，両義的な機能を持つのである．

6. ネットの衝突
――2004年アメリカ大統領選挙と2005年中国反日行動

　実際，ネットを介した社会的コミュニケーションの場が拡がるにつれてその射程距離は長くなり，影響も大きくなる．相対立する主張が，ネット上でも激しい衝突を繰り返すことになる．

　たとえば，2004年アメリカ大統領は，まれに見る中傷合戦といわれた．対立候補に対する攻撃を目的としたTV CFが，大量に繰り返し放送された．同時に，今回の選挙では，それらのTV CFがネット上のウェブサイトにおかれることにより，攻撃と応酬の範囲は拡大し，持続的なものとなった．

　2005年春の中国反日行動についても，学校教育やマスメディア報道が背景にあったというだけでなく，ネットを介した情報流通も大衆動員に一役買ったといわれる．この出来事を，ネットによって起こったマスヒステリーであるかのように論じる報道さえあった．

　もちろん，ネットによって従来だったら一般に知られることはないような情報，過激な意見も，多くの人びとの眼前にさらされてしまうということはある．だが，だからこそまた，ネットは対立感情を煽る方向にばかり作用したわけではないことにも注目しなければならない．

　2004年のアメリカ大統領選挙では，中傷合戦がエスカレートすればするほど，共和党支持者と民主党支持者のいずれに対しても距離をおき，状況を客観的に把握しようとするネット言説も増えたようだ．大量にネットを流れたさまざまなパロディ動画はその現れでもある．

　中国の反日行動でも，中国の掲示板の書き込みは必ずしも反日一色だったわけではない．反日行動に疑問を呈する書き込みや，全体の動向を茶化すような書き込みもしばしば見られた．4月14日には，有力な反日サイトである「中国918愛国網」が率先して「冷静な行動を！　こんなことを続ければ，中国のイメージが悪化するだけだ」と呼びかけたりもしている．同様に，中国情勢に反応した日本の掲示板でも，中国批判もあったが同時に冷静な対処を訴える書き込みもあった．

　つまり，既存のメディアと同様，ネットメディアもまた，「対話の場」であると同時に「衝突の場」ともなりうるということである．いや，もっといえば，

「対話の場」であるからこそ「衝突の場」ともなるのだし，「衝突」が認識されるからこそ「対話」の必要性も切実なものとなる．人間のコミュニケーションとは，そもそもそうしたものなのである．ナイーブに理想主義的な「対話」への期待も，過剰なまでに批判的な「衝突」の語りも，ともに幻想にすぎないのである．

その意味では，既存メディアとネットメディアに大きな違いがあるわけではない．

違いは，その「対話＝衝突の場」としての社会的コミュニケーションに，コミットする人びとの層が，大幅に拡大したという点にある．その結果，万華鏡のように刻々と変化する膨大な言説の渦が可視化され，決して一元的に集約されることのないその様態を眼前にして，われわれはいま立ちすくんでいるのである．

7. ブログで食えるか？――ボランタリーかベンチャーか

このように見てきたとき，ブログを始めとするネット・ジャーナリズムには，いくつかのタイプが指摘できる．つまり，

1. たまたま何らかの出来事の当事者となった個人が，やむにやまれぬ気持ちから，その出来事に関する情報を，（臨時に）発信していく
2. 一般人が，一般人の視点をもって，DIY的に，時事問題に関して発言する
3. 専門的ジャーナリストとしての基盤をもった個人（小グループ）が，既存組織とは独立の立場から，情報を発信する
4. 既存組織が，組織の公式情報を，ブログの形式でも発信する．

このうち，従来のメディアとは異なるブログの特徴は，1，2にある．いわば，「日曜ジャーナリスト」の登場である．

しかし，3のタイプも重要である（むしろ，ブログのそもそもの発生は，ここにあった）．そして，1，2のタイプのブロガーたちも，ブログを書きつづけるという実践のなかで，多くの読者を獲得したネットセレブになると同時に，ブロガー（ネット・ジャーナリスト）としての専門性を意識し，ジャーナリストとしての使命を意識する例も多い．いわば，「ボランタリー・ジャーナリスト」である．

けれども，このような方向の展開は，ある地点で，壁にぶつからざるをえない．問題を専門的に追求し，記事の品質を高めようとすれば，費用や時間をかけざるをえない．ジャーナリズムとしてのブログを意識すれば，仕事や生活が桎梏とな

りかねない．こうして，ブログの可能性を意識するほど，「ブログで食えるか？」という問題が切実に浮上してくる．

　現状では，ブロガーが収入を得る道として，①出版など他メディアに進出する，②自分のブログに広告をのせて広告料を得る，③アフィリエイトを行う，などがある．しかし，①はかなりのネットセレブでないと機会もない．②もアクセス数が問題となるし，②③では広告とブログの内容との関係が疑われることもある．

　最近，ブロガー専業宣言をして話題になったアメリカのブロガーは，きわめて小額の購読料を徴収することによって生計を立てようと企てた．この試みには否定的な意見も多い．しかし，近年のアメリカ選挙でも，ネットを介して広く薄くカンパを募る方法が盛んに用いられている．ジャーナリズムの多様な可能性を確保するためには，素人でも簡単に利用可能な課金システムが求められる．

8.　ネット・メディアとマスメディア——中間項としてのブログ

　では，このようなブログやネットメディア一般と，マスメディアとの関係は，今後どのようになっていくのだろうか？

　前節で4番目のタイプとして，組織も情報発信手段としてブログを使う例を挙げた．

　「ブログ」といっても，結局それは，発信される情報の形式にすぎない．したがって，当然，既存の組織にも有効活用の可能性は大きく開かれている．ハーバード大学などは，ブログが話題となり始めた2000年代初めから積極的にこれを大学サイトに取り入れた．アメリカでは，マスメディアも早い時期からブログに積極的な姿勢をとった．

　日本では，マスメディアは一般にネットに対して警戒的な傾向がある．それでも近年は，神奈川新聞がカナロコというブログ形式のオンライン新聞を創刊したり，毎日インタラクティブが記者のブログを掲載したり，夕刊フジBLOGが立ち上がったり，と大手メディアも取り組みに乗り出し始めた．考えてみれば，新聞やTVも署名記事や解説委員，キャスターの意見を媒体に載せることは特殊なことではない．であれば，ブログは大手既存メディアにとっても，むしろ親和性の高い情報発信の形式といえよう．

　にもかかわらず，日本の既存組織メディアが最近までブログやネットメディア

に及び腰であったのは，ジャーナリズムという場における権威や収益の独占を守ろうとする反民主主義的な態度と批判されても仕方がない．また，そのような独占体制は，ネットメディアという媒体による情報場の流動化が避けられないものである以上，外堀を埋められた関が原の戦いと同様，もはや守ることのできないものなのである．

ただし，既存組織メディアがブログなどの情報発信形式を採用するときに，注意しなければならない点がある．一つは，既存マスメディアの権威主義がもはやかつてのようには通用しないことを認識すること．第二に，とはいえ，組織的ジャーナリズムの利点は，多くの情報資源を駆使することができる点にある．これを活かして，可能な限り信頼度の高い情報を提供すること．第三に，社内ブロガーを起用する場合，組織としての公式見解とブロガーの意見が食い違うこともありえる．これについての態度を明確にする必要がある．第四に，社内ブロガーも，すべての面で専門性をもつわけではない．むしろ，社内ブロガーも，組織の権威に依存することなく，個人ブロガーと同じ土俵に立って，ジャーナリスト魂の初心を取り戻すことが，ジャーナリズム新生の重要な契機となるだろう．

9. 今後の展望——複合メディア環境とジャーナリスト魂！

最後に，このような多相的な状況におけるジャーナリズムの今後を展望しておこう．

冒頭に示唆したように，「情報」というものは，周囲の情報と関係し合い，相互作用しあいながら，大きな塊へと膨張していく性質をもつ．そのような不定型なものである情報は，アメーバのように，あらゆる境界をやすやすと越え，あらゆるメディアに乗って，拡散し，また塊となる．その意味で，たとえば「ネットは新聞を殺すのか」といった言辞は，問題の立て方から誤っている．既存メディアとネットメディアの二者択一はありえない．ネットと既存メディアは，意図するしないにかかわらず，相互に分かちがたくリンクし合いつつ，複合的なメディア環境を創っていくのである．

そして同時に，マクルーハンが「メディアはメッセージである」と喝破したように，情報の，いいかえれば社会の動きはメディアの様相によってそのあり方を変化させる．では，どのような変化が起こっているのか？

社会におけるジャーナリズム機能は，(a) 一次情報収集 – (b) 一次情報の集約・編集 – (c) 情報の流通 – (d) 多様な解釈・意味生成 – (e) 世論（社会的合意）形成，という五つのコンポーネントから構成される．

既存の組織的ジャーナリズムは，これまで，資本，制度，人材を基盤として，これら五つのコンポーネントをすべて独占してきた．その結果，図8-4に示すように，(a)(b)(d)(e)までがパックされた情報が，マス媒体を介して社会に提供されてきたといえる．「世論とは新聞の見出しのことである」といった皮肉な見方は，ここから生じてきた．

これに対して，現在進行しているネット・ジャーナリズムの展開とは，情報流通チャネルを多元化することにより，(a)(b)と(d)(e)を分離しつつある．(a)(b)は，専門性とそれにともなう職業倫理を供えたプロのジャーナリストに．そして，(d)(e)にはより多くの人びとのコミットを．それは，社会におけるジャーナリズムという装置を本来の機能に差し戻す変化であるとも考えられる．その意味で，これからの専門ジャーナリスト（ブロガーを含む）には，むしろこれまで以上のプロフェッショナリティが求められるのである．

だがこのとき，ジャーナリストのプロフェッショナリティとは何か？という問題が改めて大きく立ち現れる．最近，アメリカの記者が，情報源の秘匿によって拘禁されるという出来事が相次いでいる．これまで制度的に守られてきた「報道の自由」の観念が揺らぎ，「取材の自由」が組織的ジャーナリストにのみ独占されているという異議申し立ても起こっている．

すでに述べてきたように，今日では，国内のみならず国外の事件に関しても，まさに現場に居合わせた証人たちの情報に基づいて，無数のブロガーたちが，国

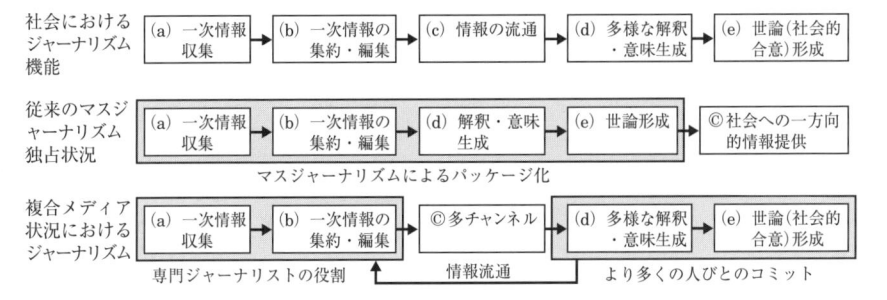

図 8-4 社会におけるジャーナリズム機能とメディア

境を越えて議論を交わしている．こうした新たなメディア環境のなかで必要とされているのは，ミクロな個人のリアリティと，社会全体を俯瞰するマクロな視座とをリンクさせ，客観的かつ建設的に未来を照射する，より高次のプロフェッショナリティなのである．勇気をもって過去の屍を踏み越えていくジャーナリスト魂こそが，いま必要とされているのである．

第9章

グローバリゼーションと〈流行〉現象
―「マイアヒ現象」に見る循環的重層コンフリクトと正統化

1. はじめに――マイアヒ現象

　2005年の夏,東欧の小国からやって来た不思議な歌が,日本で記録的な80万枚というセールスを達成した.「恋のマイアヒ」という日本題を付けられたこの曲は,80年代バブル期のディスコを思い出させるような軽快なリズムと曲調によって,どこかノスタルジックな感覚も刺激して,一度聞くと耳について離れなくなる.

　この曲のように,海の向こうの国の音楽が,日本の音楽シーンで流れることは,グローバリゼーションの時代には決して珍しいことではない.とくに,第二次世界大戦後,日本は欧米の大衆音楽を貪欲に吸収し,日本化してきた.

　ただし,日本に紹介される「洋楽」のほとんどは,主としてアメリカで大ヒットした曲である.「グローバリゼーション」が「アメリカナイゼーション」と同義の現象と想定されるのは,政治・経済だけでなく,文化的領域でも成立する.

　それに対して,この「恋のマイアヒ」は,アメリカ経由で日本に紹介されたわけではない.また,歌詞も英語ではなく,フランスなどヨーロッパで影響力の大きい国の言語ですらなかった.この曲は,ルーマニア語で歌われており,そのた

め，日本では歌の内容を理解する手がかりさえなかった．

しかし，後述するように，「恋のマイアヒ」はまさにそのこと（理解不能な「音」）であることによって，日本の音楽シーンに奇妙な狂騒（ファッド，fad）を引き起こしたのである．

この現象には，従来の多くのグローバリゼーション論で欠落していた，現代文化の重要な動的様相が現れている．本章では，この現象の分析を通じて，グローバリゼーションの時代における文化のダイナミズムを，動的に定式化しようとするものである．

2. 文化におけるグローバリゼーションの諸問題

文化におけるグローバリゼーションとアメリカナイゼーション

グローバリゼーションは，しばしば，アメリカナイゼーションと同義とされる．

文化的領域においても，ハリウッドやディズニーなど強大なアメリカ文化産業のパワーを背景に，地球規模での画一的なアメリカ文化の受容／消費が，今日のグローバリゼーションの最も重要な様相であると論ずる人も多い．

確かに今日，見渡せば，世界の多くの国々で，同じ文化的アイテムが市場を占領する風景は事新しいものではない．たとえば，ハリウッドを中心とするアメリカ映画は世界中でヒットする．そして，現代のアメリカ経済は，これらのソフト産業あるいはコンテンツ産業と呼ばれる経済活動（いまや，文化産業という言葉は使われなくなっている）に多くを依存し，また今後さらに期待をかけていることも事実である．

とはいうものの，われわれが日常的に接する文化的アイテムは，必ずしもアメリカをソースとするものばかりではない．自国の旧来文化をソースにするもの，アメリカ以外の外国文化をソースにするものなど様々である．それは，日本だけではなく，どの国でも見られる状況であり，おそらくはアメリカにおいてさえそうである．

1969年，西海岸ヒッピームーブメントの絶頂に位置するウッドストック音楽祭において，ヒッピーたちからの尊崇を受けていたインドの導師は，ステージの

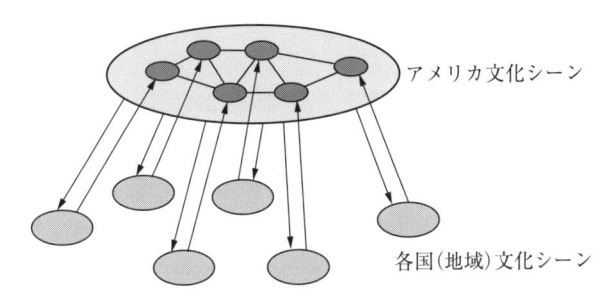

図 9-1 アメリカ（グローバル）文化シーンにおける文化の多元化と「多元文化」の環流

上から "America is becoming whole." と叫んだ[1]．それは，アメリカの文化シーンにさまざまなローカル文化がなだれ込み，アメリカ文化シーンがそれらを受け入れ，融合することによって，新たな「全体」（＝グローバル文化シーン）が生成され，それがアメリカであり，ある種の理想である（したがって，他の文化シーンもまたそれを受容するべきである）という，この時代の「理想主義的グローバリズム」のあやうい構成をよく示している．

文化のグローバリゼーションとは，政治や経済など他の分野と同様，文化の面でも相互交流が緊密化することによって，それぞれの地域（ローカル）において，受容・消費可能な文化的アイテムが多国籍化していること，という様相を等閑にすべきではない．

グローバリゼーション論とローカリゼーション論とグローカリゼーション論

文化のグローバリゼーション（あるいはアメリカナイゼーション）が，否定的に語られる大きな理由は，それが，多様なローカル文化を一掃し，後には画一的なグローバル文化／アメリカ文化が残るだけであるからだという論拠による．しかし，トムリンソン（Tomlinson 1991）らに代表されるこのような議論は，さすがに乱暴すぎるとの反省が，トムリンソン自身（Tomlinson 1999）によってもすでになされている．

トムリンソンと同様に，リッツア（Ritzer 1993）は，グローバリゼーション＝アメリカナイゼーションの端的な象徴として「マクドナルド化」を取り上げた．マクドナルドに代表されるアメリカのファスト・フード・チェーンが，世界中の国々に進出し，それぞれの共同体が伝えてきた多様な食文化が浸食され，そ

のことを通じて世界中がアメリカ的価値観（経済合理主義）に染まっていくと論じたのである．

これに対して，ワトソンは，東アジア諸国におけるマクドナルドの現地適応戦略（現地化：ローカリゼーション）を例にとって反論している．「おおかたのアメリカ人には，他の多くの産業化され，近代化された製品と同様，近代的生活の単なる必需品として扱われているに過ぎない」(Watson 1997=2003: 82)，マクドナルドは，たとえば「北京ではビッグマックはすみやかに高級料理に一変し，マクドナルドはそこで食事をするだけでステータスを得られる場所となっている」(Watson 1997=2003: 82)と，彼は指摘する．グローバリゼーションの波によって外部からやって来た文化は，現地において，現地の文化によって再解釈され，再構成されて新たなローカル文化となる，というローカリゼーション論である．

とはいえ，ローカリゼーションが単独で起こることは定義上あり得ない．それは必ずグローバリゼーションと同時並行的に進行する．これを，ロバートソン(Robertson 1992)らは「グローカリゼーション」と名付けた．

グローカリゼーション論への疑問 その1

しかし，ワトソンの議論にも疑問はある．同じ文化的アイテムが，地域ごとに別のリミックス[2]バージョンを創出したからといって，文化のグローバリゼーションの否定的な側面——すなわち地球規模での文化の均質化（合理化）が無効化されることにはならない．なぜなら，ある文化接触が起こり，強力な政治的・経済的パワーを背景にした文化Xが，現地の固有文化Aとの混交文化Xaとして現地に移植されたとき，だからといって現地の人びとの世界認知が固有文化Aの状態に維持されたということにはならない．むしろ，文化Xaは，その地の人びとに，文化Aとの混交であるがゆえになじみやすく，しかも強力なグローバル・パワーの後光効果をまとった文化Xそのものとして受け入れられる可能性がある．このとき，現地に導入された文化がXではなくXaであるということは，現地文化の今後に対して楽観的な予想を許すものとはいえない．

しかも，X文化が入ってきた当初は，X文化とA文化の混交であるXa文化が受け入れられたとしても，その地がその後も継続的に強力なX文化との接触にさらされるならば，Xa文化は，時間とともに再帰的に漸進的に，純粋なXに近づいていくというプロセスを経ていくことは十分考えられるのである．

グローカリゼーション論への疑問 その2

　文化のグローバリゼーションに対する批判的見解は，単に文化の多様性が失われることによるだけではなく，グローバルに浸透していく文化が，それ自体として「悪しき文化」であるという認識にもとづくものでもある．
　たとえば，リッツアは，「マクドナルド」文化は，合理化を究極まで推し進めることによって，地球上のあらゆる社会を「鉄の檻」へと変えていく危険を内在させていると主張する．
　だが，もしこのように，グローバル文化＝「悪しき文化」であるとすれば，たとえ実際に各地に導入される新文化が，現地化（ローカリゼーション）されたものであるにせよ，その悪しき性格がいささかでも現地に導入されるのであれば，その現地社会は，以前より「悪く」なってしまうだろう．
　そのように考えるなら，文化のグローバリゼーションは，それが同時にローカリゼーションを引き起こすものだったとしても，批判を免れることはないものとなる．

ローカル文化は無垢か？

　同時にまた，文化のグローカリゼーション論について逆向きの疑問も考えられる．
　つまり，ローカル文化は，つねに，グローバル文化に蹂躙される（あるいはグローバル文化をうまくしのいでいく）無垢で受け身な文化なのだろうか，という疑問である．ローカル文化は，つねに，守られ，保護されなければならない，「正しい」文化なのだろうか，という疑問である．
　ローカル文化は，共同体の安心とアイデンティティの基盤である．しかしながら，それは時に，因習や旧体制の特権を守るための繭として機能することも多い．固定化したローカル文化は，社会から変化に対する柔軟性を奪い，その社会を取り巻く状況との不適合を生じることもある．ローカル文化もまた，つねにその正当性を問われ続けるべきものなのである．
　結局，グローバル文化といい，ローカル文化といっても，それらは内包や外延を明示的に確定できるような実体的なものではない．
　その意味で，あるローカル（地域，国家，集団……）の文化をローカル文化と呼び，そのローカルの外部において広く共有（消費）されていると想定される文

化をグローバル文化と呼ぶことができるとしても，それらはあくまで，相対的な概念でしかない．ましてや，それらに対して，絶対的な評価基準を設定することは不可能である．

3. グローバル，ローカル，ローカライズド

文化変容を駆動するのは何か？

だが，より重要な点は，グローバリゼーションといい，ローカリゼーションといい，あるいはグローカリゼーションというにしても，それらは特定の文化をさすのでも，特定の文化変化を指すのでもなく，それ自体が不断に変化し続ける「変化のプロセス」を指すということである．

そして，この，変化する「変化のプロセス」を解読するには，そのような運動がどのような力学によって作動しているのかを考えねばならない．先に挙げたグローバリゼーション論やグローカリゼーション論には，そうした観点が欠落しているのである．

それは，従来のグローバリゼーション／ローカリゼーション／グローカリゼーション論が，〈グローバル〉と〈ローカル〉という二項間の相互作用しか射程に入れていないという問題からも生じている．グローバリゼーションによる，特定のローカルの文化変容を考えるとき，われわれは，〈グローバル文化〉を導入したのは誰か，受容したのは誰か，またグローバル文化の浸透に異議を唱えたのは誰なのかを考えにいれなければならない．そしてその理由も．

文化における循環的重層コンフリクト

このようなグローバル社会における大衆文化の変容については，すでに遠藤（2005h）において文化の重層・循環的相互参照モデルを提示した．

本章において取り上げる事例もまた，このモデルによって分析可能である．

そこでまず，この循環的重層コンフリクト・モデルについて簡単に紹介しておこう．

トムリンソンやリッツアの文化帝国主義モデルは，図9-2のように，グローバル文化によってローカル文化が抑圧・代替され，地球全域で単一のグローバル文

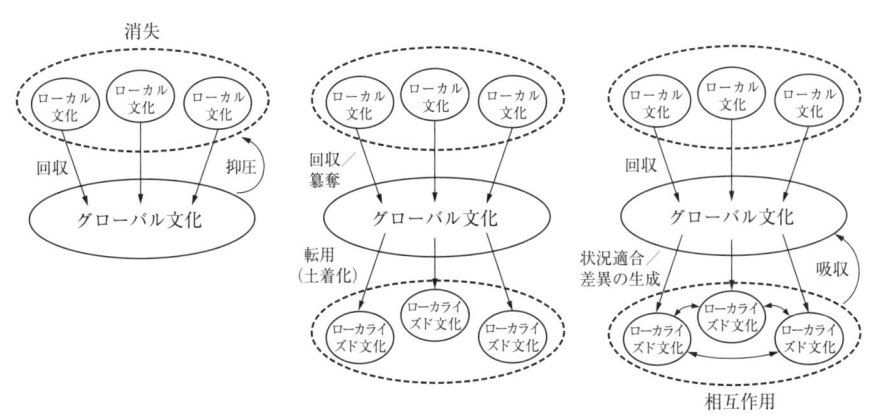

図 9-2　文化帝国主義モデル　　図 9-3　グローカリゼーション・モデル　　図 9-4　差異化／吸収モデル

化が支配的になるというスキームであった．

　これに対して，侵入してきたグローバル文化はローカル文化を介してローカライズ（雑種化）し，必ずしもグローバル文化と同一化せず，場合によってはそれに対抗する力となるというのが，図9-3に示したグローカリゼーション・モデルである．

　しかしながら，既述のように，「グローバル」文化自体固定した形式をもつものではなく，つねに多様な「ローカル」文化の吸収によって自らを自らから差異化し，自己創出しつづけるものである．一方，ローカライズド（局所化）文化は，むしろ，ローカルな支配的文化に対抗（代替）するものとして自らを定義し，その正当性の根拠を（仮想的な）「グローバル文化」に求める，という振る舞いを示すことが観察される．図9-3のグローカリゼーション・モデルはこのようなダイナミズムを捉えていない．グローバル，ローカル，ローカライズドのそれぞれのレベルの文化が，相互依存的に，再帰的変容を行う動的モデル（図9-4）が，本章で提示する新たなモデルである．

　ただし，このモデルは，遠藤（1998d，2004cなど）で論じた三層モラルコンフリクト・モデル（図9-5）として表現する方が理解しやすい．すなわち，ローカライズド文化とは，むしろ現状において支配的なローカル文化に対抗するために，グローバル文化圏を仮想し，しかもローカル文化をひそかに継承しつつ自己定立し，ときに力を獲得して支配的なローカル文化へと自己変容していくものと

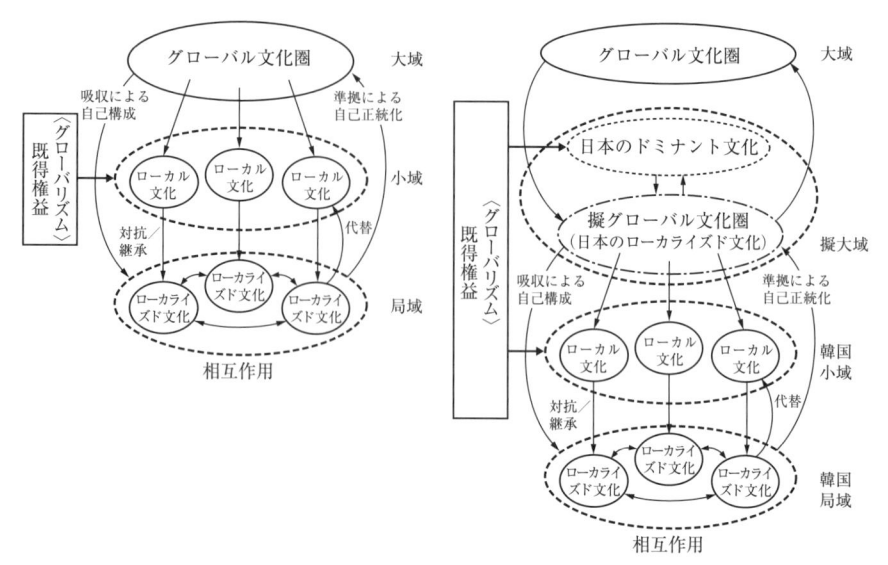

図 9-5 三層モラルコンフリクト・モデル **図 9-6** 韓国における四層モラルコンフリクト・モデル

概念化できる．このとき，グローバリズムあるいはネグリ（Negri 1997）のいう「構成的権力」はむしろ各ローカル文化を介して作動するのである．

重層モラルコンフリクト

このような社会層間のモラルコンフリクトは，現実の世界を見渡すならば，より多段階的な階層の連鎖において生じている．

たとえば遠藤（2005h）で挙げた韓国クラブ文化では，上に「三層モラルコンフリクト」として記述したダイナミズムは，アメリカ文化に仮託されるグローバル文化圏域－日本に仮託される文化圏域－韓国ローカル（に支配的な）文化－韓国においてローカライズされたグローバル文化の四層モラルコンフリクトとして記述されることになる（図9-6）．

そしてさらに地球規模に視野を広げるならば，そこには幾重にも重なり合った重層的モラルコンフリクトが作動していると考えられるのである．

このようなグローバリゼーションとローカリゼーションの相互作用，あるいは隠蔽された結託が地球規模での文化の多重的再帰循環的ネットワークとして作動しているのが，今日の大衆文化のダイナミズムなのである．

4. 「グローバル・パワー」と正統性の問題

グローバルとローカルの相互作用を媒介する新社会集団

　さて，先にも述べたように，前節に提示したコンフリクトは，いいかえれば，自己の真正性（正統性）をめぐる闘争である．正統性をめぐる主体なきパワーの多様なベクトルが，意図せざる社会変動，あるいは文化変動を駆動していく．

　このような変動はつねに起こっているわけだが，歴史のなかにはっきりとその足跡が現れるのは，社会あるいは文化の正統性をめぐる闘争が激しくなるときである．

　グローバリゼーションとは，強大なグローバル・パワーによってローカル・パワーが操作化される過程ではない．むしろ，ローカルにおけるローカル・パワー間の闘争において，〈グローバル〉という表象がどのように利用され，その結果として，あたかも，グローバル・パワーがローカルな状況を決定したかのように〈見える〉ようになっていく，そしてそれは場合によって，結果としてのグローバル・パワーのグローバルな席巻を具現化していくプロセスともなるのである．

ローカルにおける周辺文化のメジャー化と正統化戦略

　そうした視点から，文化の変容プロセスをたどれば，文化のグローバリゼーションあるいはローカル文化の変容とは，旧文化なり新文化なりを，あるいは，グローバル文化なり，ローカル文化なり，ローカライズド文化なりをになった集団に着目しつつ，考えていく必要がある．

　無論，ここでいう「集団」とは，明確な内部と外部との境界をもち，はっきりした仲間意識に支えられているような「集団」だけを指すのではない．むしろ，個々のメンバーはそのような自意識をもたない「クラスター」のような「集団」を想定している．

　ローカルな圏域において，ドミナントなパワーをもたない「集団」のなかでも，ある程度のポテンシャルを潜在させたいくつかのグループは，時代のドミナントの地位を窺いつつ，相互に，また，ドミナントなクラスとの対抗関係をもつ．この対抗関係において，諸集団はそれぞれに自己を正統化し，アイデンティファイするイデオロギーや文化表象を用いる．グローバルな（と仮想される）文化表象

172　第9章　グローバリゼーションと〈流行〉現象

に自己をアイデンティファイすることによって自己正統化を図る集団が優勢となれば（ドミナントになれば），それは外部観察的には，文化のグローバリゼーションと映るだろう．反対に，ローカル伝統的な（と仮想される）文化表象に自己をアイデンティファイすることによって自己正統化を図る集団が優勢となれば（ドミナントになれば），それは外部観察的には，文化ナショナリズムと映るだろう．グローバル（と仮想される）文化表象に何らかのローカリティを編入した表象に自己をアイデンティファイすることによって自己正統化を図る集団が優勢となれば（ドミナントになれば），それは外部観察的には，文化のローカリ（グローカリ）ゼーションと映るだろう．

5. グローバル文化とローカライズド文化
　　——マイアヒ現象の顛末

マイアヒ現象とは何か

　本章の冒頭でも紹介したように，2005年の夏，日本の音楽ランキングにちょっとした異常が現れた．無名のグループが歌う奇妙な楽曲が，突然ランキングを上り始めたのだ．ルーマニアのO-ZONEというグループの「恋のマイアヒ」という曲である．
　7月1日には『ミュージックステーション』の発表した着うたランキングで2位にまで上った（図9-7参照）．
　この急上昇のきっかけとなったのは，当の『ミュージックステーション』で，6月10日放送分でこの曲を取り上げたからだと司会を務めるタモリは主張して

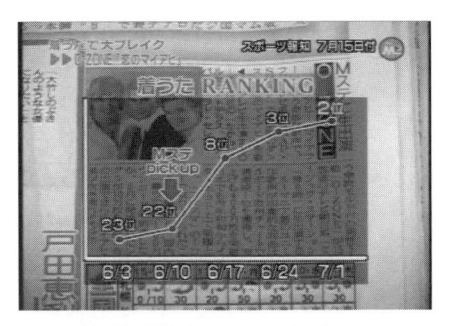

図 9-7　2005年7月1日放映のミュージックステーションより

5. グローバル文化とローカライズド文化──マイアヒ現象の顛末　173

図 9-8　2005年7月15日放送のミュージックステーションより

いる．確かにそれが一つのきっかけにはなったのだろう[3]．

　これを受けて，7月15日には O-ZONE がはるばるルーマニアから『ミュージックステーション』にゲスト出演した．その出演シーンでは，彼らの姿を圧倒するかのように，いたずら描きのような猫の動画と奇妙な日本語が画面に映し出された．

　この放送の影響か，すでに3月2日に発売されていた彼らのアルバム『DISCO-ZONE』がランキングをぐんぐん登り始める．約1か月後の8月16日付アルバムランキングでは，ついに1位に達するのである．この記録は，邦楽と洋楽を合わせたランキングにおいて「洋楽男性（のファースト・アルバム：筆者注）としては，1972/5/22付LPチャートのポール・サイモン『ポール・サイモン』以来，33年3ヵ月ぶり史上2組目の達成」（http://www.oricon.co.jp/music/topics/chart_t050816_01.html）であるという．『DISCO-ZONE』は翌週も洋楽アルバムランキングの首位を獲得した．それは，サイモン＆ガーファンクル，イーグルス，マイケル・ジャクソンなどと肩を並べる歴史的な大記録であった．

　しかし，過去に記録を残したアーティストたちとO-ZONEを同列に並べることには違和感がある．過去の記録保持者たちは，「洋楽」という敷居を越えるだけの，アーティストとしての高い評価とその後への期待を受けて，セールスを記録した．彼らの記録は，まさに，彼ら自身の才能によって生み出されたものであると見なすのが自明の常識であった．いいかえれば，そのような認識枠組みのもとにこれらの記録はあったのである．

　これに対して，「恋のマイアヒ」では，付帯的な「話題」が先行し，彼ら自身や曲そのものの評価は二義的に扱われていた．その現れが，『ミュージックステ

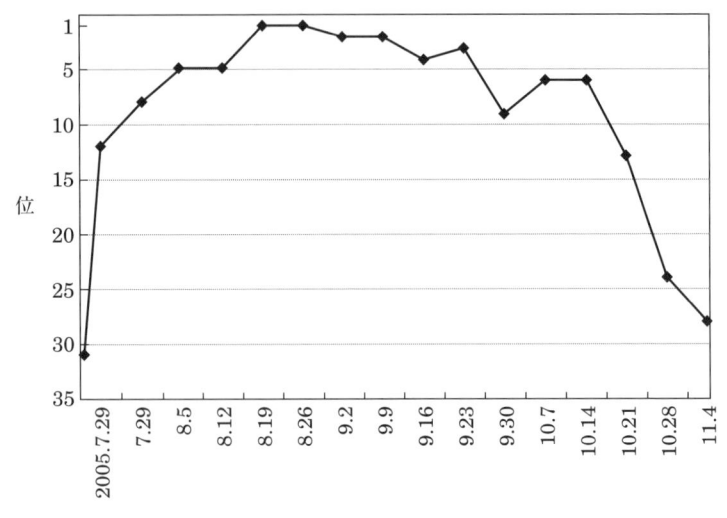

図 9-9 アルバム「恋のマイアヒ」のオリコン・アルバムランキング
（データ出所：オリコン・スタイル）

ーション』の演出であった．

空耳とフラッシュ——2004年〜2005年におけるネット小文化圏

　ではその「話題」とは何か．つまり，この曲に付けられた日本語歌詞や動画はどのような出自をもっていたのだろうか．

　「恋のマイアヒ」の日本におけるブレーク現象には前段があった．

　この曲はもともと「DRAGOSTEA DIN TEI」というタイトルの曲で，O-ZONEのデビュー曲として2003年にルーマニアで発売されたものだった．したがって，歌詞はルーマニア語で書かれている．この曲が，ヨーロッパ各国の音楽市場を席巻したことから，一部ラジオなどを通じて日本でもオンエアされた．この曲の単純で軽快なフレーズは聞いたものたちの耳を捉えた．とくにこの曲をよくかけた「ZIP-FMのチャートでは2004年10月10日に初の1位を獲得して以後2ヶ月近くにわたって1位を独占した」（日本版 Wikipedeia「O-zone」の項による（2005年11月14日閲覧））．また，2004年10月6日に発売された「俄然パラパラ!! mixed by 9loveJ（CCCD）」にも「恋の呪文はマイアヒ・マイアフ（オゾン）」というタイトルでユーロビート・リミックス・バージョンが収録されている．日本でのディストリビュータであるA社は，この曲をクラブ音楽として売ろ

うとしたのである．

　しかし，この曲が「化ける」には，上記プロモーションとは別のオーディエンスの動きがあった．

　2004年秋，ネット上では，この「マイアヒ」に「空耳」の歌詞を付けたフラッシュがさかんに流れていた．「空耳」とは，「錯聴によって，歌詞や言葉を，間違って聞き取ってしまう」ことをいう．TVの深夜番組『タモリ倶楽部』には，「空耳アワー」という人気コーナーがある．そして，TVの深夜番組視聴者と，ネットの掲示板愛好者はかなり重なり合った層なので，ネット掲示板でも「空耳」ネタは人気がある．「マイアヒ」の「空耳」もこの流れのなかで盛り上がってきた．「空耳」歌詞は，今日のネット文化では当然のようにフラッシュ化される．マイアヒについても，数多くの空耳フラッシュが作られ，ネットを介して流通し，共有された．

「オリジナル」としてのDRAGOSTEA DIN TEI
——グローカルからの誕生

　「恋のマイアヒ」は，日本のネットユーザ（の一部）によって，はなはだしくローカライズされた形で日本で受容された．

　とはいうものの，原曲（原題は「DRAGOSTEA DIN TEI」）があらかじめそのような受容を予想していたはずもない．

　O-ZONEの日本語公式サイト（http://maiahi.com/index.html）によれば，O-ZONEはモルドバ出身の3人の若者で結成された．しかし，彼らはより広いマーケットを求めて，2002年ルーマニアでシングルデビューし，2003年には問題の曲が入ったアルバムを発売した．これによって，O-ZONEはルーマニアの音楽シーンを席巻することになる．

　ここで興味深いのは，彼らが「モルドバ」という，グローバル世界の周縁に位置づけられる地域の出身であることだ．

　モルドバは，かつてはソビエト連邦の一部であったが，まさに，1991年のソ連崩壊に伴って小さな独立国となった．経済学者のスティグリッツ（J.E.Stiglitz）は，彼のグローバリゼーション批判のなかで，モルドバ経済の転落について次のように述べている：「モルドバは，かつては旧ソビエト諸国の中で最も豊かな国の一つに数えられていましたが，現在は最も貧しい国の一つとされています．……

旧ソビエト諸国は，共産主義経済から市場経済への転換を求められました．……しかし，その結果もたらされたのは，貧困だけでした．モルドバのGDPは約70％も落ち込み，国中のほとんどが貧困状態に陥ってしまったのです」（藪下・荒木 2004: 66-7）．スティグリッツは，このようなモルドバの苦境は，IMFによって推進されているグローバル経済が，グローバル市場のリスクを，先進国ではなく，途上国に押しつけているためだと非難している．

　O-ZONEの若者たちは，そのような辺境の地としての祖国において，〈グローバル〉文化としてのクラブ音楽を聴いて育ち，そこに自らを表現する場を見いだしたのである．けれども同時に，彼らの楽曲には，まさに彼らの〈ローカル〉性を表すエスニックな香りが漂っている（それはむしろ，かつて1940～50年代の日本の若者たちが夢中になったロシア民謡との縁戚関係を感じさせる）．やがて彼らはモルドバを出，より中心（グローバル・パワー）に近いと思われるルーマニアに活動の場を移したのである．そして，ルーマニアを含むヨーロッパというさらに「グローバル」な圏域の，若者文化のスタンダードであるユーロダンス音楽に彼らの夢を託したのである．

ヨーロッパにおけるマイアヒ現象——伝播と間メディア性

　しかし，まもなくこの曲の人気はルーマニアという文化圏域をも越えていくこととなった．

　O-ZONEのライセンサーは，この曲をヨーロッパ全域にプロモートした．しかし，それは当初うまくいかなかったと，公式サイトには書かれている．

　最初にこの曲を認めたのは，イタリアの音楽会社だったという．しかし，イタリアでは，Hudduciというイタリア人歌手によるカバー曲が発売され，ヒットした．

　その後，スペインのラジオ局がO-ZONEのオリジナル曲を取り上げ，大ヒットとなる．ここから火がついて，「DRAGOSTEA DIN TEI」はヨーロッパ十数か国でヒットチャートの1位を記録した．とくに，フランスでは連続9週，ドイツでは連続13週，イギリスでは連続3週，トップの座をキープした．その結果，2004年9月11日現在で，ビルボードヨーロッパチャート総合1位の座を10週連続獲得した．

　こうして，グローバル市場の辺境から成功を求めてやってきた若者たちは，ま

5. グローバル文化とローカライズド文化——マイアヒ現象の顛末　177

さに彼らのサクセス・ストーリーをヨーロッパ全域を舞台に展開していくのである．

アメリカにおけるマイアヒ現象——インターネットを介したパロディ化

　ヨーロッパで大ヒットした曲も，それがそのまま海を越えてアメリカでもヒットするとは限らない．

　「DRAGOSTEA DIN TEI」は，ヨーロッパほどではないが，アメリカでもクラブを中心に浸透し，ヒットチャートにランクインした．と同時に，"NUMA NUMA Dance" によっても広くインターネットユーザに知られている．

　NUMA NUMA Dance とは，ゲーリー・ブロスマという当時19歳の少年が，「DRAGOSTEA DIN TEI」をバックに，自らがこの曲を歌いながら踊っているような振りをしている様子を撮影してフラッシュ・ムービーにし，2004年12月6日にアップしたものをいう．

　これがネット上で大きな話題となり，ニューヨークタイムスを始め，数々のマスメディアに取り上げられた[4]．NUMA NUMA Dance もまた，インターネット・ファッドの一つとなったのである．

図 9-10　NUMA NUMA Dance（http://www.numanumadance.com/）

グローバリゼーションとマイアヒ現象

　現在では，ネット上の動き——とくにファッドは，インターネット空間を介して，地球規模に波及していく／受容されていくと考えられがちである．しかしながら，実際には，その伝播が，世界のどこでも均質的であるとはいえない．

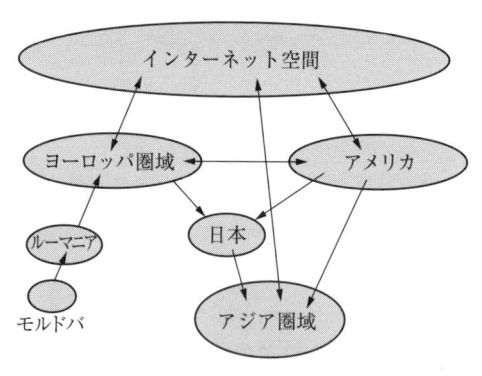

図 9-11 O-ZONEの原曲と，そのインターネット・パロディの動き

　そのことは，O-ZONEの原曲と，そのインターネット・パロディとの動きが示している（図9-11参照）．

　すなわちそれは，文化のグローバリゼーションが単なるパワーの問題ではなく，隠された文化圏域の層構造が存在することを暗示している．

6.　おわりに——ローカル市場とローカライズド文化

ローカル（ドミナント）音楽市場とローカライズド（小集団）文化の対抗と相互依存

　「マイアヒ」をめぐる日本での動きは，グローバリゼーションがローカリゼーションを誘発し，その相互作用が地球規模での文化接合を生じる，というワトソンらのグローカリゼーションの議論では十分に説明することはできない．

　先にも述べたように，こうした動きは，「象徴権力＝正統性をめぐる」闘い／ゲームであり，マイアヒ現象がグローバル社会において初めて現れる現象であることは明らかであろう．

　しかし，このような紛争は，ローカル（ドミナント）音楽市場とローカライズド（小集団）文化の対抗関係を表すと同時に，相互依存関係をも示唆している．正統性をめぐるウロボロスの円環がそこに形成されているのである．そしてその円環は，自己準拠的に拡大し，周囲をその渦のなかに巻き込んでいくのである．

現代文化における正統化

　もう一つ特筆すべき点は，O-ZONE の特殊性として，下方正統化の連鎖によってグローバル化（ヨーロッパ化）していったことである．

　日本への導入は，当初，上方正統化（「ヨーロッパ／世界で大ヒット」）に依拠していたが，ラジオ，クラブ，ネットなどの小文化圏をベースに，自己準拠的正統化／共同的正統化のフィードバックループが作動した．そして，これらの小文化圏と緩やかにつながったマスメディアにより起爆が起こり，大ヒットとなったのである．

　このような状況のなかで，オートノマスな間メディア性の作動が生じた．

　現代のインターネット・ファッドは，しばしばこの形で起こっている．

　それは，インターネットの埋め込まれた複合メディア社会における〈世論〉形成過程の重要な特性を示唆するものであろう[5]．

第10章

ネットワークの中の〈群衆〉
—— 遊歩者たちのリアリティはいかに接続するか

> 遊歩者はまだ大都市への，そして市民階級への敷居〔過渡期，移行領域〕の上にいる．彼は，そのどちらにもまだ完全には取り込まれていない．そのどちらにも彼は安住できない．彼は群衆の中に隠れ家を求める．……群衆とはヴェールであり，見慣れた都市は幻像（ファンタスマゴリー）と化して，このヴェール越しに遊歩者を招き寄せるのである．幻像のなかで，都市はあるときは風景となり，またあるときは部屋となる．
>
> (Benjamin 1983)

1. はじめに

かつてベンヤミンは19世紀の都市民を「遊歩者」として記述した．

今日，人びとは，もはや「幻像としての都市」を歩くことはない．彼らがいま歩き回っているのは，「幻像としての幻像」すなわち，ネットワークによって接続されたコミュニケーションの空間なのである．彼等が現にいる物理的な〈場所〉は，彼等にとって単なる書き割りにすぎない．言葉を変えれば，私の眼前に居る彼等の姿が，魂だけ別の世界に遊離した人間の抜け殻なのかもしれない．"No Sense of Place"（場所の感覚の喪失）とは，すでに80年代にメイロウィッツ

(Meyrowitz 1985) が指摘した感覚であったが，日本でもインターネット利用者が50％を越えた現在，それは当たり前すぎるほど当たり前の光景となり，「遊歩者」あるいはヴェールとしての群衆は，「都市」からサイバースペースへと移行したのである．

　たとえば，駅など，人の集まる場所でふと辺りを見回すとぎょっとすることがある．そこにいる人たちのほとんどが，携帯電話を耳に当てたり，手の中の携帯電話をじっと眺めている光景に出くわすからである．携帯電話でなく，PDAやノート型PCの液晶画面に向かって手を動かしている人たちもかなりいる．彼らの「リアルな」身体は，物理的な場を離れ，仮想的なネット場にいる．まさにネット空間を名もなき群衆の一人として遊歩しているのである[1]．

　この移行にあたって，一つの大きな変化が生じた．リースマン（Liesman 1961）は，都市生活者たちを「孤独な群衆」と表現した．都市生活者たちは同じ都市空間を共有していても，相互に無関係な——つながりのない——人びとであった．彼らは，ゴッフマン（Goffman 1963）が観察したように，他者の存在に対して「儀礼的な無関心」を装うか，あるいは形式的な態度（「儀礼にもとづく相互行為」）を交わしていた．「都会人は冷たい」という通俗的な表現は，都市社会におけるこうした自己－他者儀礼を指す．これに対して，サイバースペースのキーワードは，「つながっている？」という問いかけである．このフレーズが，いま，さまざまな広告や言説のなかに氾濫している．「つながっている」？　ネットワーク社会における「つながっている」という表現は，一方では「孤独な群衆」の儀礼性をはみ出した他者との共同性構築を求める言葉とも取れるし，また他方では，単に通信回線が接続状態にあるだけの「非人格的群衆」状況を指すともいえる．

　しかしいずれにせよ，物理的都市の遊歩者たちは，自明の前提として，自分自身の身体によって「そこ」に存在していることを保証されていた．彼らが「孤独」であることも，この前提のうえに成立していた．しかし，サイバースペースの遊歩者たちは，身体を持たないがゆえに，つねに「つながっている」ことを確認していなければ，いいかえればつねに「何か」とコミュニケーションをとっていなければ，「そこ」に存在し得ないのである．彼らが「孤独」であることさえ，この「つながり」を経由しなければならない．このパラドックスを不可避に背負った現代の群衆——インターネット・モブは，〈現実〉の社会に何をもたらそうと

しているのだろうか？

　本章では、ネットワーク社会の「群衆」の動向を概観しつつ、そのリアリティの形成を考察するものとする．

2.　インターネット，公共性，群衆

インターネットにおける「群衆」問題

　80年代，パソコン通信などによってネットワーク・コミュニケーションが一般化しはじめた時期，この新しいメディアが，新しい社会関係形成の媒介となるのではないか，という期待が寄せられた．たとえば，ラインゴールドの「バーチャル・コミュニティ」論などは，その代表的なものといえよう．コンピュータ・ネットワーク技術にこうした期待が寄せられた背景には，70年代アメリカ西海岸の草の根民主主義運動や「ネットワーキング」による社会変革運動があった．これらは，巨大システム社会を批判し，人間同士のコミュニケーション行為に基づく社会関係――公共圏を再構築しようというハバーマスやイリイチ（I.Illich）の思想に共鳴するものでもあった．

　実際，この流れは，その後のNPOやNGO活動に接続し，インターネットはそれらの有用な活動基盤となった．韓国やフィリピンなどアジア諸国で，国内体制の民主化運動に，インターネット利用が大きな力となったともいわれている[2]．

　その一方で，インターネットの大衆化にともなう危険を指摘する声も大きくなりつつある．

　インターネット利用者が初期の知識人層から一般大衆に拡大し，しかもインターネットが社会における情報流通のライフラインとして重要度を増すにつれ，ネットワーク社会の監視社会化や脆弱性に対する警戒感も強くなっていった．このような警戒は，一方でネットワーク全体を自らの意のままに操れると想定される政治・経済的権力に向けられ，他方では，ネットワークの末端に潜む匿名の社会的逸脱にも向けられる．インターネットはしばしば犯罪の温床であるとか，誹謗中傷のるつぼであるとか，あるいはサイバーテロの脅威として語られたりする．

　しかし，インターネットという情報キャリアは，社会によってよって生み出され，社会（のメンバー）によって利用されるものにすぎない．したがって，イン

ターネットを媒介にして生ずる（とされる）「危険」は，現代社会がそれ自体で創出する「危険」である（このことは，「メディアはメッセージである」とのマクルーハンの議論とも矛盾しない）．

しかし，状況に対するこのような二通りのまなざしは，すでに遠藤（1999）で指摘したように，構図的には，近代の都市化過程において，都市の「群衆」に対して向けられたまなざしと相同である．すなわち，都市に集住する「名もなき人びと」を，新しい社会を担う「公衆」と捉えるか，何をするかわからない「群集」と見なすかの相違である．そして，現在，インターネットを介して「つながる」匿名の利用者たちに対して，同じ期待と懸念が表明されているのである．だが，ベンヤミンが記述した「群衆」が，蒙昧で付和雷同的な群集でも，啓蒙主義的「公衆」あるいは市民でもなかったように，現代の「群衆」——以下では彼らを「インターネット・モブ」と呼ぶこととする——も，そのような固定的な視線からは見えない動きを示しているのではないか．

3. ネットワーク・コミュニケーションの私と公共
——ウェブ日記，ブログ，掲示板，SNS

日本におけるネットワーク・コミュニケーション

日本でも，阪神大震災をきっかけとして，NGOやNPO活動への関心が高まり，インターネットも注目されるようになったかに見えた．しかし，高まった期待とは裏腹に，また，一部のNGOやNPO活動家たちの熱意に比して，現在，一般のボランティア活動参加率は必ずしも高くはなく，政治的関心も（とくに若年層においては）きわめて低いレベルにとどまったままである．

とくに日本においては，ネットワーク・コミュニケーションの特徴である双方向コミュニケーションの場（チャット，BBS，オンラインゲームなど）の利用率が，諸外国に比べて必ずしも高くない（図10-1参照）．このことは，インターネットを媒介とした公共圏の再生——目的合理性から対話の合理性への移行——という期待を裏切るものとも見える．インターネット利用者たちは，広い範囲の人びととの双方向コミュニケーション（対話）に対して必ずしも積極的ではなく，単に，インターネットをより便利な通信システムあるいは従来のマスメディアよりも融通の利く一方向的コミュニケーションの享受者であることに安住しようと

184 第10章 ネットワークの中の〈群衆〉

しているとも解釈できるからである．

　この傾向は，2005年のWIP日本調査[3]（図10-2）でも大きな変わりはない（聞き方が異なっているので一概には言えないが）．

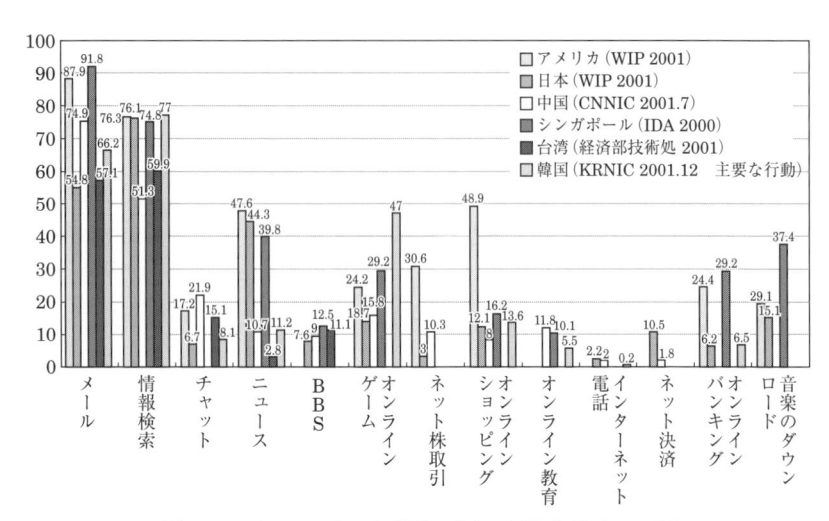

図 10-1　インターネット利用の内容の国際比較（2001年）

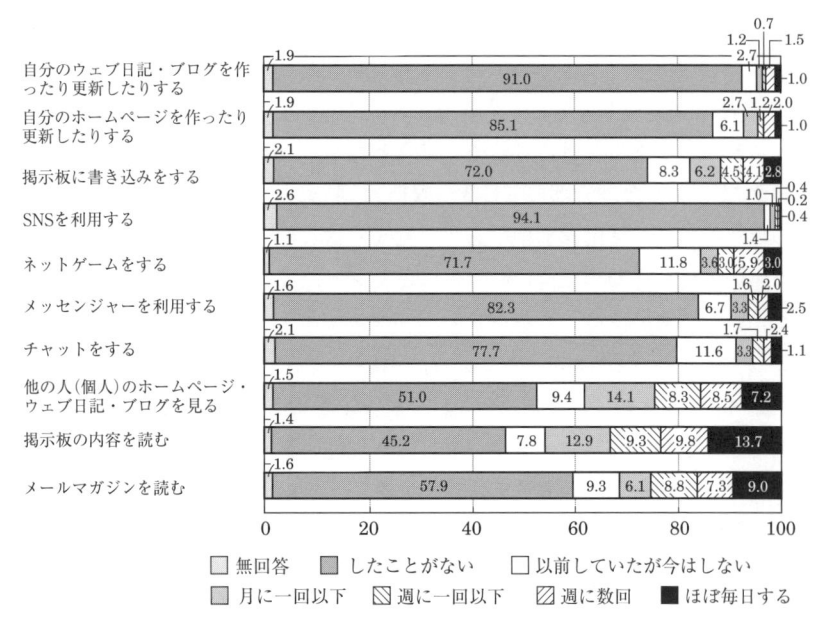

図 10-2　インターネットのコミュニケーション系サービスの利用率(％, WIP 2005年日本調査)

しかも，現在のインターネット利用には，パーソナル・コンピュータ（以下，PC）を介するものと，携帯電話（PHSを含む，以下，携帯）を介するものと二通りの形態が混交している．図10-3からもわかるように，インターネット利用率の増加は，携帯電話を介した利用の急増に負うところが大きい．しかも，PC経由のみでのインターネット利用率をみると，10代後半から40代まではほとんど変わらない．つまり，若年層では相対的に携帯によるインターネット利用が多いのである（図10-4参照）[4]．

そして，「携帯によるインターネット利用」（以下，「携帯インターネット」という）の大部分は「携帯電話を経由した電子メール（以下，「携帯メール」という）」利用である．WIP 2005年日本調査の結果によれば，携帯インターネット利用者の約86％が携帯メールを利用しているのに対して，携帯電話を介したウ

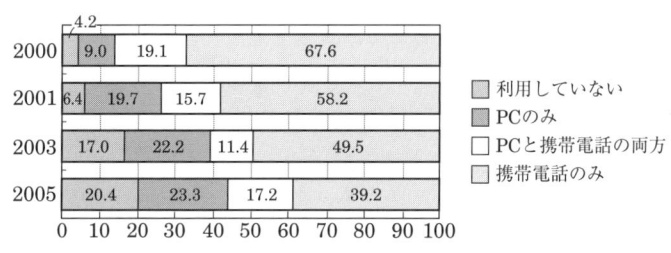

図10-3 メディア別インターネット利用率の推移（％，WIP日本調査）

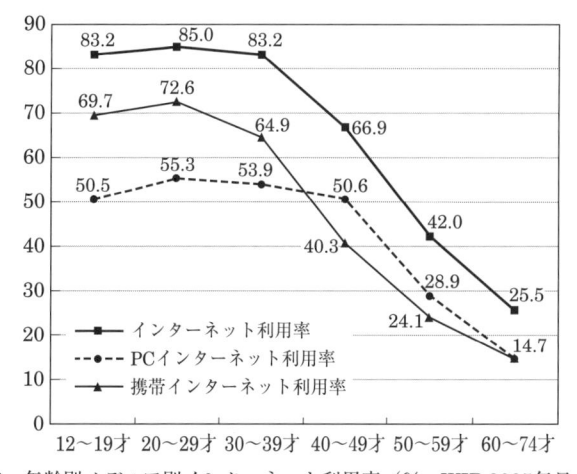

図10-4 年齢別メディア別インターネット利用率（％，WIP 2005年日本調査）

ェブ(以下,「携帯ウェブ」という)利用は約47％にとどまる.

携帯メールの利用法は,年代によって大きく異なっている.図10-5に見るように,若年層では「待ち合わせ」「おしゃべり」「うわさ話」「悩み事の相談」といった,親しい友人間のコミュニケーションが相対的に多くなっているのに対して,30代以上では,「帰宅の連絡」「仕事」といった内容が相対的に多い.若年層のこのような利用法は,90年代から日本で注目を集めた「ポケベル」「プリクラ」「ケータイ」といった一連のコミュニケーション様式を継承するものである.そして,いずれの年代における利用法も,インターネットに期待されたような,時間,空間,社会的属性を超えたオープンなコミュニケーションとは異なる種類の,むしろ,きわめて日常的,個人的な生活に閉じたコミュニケーションを示唆するもののように見える.

こうしたことから,日本のネット・コミュニケーションは,いかに多くの人びとによって高頻度で行われたとしても,対話を通じた合意形成によって社会の方向を決定していくような「公共圏」を構成することはなく,「公衆」あるいは「市民」ではなく「群衆」による,私的で非社会的な社会圏[5]しか生まないと(少なくとも表面的には)批判されるわけである.

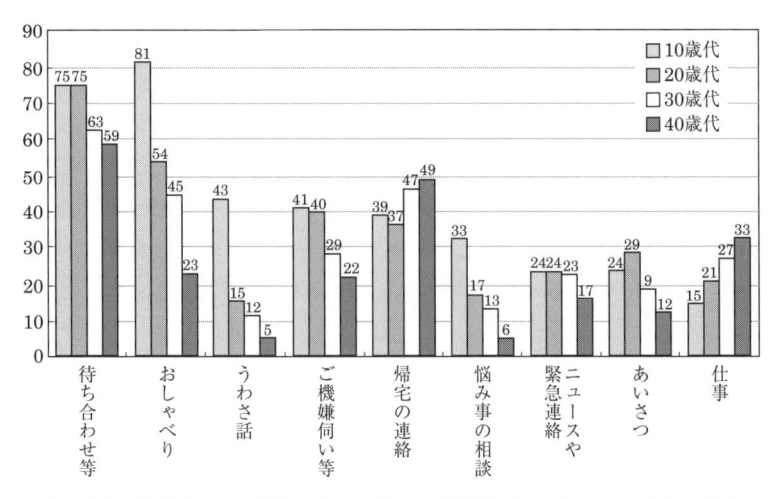

図 10-5 携帯メールの利用目的と年齢との関連性(％,WIP 2002年日本調査)

ウェブ日記

　しかも,日本においては,PC を経由したインターネット利用もまた,かつて期待されたネットワーク公共圏を構成することもなく,個人的世界に閉じたコミュニケーションでしかないとの批判も多く聞かれる.その論拠として,先にも述べたように,日本では双方向コミュニケーションの場の利用は他国に比べて低いことが挙げられる.

　だが反面,個人によって開設されたウェブサイトの数は日本では相対的に多い.WIP 2001 年日本調査でも,自分のサイトを開設している人はネット利用者の 10.8％にのぼる.また,個人サイトにアクセスした経験をもつものは 29.6％に達している.WIP 2005 年日本調査でも,個人サイト,ブログなどのいずれかを開設している人はネット利用者の 8.9％にのぼり,単純推計でも 500 万以上の人びとがウェブ上で日記を公開していることになる.また,個人サイトにアクセスした経験をもつものは 38.1％に達している.多大の労力と時間を注いで,多くの「普通の」人びとが自分のサイトを開き,維持しているのである.

　しかも個人サイトによく見られる近況／日記のページは,本来,他者のまなざしから秘匿されるべき極個人的リアリティを,顔のない無数の人びとの前にさらすことをあえて行うという意味で,きわめて矛盾した存在である.そこには,しばしば過剰と思われるほどに自己が吐露される.実名／匿名にかかわらず,明らかにその人物の現実に帰属している組織がわかってしまい,もし彼／彼女が現実に生活している場にいる人物がそれを読んでしまったら,日常的な人間関係に支障が生じるのではないかと思われるような記述も少なくない.あるいは,もっと目を背けたくなるような内面の露出,自傷行為の告白[6]などが書き込まれたものもある.そうした自己表出は,ウェブという一方向的なコミュニケーション形式を用いた,他者の視線を意識せぬ,自己陶酔的な表現であると見なす人もいる.

　しかし,川浦康至ら（川浦 2000）は,ウェブ日記の分析結果から,ウェブ日記は自己表現の手段であると同時に,他者とのコミュニケーションの手段であり,自己の「物語」を聞いてくれる（見知らぬ）他者がいると想定できるからこそネット上に日記を公開するのである,と結論付けている.また,見知らぬ他者からのフィードバックがウェブ日記継続の規定因となっており,同様に日記を公開している人びとの間では,相互にリンクをはったり,お互いの掲示板に書き込んだ

り，あるいは相互の日記について言及しあったりして，ウェブ日記ワールドのようなものを構成している，と指摘している．

とするならば，一見，私事の一方的な表出にすぎないように見える個人サイトも，実際には異なる性格をもつものであるかもしれない．とくに，個人サイトにおける掲示板とリンクの意味は重要である．すでに遠藤（2003b）で指摘したように，WIP 2002年日本調査によれば，「定期的に更新されている個人サイト」のコンテンツには，「更新されていない個人サイト」に比べて，掲示板やリンク集が有意に多い．それは，「つながる」ことが「遊歩者」としての存在証明であるような，現代人の存在様態を示しているとも考えられる．

ブログとジャーナリズム

個人サイトの形式の一つとして，90年代後半から，アメリカを中心にブログと呼ばれるサイト群が，広く定着してきた．ブログは，時事問題に関する意見表出や関連リンク集などを，ほぼ毎日更新していくもので，日本でウェブ日記と呼ばれてきたものと性格的にはきわめて似ている．

ブログが社会的な関心を集め始めたきっかけの一つは，2001年の9.11テロだった．このとき，通常の情報網が混乱し，パニックに陥った人びとにリアルタイムの現場情報を提供することが困難になった．かわりに，何らかの情報を得た人びとが自分の個人サイトに情報をアップした．現在ではライブカメラの映像をネットに掲載することが個人でも容易にできる．そしてそれ自体がブログの形式をとるものも多かったが，そのような個人サイトの情報を収集して人びとに知らせるブログは，情報を求める人びとにとって非常に有用なものと感じられた．

さらに，2003年3月のイラク戦争勃発に際しては，CNNを含むメディア・ネットワークの報道に政府が介入しているのではないかと疑われるなかで，無名の，あるいは匿名の個人による（しばしば現地からの）情報を伝えるブログが，貴重な現場情報として人びとの関心を引いた．

また，2005年8月，カトリーナ台風によってニューオリンズ市が壊滅的な被害を受けた時も，被災地のまっただ中にいたIT企業社員が時々刻々と暴風雨の状況をリアルタイムにブログに書き込み，話題となった．これに答えるように，カトリーナについて400万を越えるほどのブログ記事が書き込まれたという[7]．

こうした経緯から，ブログはオンライン・ジャーナリズムと結びつけて論じら

れることが多い．また，近年では，個人だけでなく，大学や企業，あるいはマスメディアも，自組織からの情報発信のためにブログという形式を採用する例が多くなっている．その意味からするならば，ブログは，個人の日記サイトという性格を離れ，むしろ情報交換にとってきわめて有効性の高い情報記述の形式というべきかもしれない．

ブログと個人的体験——日本でもアメリカでも

ただし，実際にはアメリカでも，趣味的な領域内容を中心としたブログは多い[8]．実際，ピュー・リサーチ・センター（The Pew Research Center）が7月19日に発表した調査[9]によれば，米国のブログ人口はネットユーザの約8％（1200万人）に拡大し，ブログ読者は39％（5700万人）へと急増したという．そして，ブログを書く理由としては「自分の個人的体験を他の人びとと共有したい」という者が76％，「実用的な知識やスキルを他の人びとと共有したい」という者が64％であった．ブログの主要テーマは「私の生活と体験」を選んだ人が37％で最も多く，それ以外の「政治／政府」11％，「エンターテインメント」7％，「スポーツ」6％，「一般ニュースと時事問題」5％，「ビジネス」5％，「テクノロジー」4％などはいずれも比較的少数だった．

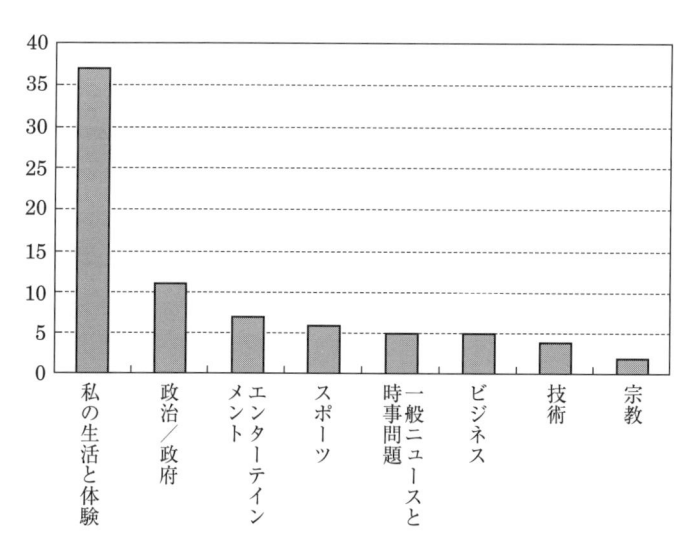

図10-6 アメリカ人ブロガーのブログの主要テーマ
（ピュー・リサーチ・センター（2006.7.19）の調査結果より）

こうした調査結果からするならば，日本で従来からさかんに開設されていた個人サイトを一括して「私事的」と評し，「ブログ」には「社会的／公共的」なものを見るというのは，奇妙なことである．また，日本のネットワークを米国などに比べて，特殊に私事的であると批判するのも偏った見方といえよう．日本の個人サイト，日記サイトにも，社会的な事柄を扱ったものは少なくないし，アメリカでもネット上で趣味や個人的体験について語ることは普通なのである．

むしろ，ネット・メディアでは，無数の個人的体験，個人的物語が果てもなく語られ続けられること，そのことがまさにネット・メディアの特性であり，メディアとしての重要性を担保するものと考えるべきではないだろうか．

掲示板サイトの動向

大規模掲示板サイトとかコミュニティサイトなどとも呼ばれる，テーマごとの掲示板の集合体も，利用者を集めている．現在，大規模な掲示板サイトといえば，Yahoo! 掲示板，teacup掲示板，2ちゃんねるなどが挙げられるだろう．なかでも1999年5月30日に開設された2ちゃんねるは，現在，1日あたり1億ページビューを超えるまでに大きくなっている．

2ちゃんねるの特徴は，非営利の個人によって運営されているサイトであるに

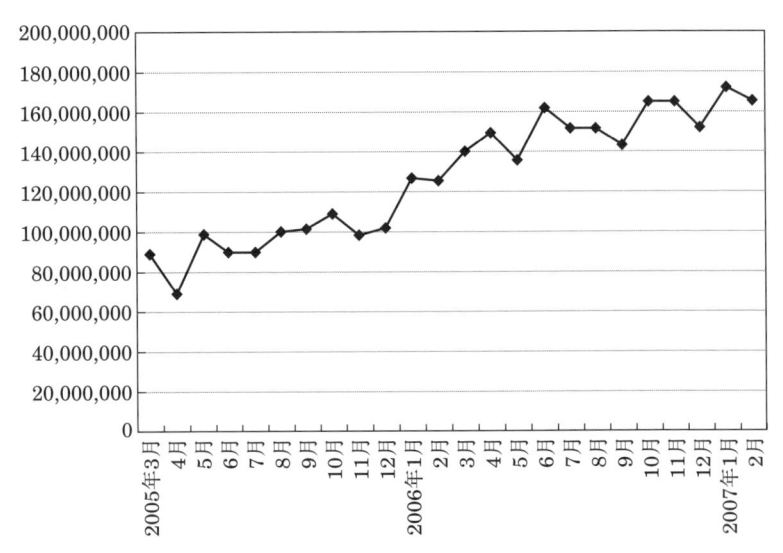

図10-7 2ちゃんねるの1日あたりページビューの推移
（データ出所：「2ちゃんねる ページビュー観測所」http://pv.40.kg/）

も関わらず,多数の掲示板(「板」と呼ばれる,一種のカテゴリー)の膨大な数のスレッド(スレ)できわめてアクティブなコミュニケーションが行われていることだろう.2ちゃんねるを発祥の場とする言葉(「2ちゃんねる語」とも呼ばれる)やキャラクター(モナー,ギコ猫など),フリーソフト(Winnyなど)なども数多い.その結果,2ちゃんねる利用者は,しばしば「2ちゃんねらー」(「ねらー」ともいう)を自称あるいは他称する[10].

2ちゃんねるのもう一つの特徴は,匿名性と自己責任を基本としていることである.2ちゃんねるのトップページには,「2ちゃんねるのご利用は利用者各位のご判断にお任せしています」と書かれている.それは,アメリカのWELLが,"You own your words"を標榜し,slashdotが「投稿される記事は原則的にすべて掲載する」と主張しているのと同様,ネット利用に関する一つの伝統的考え方でもある[11].

2ちゃんねるが,匿名性であることによって多くのユーザをひきつけたことは確かである.そこでは,通常の社会的俗世を離れ,硬直的な社会規範の制約を受けずに「自由に」発言することが可能だからである.それは,ハバーマスが公共圏として称揚した17世紀後半から18世紀にかけてのサロン・コーヒーハウスなどにおける議論の特徴,すなわち,「そもそも社会的地位を度外視するような社交様式」「対等性の作法」,「それまで問題なく通用していた領域を問題化すること」「教会や国家による上からの解釈から自由に討論すること」,「万人がその討論に参加しうること」を継ぐものともいえるのである.また,60年代のパリ五月革命における市内の壁に書かれた落書きの類を継ぐものであるかもしれない.

しかし,近代初期のサロン・コーヒーハウスでの議論がどのようなものであったかは別として,60年代に世界に波及したグラフィティの類が少なくとも現在多くは単なる落書きであるように,2ちゃんねる掲示板の言説も,必ずしもすべてが真摯な討議とはいえない.むしろ,部外者からは「便所の落書き」に例えられ,誹謗中傷や虚偽情報,有害情報ばかりであるかのような批判を受けることが多い.こうした批判に対して2ちゃんねらーは,「メディアを流れる情報は,マスメディアを介したものでも,鵜呑みにすることは愚かである.2ちゃんねるのメッセージには確かの誤情報,虚偽情報も多い.しかし,それを見分けられるかどうかは,本人の責任である」と反論する.「自己責任」は,「情報」問題を考える際に重要な要因であり,にもかかわらず,日本ではしばしば忘れられがちな視

点である．その意味でも，2ちゃんねるに多くの人びとが参集する現象は興味深い．また2ちゃんねらーは，「2ちゃんねるのスレは，部外者から見れば，罵りあっているように見えても，そういうコミュニケーションの様式を楽しんでいるのだ」と主張する．

　ただし本章では，現時点でいかに2ちゃんねるが存在感を示しているとしても，2ちゃんねるだけを特権化して論ずるつもりはない．そしてまた，2ちゃんねるを介したコミュニケーションが，その内部に閉じているということでもない．2ちゃんねる利用者には，他のコミュニティサイトや個人サイトにもアクセスしたり，また，自らサイトを開設している者が多いように見受けられる．そのため，2ちゃんねる内の投稿も，他のサイトを参照し，また，他のサイトへ議論を拡大していく動きが頻繁に見られる[12]．

ソーシャルネットワーキングサービスと世論

　ネット・コミュニケーションが一般化するにつれて，その匿名性が問題視されることも増える．匿名であることを隠れ蓑と考え，無責任な発言や反社会的な攻撃行動を繰り返す人びとがいることは事実である．そしてこのことが，普通の人びとにネットに対する不安を感じさせ，日本におけるネット利用を抑制してしまっているとも考えられないわけではない．

　この問題を回避できることをメリットの一つとして登場したのが，SNS（ソーシャルネットワーキングサービス，Social Networking Service）である．

　SNSは，紹介によって会員になれるというもので，限定された，信頼度の高い人間関係を取り結ぼうというサービスである．いいかえれば，ネット上で，むしろ閉じたコミュニティ，社会関係資本を創り出そうとするものである．リンクサイトなどと比べ，閉鎖性が高いが，日記サイトのように表現を介してというよりは，もっと具体的な属性を介して知り合うことになるので，虚構性が減り，現実と直結するかたちの知り合いネットワークを志向していると考えられる．

　米国では，2002年にfriendster（www.friendster.com），2004年にOrkut（www.orkut.com）がサービスを開始した．Orkutは，自サービスについて「Orkutは，友達との交流のために設計された，オンライン上の信頼のおけるコミュニティサイトである．われわれのサービスが目指す大きな目標は，ユーザやその友人達の社交生活を，活気に溢れる，刺激的なものにすることだ」と説明し

ている.

　2006年時点では,MySpaceというSNSが人気を集めており,comScore Media Metrixの集計によれば,2006年5月の月間ユニークビジター数は5000万を超える（図10-8参照）.また,2006年11月時点の登録ユーザ数は1億2500万人で,毎日32万人ずつ増えているという[13].

　しかし,SNSについては,韓国での人気が群を抜いている.韓国最大のSNSといわれるサイワールド（http://cyworld.nate.com/main2/index.htm）は,1999年にサービスを開始し,2005年10月時点で韓国人口の3分の1を超える1600万人の利用者を集めている.ユニーク・ビジターは月あたり2000万人,ページ・ビューは1日あたり6億であるという（図10-9参照）.

　日本でも,2004年2月にgree（http://www.gree.jp/）,mixi（http://mixi.jp/）が相次いでサービスを開始した（2005年12月にはサイワールド[14],2006年11月にはMySpaceも日本でのサービスを開始した）.なかでもmixiの利用者数の

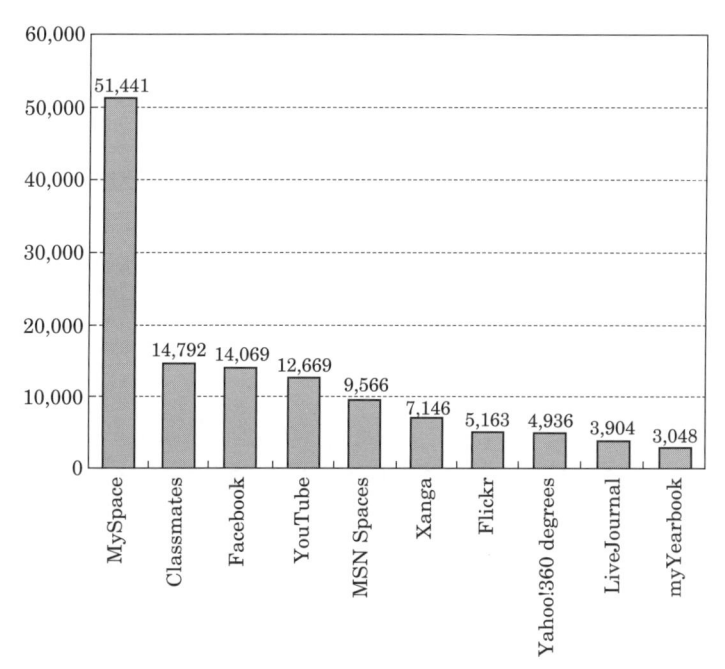

図10-8 2006年5月におけるアメリカの各SNSのユニーク・ビジター数
（単位：千人,データ出所：comScore Media Metrix）

MySpace	51,441
Classmates	14,792
Facebook	14,069
YouTube	12,669
MSN Spaces	9,566
Xanga	7,146
Flickr	5,163
Yahoo!360 degrees	4,936
LiveJournal	3,904
myYearbook	3,048

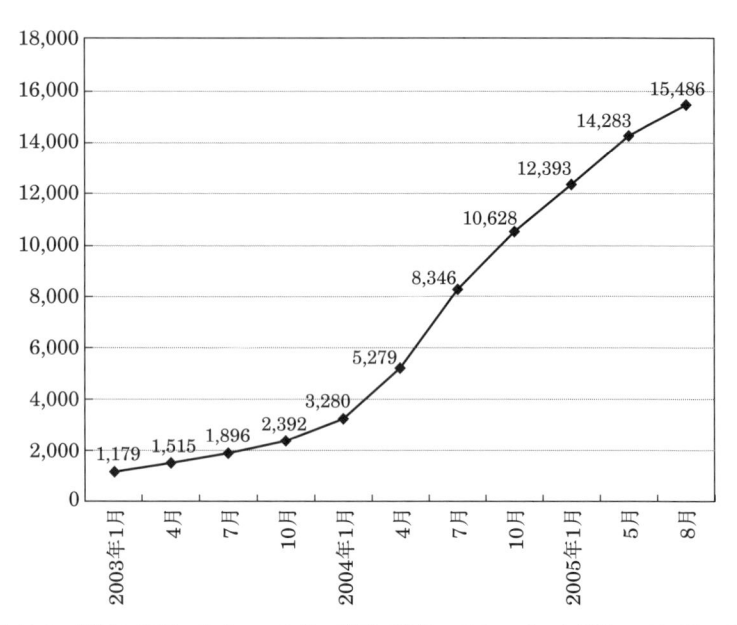

図 10-9 韓国のSNS, サイワールドの発展（単位：千人, データ出所：2005年12月5日付「ITmediaニュース」http://www.itmedia.co.jp/news/articles/0512/05/news089.html）

増加は著しく, プレスリリースによれば 2007 年 1 月 28 日で 800 万人を越えたという.

さてでは, こうしたSNSの成長は, 世論の動向に何らかの影響を与えるのだろうか？

すでに遠藤 (2004) でも論じたことであるが, SNSはある種のパラドックスを抱えている.

SNSの人気の理由の一つは, ある程度知った者同士のオンラインコミュニケーションやコミュニティといった閉鎖性である. コミュニケーションをクローズドにすることによって, 安心感や安全観を調達し, そのなかで「内輪の」コミュニケーションが可能になる, という点である.

しかしその一方で, もう一つの理由は, 知らない人びとと知り合える, 連絡先がわからなくなっていた昔の友人を見つけることができる, という, ネットワークの大規模性, オープン性に由来するメリットである.

SNSの規模がそれほど大きくないうちは, この二つのメリットは両立できる

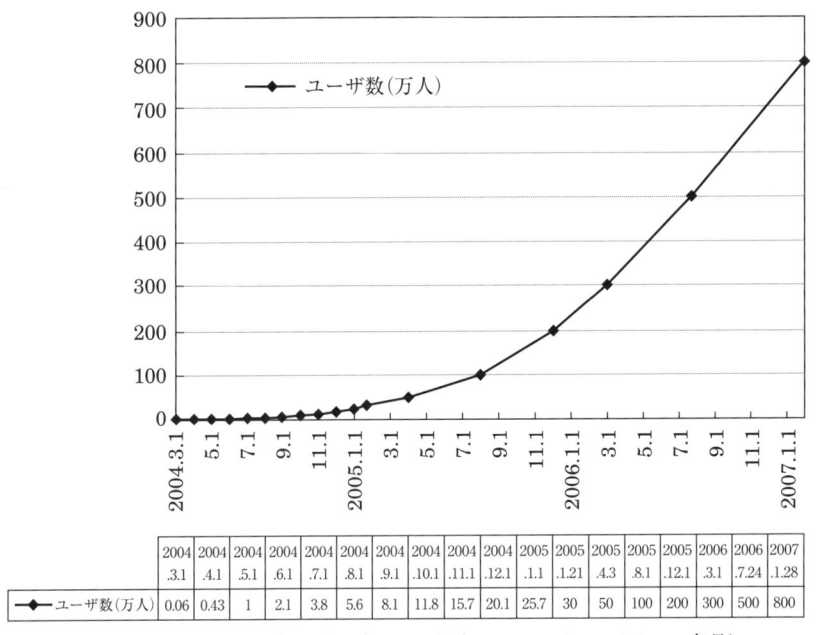

	2004.3.1	2004.4.1	2004.5.1	2004.6.1	2004.7.1	2004.8.1	2004.9.1	2004.10.1	2004.11.1	2004.12.1	2005.1.1	2005.1.21	2005.4.3	2005.8.1	2005.12.1	2006.3.1	2006.7.24	2007.1.28
ユーザ数(万人)	0.06	0.43	1	2.1	3.8	5.6	8.1	11.8	15.7	20.1	25.7	30	50	100	200	300	500	800

図 10-10 mixiの会員数の増加（データ出所：mixiのプレスリリース各号）

かのようにみえる．しかし，大きくなればなるほど，矛盾は大きくなる．SNSを介した誹謗中傷や個人情報流出，宗教などへの勧誘なども近年は目立つようになりつつある．

けれども，SNSを小規模なクローズドコミュニケーションにとどめておくならば，それは〈世論〉形成どころか，むしろそれ自体が縮小再生産のループにはまることさえ予想されるのである．

4. ネットワーク・コミュニケーションの視聴覚化（Audio-Visual化）

視聴覚作品を介したコミュニケーション

　ネット・コミュニケーションは，基本的にテキスト・ベースのコミュニケーションであった．しかし，ネット・コミュニケーションは，この範囲を超えていく．
　いや，ネット・コミュニケーションは，当初，文字コードしか扱えないという

技術的な制約によってテキスト・コミュニケーションに限定されていたものの，文字コードでビジュアルアートを描くアスキーアートが早くから人びとを夢中にさせていた．

WWWの開発によりネットで画像や音声が容易に扱えるようになると，言葉というより視聴覚情報を媒介とするコミュニケーションへの志向はいっそう明確化する．

たとえば，こんな出来事があった：

2003年10月24日深夜，フジテレビ系で放送された『タモリ倶楽部』で，「マイナーキャンペーンソング大賞」の選考が行われた．このとき，候補としてあげられたN社の社歌が，この番組を見ながらネット・コミュニケーションを行っていた人びとの関心を引いた．社歌の面白さに関する会話が，リアルタイムで複数の掲示板を通じて交換され，盛り上がった．ネットユーザたちは，一方でN社のサイトに殺到し，また一方で，カラオケ店の配信希望リクエストへの集合的投票を開始した．その結果，この社歌は，4時間後にリクエスト1位に達した．

「祭」とも呼ばれるこうした集合行動は，ネット掲示板を舞台にしばしば見られる．が，興味深いのは，こうしたとき，その「ネタ」に関する動画やCG，楽曲などの作品が創られ，ネット利用者に提供されることである．「祭」の一種の象徴として，匿名のネット利用者が創ったこうした作品群は，他のネット利用者たちの実質的共有物となる．すなわち，ネット・コミュニケーションの場では，テキスト（テキストのなかにも，パロディや替え歌，物語といった作品群が含まれるが）だけでなく，このような視聴覚作品によってもコミュニケーションが行われるのである．

この場合，一般の掲示板ではそのまま視聴覚作品をアップすることはできないので，作品がおかれたサイト（多くの場合，個人サイト）へのリンクによって作品の「共有」が行われることになる．この意味でも，掲示板コミュニケーションは，外部に開いた空間といえる．

作品によるコミュニケーションは，もっと端的に，「お絵かき掲示板」「動画掲示板」「音楽掲示板」といった専門の掲示板（こうした掲示板も数多くある）でも交わされる．これらをひとまずAVC（Audio-Visual Communication）掲示板と呼んでおこう．

AVC掲示板には，個人が運営する（個人サイトにおかれた）ものもあるが，

広い範囲に開かれた集合的なものもある．形式的には，投稿用のフィールドとして，作品をアップするフィールドと，その作品に対するコメント書き込み用フィールドがセットになっているものが多いようである．この形式は，いわば，掲示板の内部にサブレベルの掲示板が畳み込まれているようなものである．インターネット上のコミュニケーション・システムは，上位にも下位にも，増殖し，集積性を拡大していく．

AVC掲示板から画像共有サイトへ——FlickrとYouTube

ネット上の視聴覚コミュニケーションはその後さらに新たな段階へと飛翔する．2004年2月にカナダのルディコープ社（Ludicorp）が始めたFlickr（http://www.flickr.com/)[15]は，デジタルカメラやカメラ付き携帯電話で写した写真をネット上で共有できるサービスとして大ヒットした．AVC掲示板の延長線上にあるサービスだが，「タグ」と呼ばれるキーワードをつけることによって，分類や検索が簡単にできることが大きな特長だった．ユーザによるこのような「タグ」付けは「フォークソノミー（folksonomy）」と呼ばれ，その後，ネットの各種サービスに継承される．

Flickrが静止画の投稿サイトであるのに対して，YouTubeは動画の投稿サイトである．YouTubeは，PayPal元従業員のチャド・ハーリー，スティーブ・チ

図 10-11 Flickrで「harajuku」というタグで検索した結果．37,103枚の写真がヒットした（2007年3月13日）

図 10-12 YouTubeのトップページ（2007.3.13）
アクセス数上位のビデオが表示されている．

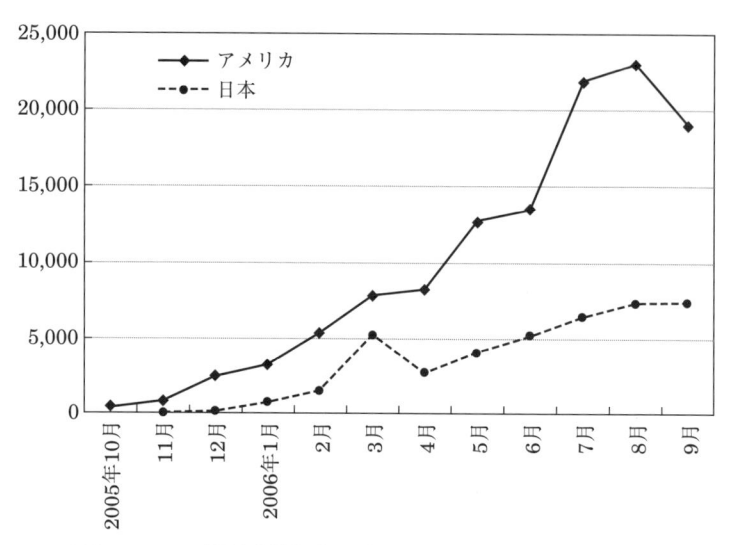

図 10-13 日米のYouTube利用者数推移（2005年9月〜2006年10月の家庭用PCからのアクセス）
（単位：千人，データ出所：ネットレイティングス社2006年10月23日付プレスリリース）

ェン，ジョード・カリムらが2005年2月にアメリカで会社を設立し，翌12月から公式にサービスを開始した[16]．会員登録制度があるので，SNSの一種とも分類されるが，会員でなくても多くのサービスを利用可能である．

YouTubeはサービス開始後すぐにネット上で大きな話題となり，利用者はう

なぎのぼりに増加している．図10-13からもわかるように，2006年夏には，アメリカで利用者が2000万人を越え，日本からの利用者も700万人を越えている．こうした社会における視聴覚コミュニケーションをいっそう後押しつつある．

5. 創造的コミュニケーションとクリエイティブ・モブ

クリエイティブ・モブと間接的コミュニケーション，およびその範囲

今日，視聴覚作品を介したネット・コミュニケーションが盛んになりつつあると前節で述べた．とはいえ，当然のことながら，テキスト・ベースの作品（詩や小説など）を介したネット・コミュニケーションも多い．たとえば，リレー小説（参加者たちが，1行から数行の短文をつないで，全体としてひとつの小説を作り上げようとするもの）などは，ネットに特有の創作の形式といえる．さらにいえば，先に挙げた「個人日記（ウェブ日記）」も，単なる自己表出というよりは，私小説あるいは随想といった「作品」と考えた方がよいのかもしれない．

では，彼らはなぜそうした「創作」にかりたてられるのだろうか？

おそらくその背景には，他者からの応答への（潜在的な）期待がある．その現れが，（日記と同様）「掲示板」の設置である．

創作品の間接性は，こうした自己表出／応答の期待という構図にとって好都合である．なぜなら，見知らぬ他者の（つまり背景となっている文脈のよくわからない）生の感情吐露に対してコメントするよりも，客観的な対象としての作品についてコメントする方が容易であるからだ．また，見知らぬ他者の（受け手側か

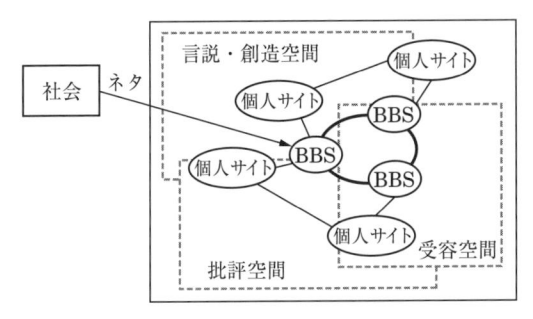

図 10-14　ネット上の創作品の動きとクリエイティブ・モブ（遠藤 2004より再掲）

らは）理解を超えた言説に対して激しい反発を感じることはあっても，気に入らない作品に対しては腹を立てるよりは無視するであろう．おそらくはこうした理由から，創作関連サイトの掲示板の方が，書き込みが活発であり，また書き込みの内容も友好的であるように観察される（系統的に統計を取ったわけではないので見た範囲の観察によるが）．

こうして，ネット上には多くのあらゆる種類の創作品が掲載されることになる．ただし，その作者の多くは，「名無し」つまり匿名である．名前も顔ももたない，群衆のなかに紛れたものである．ここでは，彼らを「クリエイティブ・モブ」と呼んでおこう．

こうしたクリエイティブ・モブの範囲をどのようにとるかは，微妙である．創作を介したネット・コミュニケーションに参加するものとして，A：実際に作品を創り公表する者，B1：何らかのネタをもとにした創作を呼びかける者，B2：作品にコメントをつける者，B3：作品を評価し自分のウェブログサイトや個人メールなどで紹介する者，C：作品を受容する者，が存在する．そして，これらの各グループは，当然，完全に一致してはいないが，相互に重なりあっている．

しかも，実際には，このようなクリエイティブ・コミュニケーションは，ネット内にとどまるものでさえない．創作者たちは，（これも当然のことながら），実空間での友人や知り合いにも作品を見せることが多いし，面白い作品の噂は，口コミでも伝えられていく．そして，相互リンクの連鎖は，半開半閉の回路を生成し，そこにある種の〈コミュニティ〉の存在をイメージさせる（いうまでもなく，こうした〈コミュニティ〉は，地域的基盤の共有も，強い相互依存も，継続性をももたない．きわめて弱くはかない連結にすぎない．ではあるが，インターネット上では，こうした連結のあり方が一般的であり，また，しばしばこうした連結をさして〈コミュニティ〉と呼んでいる[17]．本章でも，とりあえず，このような連結を〈コミュニティ〉と表記しておく）．

ネットワーク社会におけるプロとアマの境界の曖昧化

こうしたクリエイティブ・モブの活動は，その背景として，テキスト以外のデータもPCによって簡単に創作，編集，加工でき，またそれを，ネット経由で広範な（見知らぬ）人びとに頒布あるいは交換することができるようになった，という技術的展開を背景としている．

そもそもコンピュータ社会においてはプロとアマの境界が曖昧化するとは，従来から指摘されてきたことではある[18]．すなわち，プロとは，長期にわたる専門の教育・訓練を受け，その分野に関する標準化された知識をもち，その分野で生活の糧を得る，専門家たちである．一方，アマとは，その分野に関して，自分の興味・関心（生活，仕事，趣味）に必要なだけの知識をもち，その分野で生活の糧を得ようとは思わない人びとである．プロは専門分野を自らのミッションとし，自分自身の全人格をそこにかける．これに対してアマは，余技としてしか考えない．近代化過程における専門領域の深化は，プロとアマの格差を一方向的に拡大すると考えられてきた．しかし，コンピュータ技術がやがて万人にあらゆる情報のアクセスを保証し，その結果，専門知識も誰にも利用可能なものとなるため，消費者の情報能力が専門家並みになり，プロとアマとが同じ土俵にたつことができるようになる，と考えられたのであった．

ただし，このような期待には，一定の保留が必要である．なぜなら，たとえ，情報の利用可能性が多くの人にとって拡大したとしても，人間の情報処理能力には限界があるからである．

したがって，情報社会におけるプロとアマの境界の曖昧化は，以下のように再記述されるべきである．情報技術は，ヒドラのように多方向に進展し，変化の速度が激しく，反面，ユーザ・フレンドリネスを目指す（いいかえれば大衆消費を志向する）ので，

1. プロであり続けることが困難となり（プログラマー30歳定年説など）
2. 特定の応用分野限定のプロにしかなれない．
3. 一方，情報技術は汎用性が高いので，多様な分野でツールとして利用可能なので，
4. 自分の関心分野の質的向上（自己実現）を目指す人は，誰でもツールとしての情報技術を部分的に利用することが可能である．

この結果，一方では，プロが従来のようには社会全体に対して絶対的な優越性を持続的に保持することは困難になる．そして一方では，能動的〈素人〉（利用者／享受者）がエンパワーされ，個別の領域においては，テンポラリーには，新鮮な輝きを発するケースが増えてくる．なぜなら，能動的〈素人〉は，その分野で定常的な能力を要請されるプロに比べて，代償を無視したコミットメントの自発性において（少なくとも一時的には）プロに勝るからである．

そして，ネットで人びとの関心を集めた作者が，プロの世界へと進出していく例も多い．たまたまそうなる場合もあるし，ネットを一種のオーディションの場と意識する人もいる．

たとえば，2002年に25分のデジタルアニメ『ほしのこえ』をほとんど一人で完成させた新海誠は，2004年11月に長編アニメ『雲のむこう，約束の場所』，2007年3月に連作短編アニメ『秒速5センチメートル』を劇場公開している．

また，ネット上の口コミで広まった「蛙男商会」制作の一連のフラッシュ動画は，2006年からTV各局で定期的に放送されている．

図 10-15　ネットで公開されている蛙男商会の動画
（http://www.kaeruotoko.com/，2006.12.7）

図 10-16　NEWS 23の「蛙男」のコーナー（2006.7.14）

クリエイティブ・モブのグローバリティとローカリティ

　クリエイティブ・モブによるネタ・コミュニケーションは，多くはきわめてローカルな内輪ネタとして始まるが，時にグローバルに展開していくこともある．

　たとえば，xiaoxiaoという一連のflash作品[19]がある．これは，2000年頃に中国人作者によって生み出された作品群であり，アクション主体のゲームと動画がある．登場人物がすべて単純な線画で描かれている（以下，この線状のキャラを「棒人間」と呼んでおく）にもかかわらず，非常になめらかでリアルな動きを見せるところに，思わず人を虜にする魅力がある．

　xiaoxiaoシリーズは，flash系のウェブログでは必ずといっていいほど傑作として紹介されている．そして，すでに見てきたように，ネットではこのような場合に当然起こる現象として，この作品をヒントにした他の作者による作品群が大量に現れる．原作が中国発であっても，日本のネットユーザたちは次々とこれを参照・引用した作品を生み出していく（ただし，このような動きが拡大していくとき，しばしばオリジナルの作品の存在を知らない作者によっても創作活動は担われることになる）．

　このような動きは，さらに，xiaoxiaoの棒人間作品とは異なるタイプの「テキスト・アート」棒人間としても展開していく[20]．2003年頃から，「棒人間」テキストアート（たとえば，＿|￣|○など）がさかんに作られるようになっている（ただし，棒人間テキスト・アートと他のAAとの違いはあまり大きくないので，いずれ混交・吸収されて，分別できなくなるとは予想される）．

　ある，多くの人びとがすばらしいと認める作品が生まれたとき，それを「ネタ」

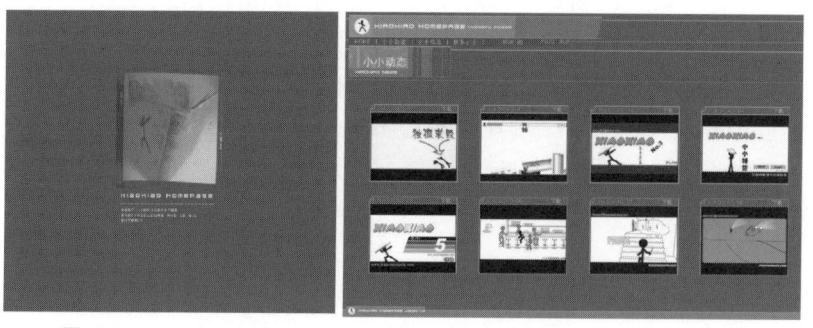

図 10-17　xiaoxiaoのサイト（http://www.xiaoxiaomovie.com，2006.12.6）

とする作品が誰とも知れぬ「名無し」の人びとによって作り出されるのは，日本に限ったことではない．日本で人気を博した中国発の作品は，当然，世界のさまざまな国々のネットユーザにも人気が高い．英語圏では，棒人間は"Stick man"とか"Stick fighter"などと呼ばれ，専門のサイトやリンク集がたくさん開設されている．オリジナルのxiaoxiaoサイトは現在アクセスが困難になっているが，そのシリーズ全作品を見られるサイトはロシア（のドメイン）にある．韓国でも完成度の高いxiaoxiao参照作品が作られている．そしてそれらのなかでもよくできた作品は，また，日本でも紹介され参照されるのである．

インターネットが世界の文化圏をひとつにする，とは，インターネット初期によくいわれたことであった．これに対して，原理的にはインターネットがグローバルな文化圏を作り出すことが可能であるとしても，現実には，言語などの障壁によって，グローバルな文化圏は生まれないとする批判がその後噴出した．むしろ，インターネットによって，ナショナリティが強化されるとの見方さえ出ている．実際，筆者らの調査（WIP 2000年日本調査）でも，海外のサイトにアクセスするネットユーザはわずかしかいなかった．

もちろん，文化のグローバリゼーションは単純に歓迎すべき動向ではない．一方，文化がローカルに閉鎖することも好ましいとはいえない．しかし，こうした議論とは独立に，クリエイティブ・モブは世界中にそれぞれの文脈から生まれており，そして彼らは，とくにグローバリティを意識することもなく，ローカルに集合離散しつつ，同時に容易にローカル相互を接続していくのである．その運動は，従来考えられてきたグルーバル対ローカルという対立項とは次元の異なる様相を呈している．インターネットにおける"No Sense of Place"とは，おそらくそうした，きわめて複雑に錯綜した「つながり」の感覚なのである．

こうして，世界のどこかで創り出された「名無しの」（作者名は書かれているが，誰も当該人物を直接に知らないという意味で）作品は，その周囲のローカルと，遠く離れたローカルに同時に影響を及ぼし，それぞれのローカルにおいてその文脈に従って展開すると同時に，それらのローカル同士の相互干渉作用によっていっそう込み入った干渉波をグローバルに拡大していくのである[21]．

クリエイティブ・コミュニケーションとビジネス

本章では詳述しないが，もう一つ興味深いのは，こうした創作コミュニケーシ

図 10-18 YouTubeに掲載されたNikeIDのパロディCF
（http://www.youtube.com/watch?v=2ry41RIkqHA）

ョンとビジネスの関係である．たとえば，さきにxiaoxiaoシリーズのグローバルな展開について述べたが，このシリーズの第9作目はショッピングセンターのCFであり，その後，ハイネケンビールのCFも創られている．またどのような背景かは知らないが，2003年のナイキのfreestyleシリーズのCFシリーズは，xiaoxiaoシリーズによく似た棒人間をフィーチャーしている．

　ナイキは，このようなネット上の創作活動やネット文化を意識した戦略をマーケティングに利用[22]することに長けている．たとえば，2006年のNikeIDのCFは，『ゴレンジャー』など「戦隊もの」と呼ばれる一連のTV番組のパロディであった．このフィルムは，テレビや自社サイトのみならず，YouTubeにも流されて，世界中の話題となった．図10-18は，YouTubeに掲載されたNikeIDのパロディCMであるが，2006年9月15日に掲載されて以来，2007年3月14日時点でアクセス数は689,817回となっている．

6. ネタオフとフラッシュ・モブ——ナンセンスな集合現象

ネットから現実へ——オフ会の展開

 さらに，こうしたネット・コミュニケーションの伝染性は，一般に思われているようには，非身体的なメディア空間内で完結しているわけでもない．パソコン通信時代から，ネット・コミュニケーションにはしばしば「オフ会」が付随して開催されていた．オフ会とは，オフライン・ミーティングの意で，ネット上で知り合ったもの同士が，現実の集まりをもつことである．

 実際，WIP 2002 年日本調査でも，掲示板利用者のなかで，オフ会に出席したことがあるのは 15.6％，さらに，「オフ会から発展してリアル空間でサークルを作ったことがありますか」という質問に対しては 5.5％が「ある」と回答している．つまり，掲示板利用者の約 6 人に一人はオフ会に出席した経験をもち，20 人に一人は，オフ会メンバーと継続的な交際を続けていることになる．

 また，同じく WIP 2002 年日本調査によれば，PC インターネット利用者のなかで，ネット上で知り合い，直接合ったことのある友人のいる者の割合は 12.1％であり，また，その平均人数は 13.1 人にも達する．

 こうした状況を考えれば，ネット・コミュニケーションは，よく言われるような「ネットの中にひきこもる構造」であるより，むしろ現実と強くつながっていると見るほうが妥当であろう．

ムネオハウス——ネタオフ

 とくに最近では，オフ会が，一種の大規模なパフォーマンスとして表現される事例が増えているようである．いわば，ネット上の仮想空間が現実空間のなかにせり出してくるような現象である．

 その一つのメルクマールとなったのが，2002 年の「ムネオハウス」ムーブメントであったかもしれない．2003 年に入っては，「マトリックスオフ」が代表的である．これらは，ネット上で生まれた「ネタ」を媒介に現実空間で集合的なパフォーマンス（イベント）を行うというもので，「ネタオフ」と呼ばれたりもする．オフ会（ネットで知り合った仲間たちが現実に集合する会）の発展形として発生したものである．

「ムネオハウス」については，遠藤（2002=2003e）を参照していただきたいが，かいつまんで述べれば，以下のようである：

2002年初頭，国会では，外務省に関連した疑惑で鈴木宗男氏・田中真紀子氏・辻本清美氏らを中心とした論戦が日本中の注目を集めていた．とくに焦点となったのは，鈴木氏が北方領土問題を私的な権力の再生産に利用したのではないかという疑惑で，氏が建設を主導した「北方友好の家」が現地では「宗男ハウス」と呼ばれているという事実がその現れとして取りざたされていた．この問題は従来なら政治は取り扱わなかったワイドショーやスポーツ紙を連日にぎわせ，ワイドショー政治，劇場型民主主義との揶揄をよんだ．そうしたなかで，2ちゃんねるの「てくの板」に，「ムネオハウスとは，アシッド・ハウスの流れを汲むハウスの1ジャンルで……」といったジョークの投稿が載った．この発言は，宗男ハウスのハウスと，ダンス・ミュージックの一つであるハウスを掛けた語呂合わせであり，この時点では具体的な事実（つまり，そのような楽曲の存在）があったわけではなかった．ところが，この発言に触発されて，その直後から「ムネオハウス」を名乗る楽曲——「宗男問題」に関連した国会中継やニュースショーをサンプリングしたハウス・ミュージック——が次々とアップされ，またたくまに数百曲のオーダーに達した．さらに「ムネオハウス」は，ネットを抜けて，現実空間におけるクラブ・イベントにも発展した．4月に行われたはじめてのイベントでは，定員を大幅に越える参加者が殺到したという．続いて，5月には京都で，7月には再び東京でイベントが開催され，いずれも盛況であった．このようなネット空間の現実化は，かなりまれなことであった．

この「ムネオハウス」が一つのきっかけとなって，（それ以前にも行われていた）「ネタオフ」がパフォーマンス性を強くもつようになったと考えられる．その後，大規模な「ネタオフ」としては，2002年の「湘南ゴミ拾いオフ」や2003年の「マトリックスオフ」などが多数のネットユーザを集めた．

ただし，「ネタオフ」の特徴は，一般の個人による社会的意思表明のための集合行動として受け取られることを拒絶し，とくに「政治性」に対しては強い忌避感を示し，あくまで「ナンセンスなパフォーマンス」のうちに自らを封じ込めようとしている点である．つまり，ネタオフは，狭くしかも非対面的なコミュニケーション空間よりは開かれた現実（文化領域）を目指しているが，この文化行動を社会全体（政治を含む，社会の他の領域）とつなげることには，抵抗感をもっ

ているようである.

フラッシュ・モブにおけるナンセンスと政治性

海外でも,「ネタオフ」と類似の,ネットを媒介としたナンセンスな集合的パフォーマンスが90年代から目立つようになっている(さらに1970年代から始まるサンフランシスコのグループ——たとえばCacophony Society(http://www.cacophony.org)などにまでさかのぼることは可能だが).

たとえば,santarchyと名付けられたパフォーマンスは,12月の特定の日,街のあちらこちらにサンタの扮装をした人びとが現れ,観光客を驚かせる,というものである.1994年にサンフランシスコで始まり,2002年には,ボストン,デトロイト,トロント,ウィニペグ,ウェールズなどでも行われたという(http://www.santarchy.com/, 2003.11.8).ネット上で呼びかけがなされ,サンタの衣装を安く購入する方法なども掲載されている.参加は自由であり,ただ大勢でど

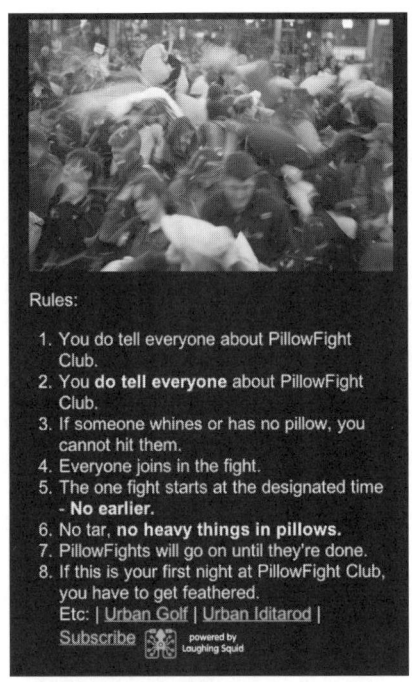

図 **10-19** Pillow Fight Clubのサイト
(http://www.pillowfightclub.org/, 2006.11.19)

んちゃん騒ぎをすることを目的としている．

　2000年以降，こうしたパフォーマンスは拡大傾向にある．2003年には「ビル」と名乗る男性が，マンハッタンのメーシー・デパートでのモブ・プロジェクトを企画して話題を呼んだ．彼は，電子メールを使って（チェーンメールのように）人びとを集め，存在しない商品について店員にあれこれ尋ねたあげく，ぱっと解散するというナンセンスなプロジェクトを企画したのだった．

　枕投げという万国共通の子どもの遊びも，ネットを通して，世界共通の遊びとなる．2006年，枕投げ（Pillow Fight）の集会が，アメリカ，オーストラリア，ヨーロッパなど各地で催された．

　こうしたお祭り騒ぎは，イーメール・モブ，フラッシュ・モブなどとも呼ばれており，政治性とは切り離された，一種の集合的パフォーマンス・アートを目指している．人びとは，端的に，「面白さ」を追求するために集まり，またちまたの喧噪のなかに散っていく．

　このようなナンセンスで非政治的な集合的パフォーマンスは，現在，世界中の多くの国々で見られるようになっている．フラッシュ・モブに関する情報を集め

図 10-20 1999年にサンフランシスコで開催されたクリティカル・マスのフライヤー（http://www.bikesummer.org/1999/main.htm）

図 10-21 2007年ボストンのクリティカル・マスのフライヤー（http://www.bostoncriticalmass.org/flyers/）

たサイトも作られている（http://www.flashmob.com/など）．それらによれば，アメリカ各都市ばかりでなく，イギリス，フランス，チェコ，シンガポール，韓国など多様な国々でフラッシュ・モブが企画されている．

とはいうものの，これらのパフォーマンスが，完全に政治と切り離されたものかといえば，それもまた微妙である．海外におけるこうしたパフォーマンスが，しばしば警察などと衝突を起こすのは，治安当局が群衆行動に対しては，それがいかなるものであれ，強い警戒感をもっているからだろう．

一方，フラッシュ・モブ側にしても，その源流と考えられる1992年に始まったクリティカル・マス（Critical Mass）運動（http://www.scorcher.org/cmhistory/）は，自動車による環境破壊に対する抗議や反戦運動をユーモアでくるみ，誰でも参加しやすいかたちをとったものといえる．

ネタオフと社会意識

日本のネタオフにも，社会性を意識したものは存在する．

たとえば，2001年に立ち上げられた国際的な「がん・白血病解析プロジェクト」（以下，UDプロジェクト．United device Cancer Research Project）は，「コンピュータ使用時の余剰処理能力を使用し，白血病・がんの治療薬研究解析の目的で分散コンピューティングを用いてスクリーニング作業を行うプロジェクト」[23]であり，各種機関だけでなく一般個人にも呼びかけが行われている．このプロジェクトには，日本からもグループや個人が有志として参加している．なかでも，2ちゃんねる掲示板をベースとした「Team 2ch」は，当初から活発な呼びかけを行った．2003年11月23日時点で，参加者数は33,683人に達し，成績は世界一となった．この運動はその後も拡大し続け，2007年2月24日時点の参加者は65,956人と倍増している．

また2003年8月1日に始まった「折り鶴運動」は，同日に広島市平和記念公園の折り鶴が放火により焼失したことが報道された直後に，2ちゃんねる掲示板の大規模オフ板に「われわれが14万羽の埋め合わせをしよう」との呼びかけが投稿され，多くの人びとがこれに応じたものだった．この運動によって，最終的には80万羽ほどの折り鶴が広島に届けられた．

2003年11月9日の総選挙に当たっては，「うまい棒を持って選挙に行こう！」「そうだ選挙に行こう」といった大規模オフが企画された（当然のことながら，

選挙や議員に関する議論の場はいくつもたてられていたが)．

　ただし，これら「社会的な」ネタオフの呼びかけでは，過剰なほどその「非イデオロギー性」が強調されるのが常であった．反対に言えば，投稿されたメッセージにほんのかすかにでも何らかの党派性あるいは動員，煽動の企図が感じられた場合（たとえそれがまったくの誤解であったとしても），それに対して激しい罵倒が浴びせられるのもよく見られる光景である．「ウヨ（右翼）」「サヨ（左翼）」「工作員」「プロ市民」などと投稿者は批判される．無論，匿名の掲示板では，議論を特定の方向に誘導しようとするものが紛れ込んでいる可能性は高いので，それは当然の警戒ともいえるのだが，一方で，そうしたレイベリングによって，議論がしばしば空転し，建設的な進行を妨げられることもあった．

　ネタオフではないが，2003年3月のイラク戦争開始と共に始まった「イラク情勢板」は現在も続いており，そのなかの「イラク戦争リアルタイム実況スレッド」は2003年11月23日時点でpart227として続行中であった．1スレッドは1,000メッセージなので，8か月の間におよそ22万の書き込みが行われたことになる（その後，スレの動きは次第に鈍くなるが，2004年9月24日時点でpart231，2007年3月1日時点においても，細々ながら，「イラク戦争リアルタイム実況スレッド」part234は続けられている）．無論，イラク関連のスレッドはこのほかにも膨大な数存在する．これらのスレは，「反戦」「賛戦」「情勢判断」などさまざまな立場から立てられるが，いずれのスレにおいても，その内部でまた，「反戦」「賛戦」「情勢判断」それぞれのメッセージが入り交じって議論を戦わせる．そして，いずれの立場においても，その発言が「イデオロギー的」でないことを主張し合うのが一般的に見られる光景である．そしていずれの立場に立つにしろ，それが実際の行動（デモなど）につながることはほとんどない．時折，具体的行動を呼びかける投稿もあり，またそれに応じる応答もありはするものの，実際に具体的行動が行われるかどうか見物に行ったという報告はあっても，多数の人数を集める行動にいたるものはほとんどない．現実的な政治行動は，何らかの「イデオロギー」の表明になると，彼らが見なすからかも知れない．

　このような大文字の政治あるいはイデオロギーに対する過敏なまでの忌避感は，それと表裏する形で，個人的なリアリティの領域へのこだわりに接続する．たとえば，イラク戦争をテーマとして作成された「pi」というflash作品がある．この作品は，ブッシュとフセインに対して「戦争する前にもう一度よく話し合っ

てみろよ……話し合う場がないんだったら，実家の俺の部屋でも貸すからさ」と呼びかけるのである．

　ただし，この作品に見られる「個人的リアリティ」は，必ずしも単純ではない．普通，世界の動きに影響を与える立場にいる人間を私的領域のなかで描くことは，パロディとしてはよくある趣向である．しかし，この作品は，パロディ的な笑いよりは，むしろ淡々とした哀しみに満ちている．しかも，作品の中の「俺」は，自分の部屋を話し合いの場所に貸そうとはするが，その場からは立ち去ってしまうのである．かわりに，ブッシュやフセインと場をともにするのは，「ひろゆき」[24]「小倉」[25]「タシロ」[26]といった面々である．ここでも，「自己」を直截に語ることがなく，「名無しの自己」として提示する，日本のネットワーク・コミュニケーションの間接性が現れている．

7. インターネット・モブとマスメディア

　最後に，本章で見てきたインターネット・モブの言説空間と，既存のマスメディアや，産業社会との関係を見ておこう．

　一般に，日本のマスメディアは，ネットユーザに対して警戒的であり，好意的にネットユーザの行動を取り上げることはまれである．それは，一つには，日本の既存マスメディア（とくに公共性を標榜するマスメディア）は，社会に対して「批判的立場」を取ることを自らのスタンスとする傾向が強いため，従来の枠組みにはまりきらないような「大衆」の動きについては，基本的に批判のスタンスをとるためであろう（たとえば，ゲームやサブカルチャーに関しても，大衆的人気にかなり遅れた時点で認知する）．またもう一つは，インターネットが「新しいメディア」であるため，同じメディア空間で競合するニューカマー——つまり，自らの存在を脅かしかねないもの——として，インターネットに警戒心を募らせているようでもある．

　これに対抗するように，インターネット・モブの言説空間では，マスメディアを批判的に論ずる姿勢が強い．たとえば先に挙げた「湘南ゴミ拾いオフ」なども，日韓共同主催の2002年ワールドカップサッカーで報道偏向しているとの反発が発端の一つになっている．その一方，「ネタオフ」などに折にふれ見られるのが，マスメディアに取り上げられたい，それによって自分たちの行動に対する社会的

承認（できれば評価）を得たい，という淡い期待である（当然，このような発言は，批判を浴びることにもなるが）．

このようなネット空間とマスメディアの関係は，ネットユーザがネット空間の自律性を重視しマスメディアの動向とは補完的なアメリカの状況や，ネット空間と（一部の）マスメディアが強い協調関係を結んでいる韓国などアジア諸国の状況とは，大きく異なっている．そして，その違いが，日本におけるネットカルチャーのあり方——たとえば本章で述べてきた創作品による間接的コミュニケーション——や，若年層の政治的関心の低さと相互に強く関連しあっていると考えられる．

すなわち，インターネット技術発祥の地であるアメリカでは，ネット・コミュニケーションは当初からマスメディアとは対抗的な，ネットユーザたちの自律的公共圏として意識されており，したがって，そこはまさにあらゆる領域（政治，生活，文化など）に渡って自分たちの意見，社会への異議申し立てを自由に表明するための実験場であった．「ナンセンス」であることも，ポジティブな態度表明の一種である．他方，アジア諸国においては，民主化運動の高まりとインターネット・コミュニケーションの導入が時期的に重なりあったため，市民側にたった言論，文化の場として，新興マスメディアとネット空間は相互に親和的な関係を構築してきた．

ところが日本では，第二次大戦以降マスメディアは自らを最も正統的な民主主義的公共圏として位置づけてきた．その意識が社会に深く根を下ろした後に，新来の技術として現れたネット・コミュニケーション（実際には，日本の研究者も開発に関わっているわけだが）には，当初から，どちらかといえば，政策的な押しつけ，ビジネス商品，技術至上主義，あるいは一部コンピュータ・マニアのガジェットといったまなざしが向けられた．マスメディアもネットに対して警戒的な態度が目立った．この結果，ネットユーザは，自らを社会的マイノリティとして位置づけざるを得ず，それはいまでも続いている．しかも，60年代学生紛争の「挫折」の後では，イデオロギー的発想や政治思想に対する過敏ともいえる嫌悪感が存在している．それは，日本文化がもともと自己主張を嫌う性質をもっていることや，近年の学校生活のなかで「目立つといじめられる」という刷り込みがあることともあわせて，ネットユーザ（若者一般，あるいは日本社会一般とも考えられる）が自らの正当性をロジカルに自己主張できない，という現状を生み

だしているのではないか．

　同様に，本章で指摘してきた日本のネット上の創作品のベースであるサブカルチャーは，長いこと欧米の教養文化優位の状況のもとで日陰の花的な存在であり（しばしば有害図書規制の対象として扱われてきた），90年代以降にわかにその世界的評価が日本社会でも認められたとはいえ，「おたく」という呼称の背後には相変わらずネガティブなイメージがまとわりついている．結局，サブカルの社会的布置とネット空間の社会的布置はきわめて近接しており，それが，ネット空間における創作コミュニケーションの活況を作り出していると考えられる．

　しかし，潜在的な「社会的マイノリティ意識」の結合としての日本のネットカルチャーは，強い自負とアイデンティティ不安を同時に抱え込みながら，しかも自らを社会内に正当的に位置づける意思表明を自ら禁じている，というトリプル・バインド（三重拘束）のなかで，社会的無力感に侵されている．そのため，せっかくネット空間と現実とをつなぐ回路を模索しつつも，「これは何の意思表明でもない」というネガティブな形式での意思表明しかできず，同時に既存マスメディアの承認（による正当性の獲得）を暗に期待するというねじれた態度（一見，「甘え」にも見える態度）しかとれない．これが，先に見た「ネタオフ」の日本的様相の背後にある状況なのではないか（そして実はこの構図は，日本社会全体を現在覆っている状況そのものであるかもしれない）．

　だが，客観的に見て日本のサブカルチャーの質的水準は高く（『マトリックス』も日本のサブカルチャーの影響下に製作されたものであることは周知である），日本のネットカルチャーに見られる創り手＝受け手の構図はまさにネットコミュニケーションが拓く可能性を活かしたものである．

　また，生な政治的発言や行動のみが社会の望ましい変革を実現するものでもないことにも注意が必要である．かつてベラー（Bellah 1961）は，日本においては，宗教でも政治でもなく，芸術的表現を経由して「超越」は目指される，と指摘した．そして現在，世界的にも，「イデオロギーの終焉」は大きな潮流となっており，政治／経済とならぶ社会的装置として，文化の重要性が認識されつつある．

　とするならば，われわれは，このネットカルチャーをもっと開かれた領域に解放し，日本社会のなかにポジティブに意味づける必要があるかもしれない．それは，一部の若者層の社会的無力感を軽減することだけを目指すものではなく，長

引く不況のなかで，むしろ日本人全体を覆っている無力感を軽減する方向で考えられるべき事柄である．

8. 遊歩者たちの行方——政治と文化

　以上，本章では，匿名の群衆に紛れてインターネットを遊歩する者たちのカルチュラルな動きを概観してきた．

　ベンヤミンは，近代パリの遊歩者たちの向かう方向を次のように描いた：「遊歩者の姿をとって知性が市場に馴染んでいく．知性は，市場を一回りするつもりでそこへ出かける．が実はもう，そこに買い手を見つけに行くのだ．……経済面での知性の立場の不透明さに対応するのが，その政治的機能の曖昧さである」(Benjamin 1982: 46)．

　現代の遊歩者たちもおそらくは過渡的存在である．彼らはそれと知らぬ間に，市場や政治を変えていく．ネット上のカルチュラルな活動は，さきにナイキの例でも見たように，全体社会を浸潤していく．

　しかし，現代の遊歩者たちが，近代都市におけるそれと異なるのは，彼らと群衆とがつねに互換性をもっており，彼らの多くがおそらくは匿名のままにとどまり続けるということである．それは，近代都市が物理的存在としての「個人的身体」によって存在したのとは異なり，他の遊歩者——インターネット・モブとの「つながり」によってのみ保証されるからである．

　したがって，たとえば，ネットワーク上の創作者たちのなかでも活発に活動する人びとが，次第に特定されていくとしても，彼らがその栄誉に繋留されることはない．彼らは，ネットワーク上の群衆，インターネット・モブによって存在するのであり，つねにオルタナティブな「集合的非身体」なのである．

　そして時代は，さらに進んでいく．

　視聴覚コミュニケーション，クリエイティブ・コミュニケーションの発展にともない，MySpaceやmixiなどの一般のSNSもどんどん動画像や音声の交換機能を装備するようになりつつある．反対に，現在進んでいるTV放送のデジタル化の流れのなかで，通信と放送の融合はいっそう進んでいる．携帯電話を介してインターネットを利用することは，「インターネットを使う」という意識をともなわず，単にありふれた日常生活の一部になっている．それと同様に，ネットを

介した視聴覚コミュニケーションは，従来のTV放送と互いに補完しあい，リンクしあうことで，より複合的な「間メディア」社会を構成することになるだろう．

YouTubeのキーワードは"Broadcast Yourself"（あなた自身を放送せよ）である．誰もが情報発信できる，というのはある意味，言い古されたネットワーク・コミュニケーションのキーワードだが，今日では，その「誰もが」には大企業や影響力の大きい政治家たちも含まれる．

韓国では，韓国の動画投稿サイトであるパンドラTVに，一般人と混じって青瓦台（大統領府）も「希望チャンネル」というチャンネルを開設した．2007年12月の大統領選挙に向けては，候補者たちがこぞってこうした動画投稿サイトを利用しようとしている．

またYouTubeでも，「YouChoose'08」というコーナーを設け，大統領候補者たちに動画による情報発信の場を提供している．

2007年1月17日にピュー・リサーチ・センターが発表した報告書によると，2006年のアメリカ大統領中間選挙の際の主な情報源を二つ挙げてもらったところ，最も多かったのはテレビで，以下，新聞，ラジオ，インターネット，雑誌の順であった．この順位は前回の2002年中間選挙時と同じだが，「インターネット」が伸びていることがわかる．

インターネットの普及と放送のデジタル化により社会の「間メディア」化はいっそう進んでいくだろう．今後の変化をさらに注視していきたい．

図 10-22　YouChoose'08
(http://www.youtube.com/youchoose，2007.3.15)

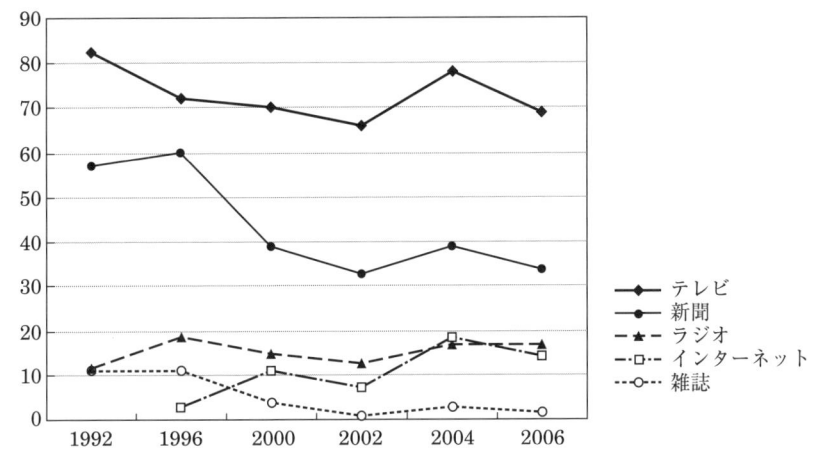

図 10-23 選挙で重要な情報源として利用したメディア（二項目回答，%）
（複数回答のため，総和は100%にならない．2000年の調査対象は登録有権者のみ．）
（データ出所: Joint post-election survey by the Pew Internet & American Life Project and the Pew Research Center for The People & The Press. November 2006. N=2,562. Margin of error is ±2%. (http://www.pewinternet.org/PPF/r/199/report_display.asp)）

補論

インターネットと政治的コミュニケーション

1. はじめに

　2000年の米国大統領選でインターネットによる政治的コミュニケーションが大々的に利用されたことは記憶に新しい．またフィリピンにおけるPeople's power 2や韓国の落選運動など，インターネットは市民活動を媒介するものとしても注目を集めている．

　日本でも，2001年に発足した小泉内閣はインターネットを介した政治的コミュニケーションに熱心であり，一時は小泉内閣のメールマガジンに200万以上の登録者が殺到した．さらに2003年には公職選挙法の改正により選挙運動にインターネットを利用する道が大きく開かれると予想される．

　本章では，こうした背景をふまえ，筆者らが行ったWIP (World Internet Project) 日本調査[1]にもとづいて，インターネットを利用した政治的コミュニケーションの現状と今後について考察するものとする．

2. インターネット上での政治的コミュニケーションの利用の現状

現在では，政府はもとより全国の自治体でもサイトを開設していないところは少ない．政党のサイトや政治家の個人サイトをはじめとして，政治関連のサイトも増えている．2000年調査から比べると，2002年調査では政府・役所のサイトや政治活動サイトにアクセスしたことのある者の割合は急増している（図補-1）．

2002年調査では，サイト種別にアクセス経験を聞いたが，その結果を図補-2に示す．

もっともアクセス経験をもつ者の割合が高いのは自治体サイトであり，これに官公庁サイトが続く．必要な情報を入手するためにこれらのサイトの利用率が高

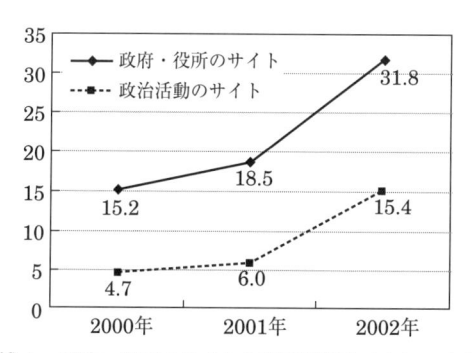

図補-1 政府・役所のサイトや政治活動サイトにアクセスしたことのある者の割合（％）

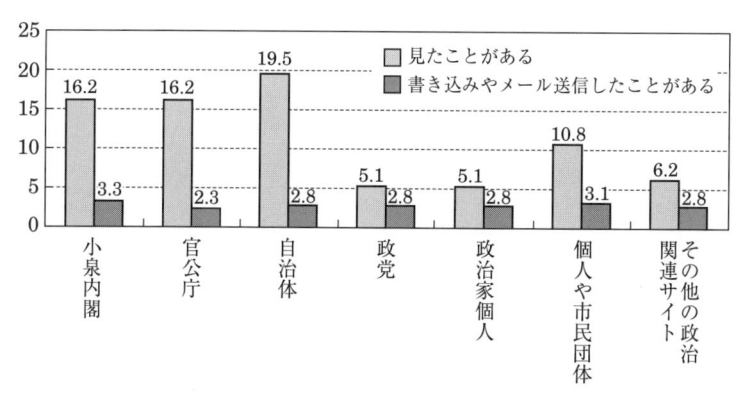

図補-2 それぞれのサイトにアクセスしたりメール送信したことのある者の割合（％，n=390）

いのだろう．小泉内閣のサイトも官公庁サイトと同レベルに達している．一方，個人や市民団体による政治関連サイトにも，1割以上の人がアクセス経験をもっており，ある程度の影響力を発揮していると考えられる．少なくとも何らかの政府・政治関連サイトにアクセスしたことのある者の割合は36.9％であった．

反面，これらのサイトの掲示板に書き込みをしたり，メールを書いたりしたことのある者はいずれも3％前後にとどまっている．政府・政治関連サイトは，現状では，情報公開という一方向コミュニケーションにとどまり，インターネットの特長を活かした双方向コミュニケーションの基盤としてはあまり利用されていないことがわかる．

先にも述べたように，小泉内閣発足まもなく発刊された小泉内閣のメールマガジン（以下，MLと略記）は大きな話題をよんだ．インターネットを介した政治コミュニケーションを行うにあたっては，MLも重要な媒体と考えられる．MLの利用経験に関する調査結果を図補-3に示す．政府・政治関連サイトへのアクセスと比べると，MLの利用率はまだ低く，ほとんどが1割に満たない現状である．なかでは，小泉内閣のML利用率が群を抜いており，14.4％に達している．少なくとも何らかのMLを読んだことのある者の割合は20.3％であり，これは必ずしも低い数字とはいえない．今後利用率は高まっていくと予想される．

最近では，政治関連の問題に関するアンケートを設置しているサイトも多くな

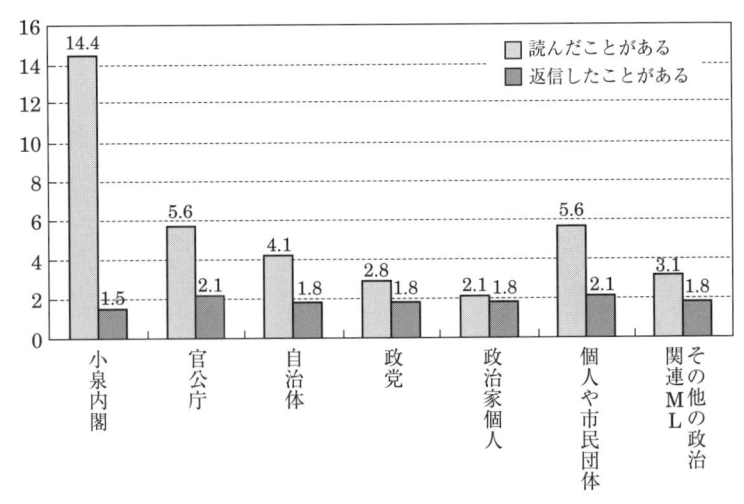

図補-3 それぞれのメールマガジンを読んだり返信したことのある者の割合（％，n=390）

っている．2002年調査ではこのようなアンケートに回答したことがあるか否かについても尋ねた．しかし，もっとも経験者の割合が高かった個人や市民団体によるアンケートでも1.8％にとどまり，その他はすべて1％以下であった．少なくとも何らかのアンケートに答えたことのある者の割合は，3.8％であった．

3. 人びとの政治的関心

　インターネットを介した政治的コミュニケーションを考えるにあたっては，現代日本人が政治にどの程度関心をもっているかについて見ておく必要がある．2002年度調査による結果を図補-4と図補-5に示す．

　図補-4によれば，全体では，「非常に関心をもっている」「かなり関心をもっている」を合わせると17.1％，「多少は関心をもっている」が最も多くほぼ半数を占めた．

　男女別で分けてみると．男性の方が政治に強い関心をもっている者が多い（0.1％有意）が，「多少は関心をもっている」までを合わせると，女性の方がやや多くなっている．

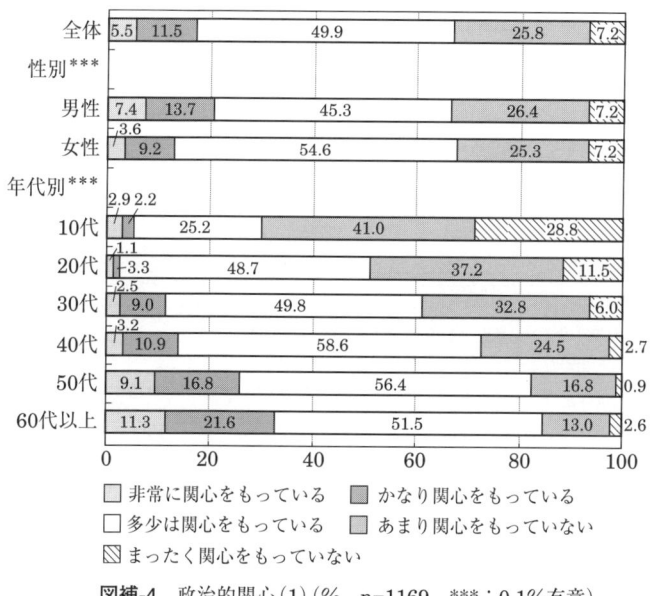

図補-4 政治的関心(1)(％, n=1169, ***：0.1％有意)

年代別では，ほぼ，年代が上がるに従って政治的関心も高まるという傾向が現れている（0.1％有意）．10代では，「多少は関心をもっている」までを合わせても3割程度にすぎない．

図補-5は，学歴別，職業別，世帯収入別，PCインターネット利用別による政治的関心の分布を示したものである．学歴別で見ると，中学卒～短大卒ではほとんど違いがなく，大学・大学院卒だけがかなり高くなっている（0.1％有意）．

職業別では，「無職」と「フルタイム」で政治的関心が高く，学生層で際立って低い．図補-4でも若年層の政治的関心の低さが目立っており，やや問題があるといえよう．

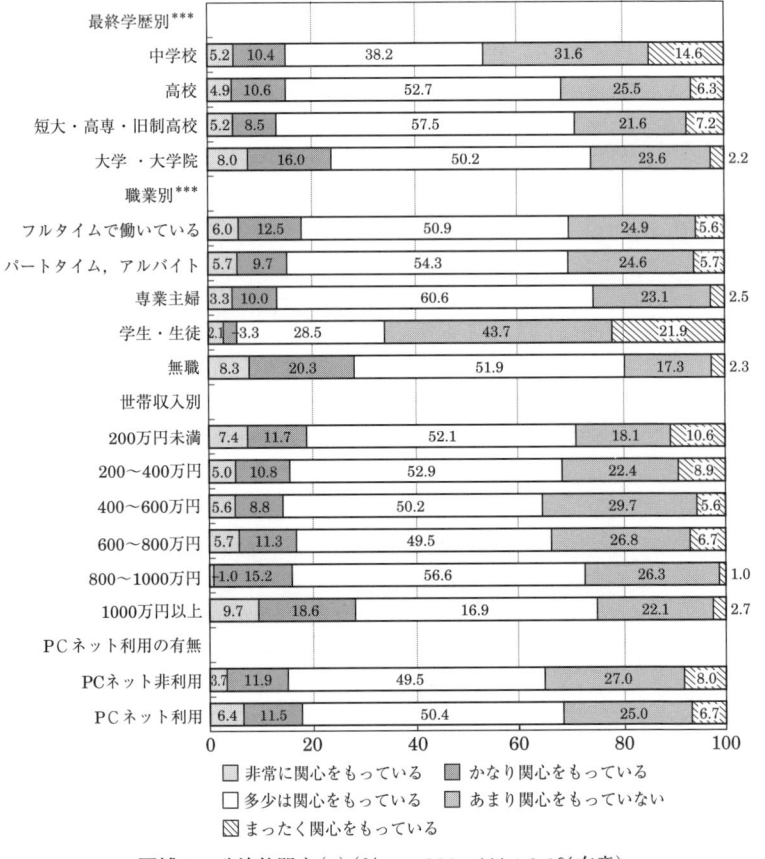

図補-5 政治的関心(2)（％，n=390，***：0.1％有意）

世帯収入別ではほとんど違いが見られない．

また，PCインターネット利用別でも違いはなく，インターネット利用と政治関心とが必ずしも結びついていないことがうかがわれる．

4. 人びとの政治意識

次に人びとの政治意識について見たのが図補-6である．

「重要な政策は国民投票によって決定されるべきだ」「多くの人びとの議論によって政策が決定されるべきだ」「いまの政治には抜本的な改革が必要だ」「国会議員の多くは国民の意見を代表しているとは言えない」などの意見に賛成する人が多い一方で，「われわれが少々騒いでも政治はよくなるものではない」「政治の

項目	そう思う	まあそう思う	そうは思わない	無回答
選挙で国民の投じる1票が国の政治を大きく変える	24.8	43.5	30	1.6
政治のことは政治家にまかせておけばよい	8.6	24.6	65	1.9
政治のことよりも自分の生活のほうが大事	35.4	46.5	16.7	1.4
政治のことは難しすぎて自分にはよくわからない	17.2	47.4	33.9	1.5
われわれが少々騒いでも政治はよくなるものではない	36.5	41.4	20.4	1.6
国会議員の多くは国民の意見を代表していない	45.9	39.2	13.6	1.3
いまの政治には市民の考えや意見が反映されている	4.4	23.7	75	1.5
伝統や慣習には従うべきだ	6.1	38.4	53.8	1.7
権威のある人の考えに従うべきだ	2.8	14.1	81.6	1.5
情報公開は十分なされている	3	21.1	74.1	1.8
強力な指導者が必要だ	42.3	39.4	16.7	1.6
重要な政策は国民投票によって決定されるべき	49.3	36.7	12.6	1.5
多くの人々の議論によって政策が決定されるべきだ	48.8	42.9	6.6	1.8
いまの政治には抜本的な改革が必要だ	47.7	41.4	8.5	2.4

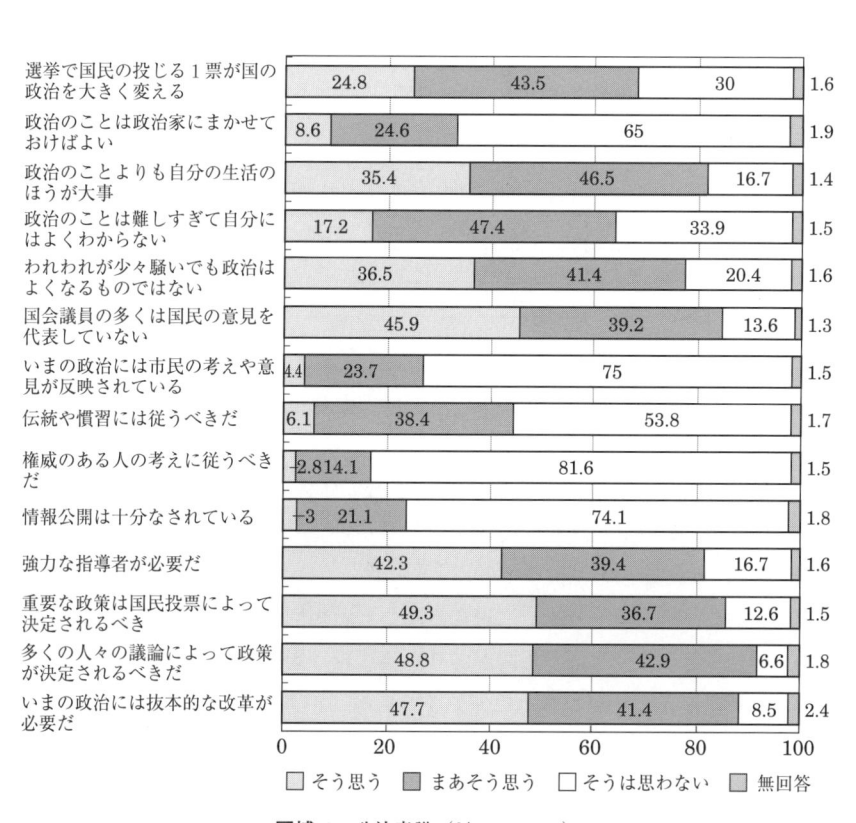

図補-6 政治意識（%，n=1169）

表補-1 政治意識の因子分析により抽出された因子

因子	関連の高い要素
民主変革	いまの政治には抜本的な改革が必要だ
	多くの人々の議論によって政策が決定されるべきだ
	重要な政策は国民投票によって決定されるべき
	強力な指導者が必要だ
現状維持	情報公開は十分なされている
	権威のある人の考えに従うべきだ
	伝統や慣習には従うべきだ
	いまの政治には市民の考えや意見が反映されている
	国会議員の多くは国民の意見を代表しているといえる
政治無力	われわれが少々騒いだところで政治はよくならない
	政治のことは難しすぎて自分にはよくわからない
	政治のことよりも自分の生活のほうが大事
	政治のことは政治家にまかせておけばよい
	選挙で国民の投じる1票が国の政治を大きく変えることはない

表補-2 政治意識因子と政治的関心およびPCインターネット利用との相関
(***：0.1%有意, **：1%有意, *：5%有意)

	政治的関心	PCインターネット利用
民主変革	0.19976***	0.007685
現状肯定	−0.071719*	−0.18364***
政治無力	−0.457036***	−0.04888

ことよりも自分の生活のほうが大事だ」といった意見にも「そう思う」と答える人が多かった．

　これら政治意識に関する項目群について因子分析を行うと，表補-1に示すような三つの因子が抽出された．関連する項目から，それぞれ，民主変革因子，現状維持因子，政治的無力感因子と呼ぶ．

　これらの政治意識因子と政治に対する関心との相関関係を見ると，政治に対する関心は民主変革因子と正の相関があり，現状維持因子や政治的無力感因子と負の相関関係にあることがわかった（いずれも統計的に有意，表補-2参照）．この結果は，直感的な了解とも合致する．

　また，同じく政治意識因子とPCインターネット利用との相関関係を見ると，PCインターネット利用は現状維持因子との間にのみ負の相関が見られた（0.1%

有意，表補-2参照）．すなわち，PCインターネット利用は，変化志向と強く関連しているので現状維持因子とは負の相関を示すが，その変化志向は必ずしも政治的変革とは結びついていない，ということである．

5. 社会的活動の経験

では，人びとは実際にどのような社会的活動にたずさわった経験をもっているだろうか．

最も多い「趣味のサークルやクラブ活動」を別にすると，「地域の活動」「子どもの学校に関する活動」「リサイクル活動や環境美化活動」「募金やチャリティバザー」などの身近な活動が多いようである．一時話題となった「災害支援活動」はきわめて少ない．政治や行政に関わる運動は，いずれも3％に満たず，やはり一般には縁遠いものと捉えられているようである（図補-7参照）．

社会活動経験に関して因子分析を行うと，表補-3に示すように，四つの因子が抽出された．これらの因子と，政治的関心，PCインターネット利用，前節に述べた三つの政治意識因子との相関をみたものが，表補-4である．これによれば，「趣味の活動」因子を除く三つの社会活動因子は，政治関心と正の相関関係

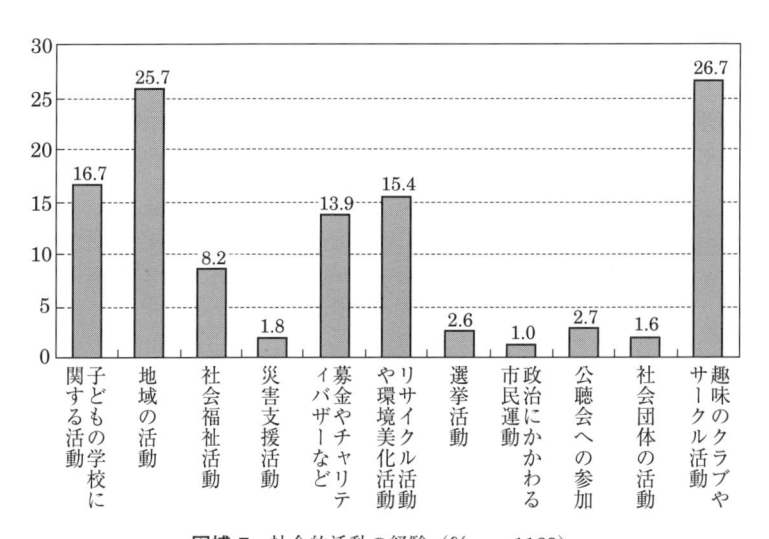

図補-7 社会的活動の経験（％，n=1169）

表補-3 社会的活動に関する因子分析

因子	強く関連する項目
地域関連活動	子どもの学校に関する活動，地域の活動
福祉支援活動	社会福祉活動，災害支援活動，募金やチャリティバザー，リサイクル活動や環境美化活動
政治関連活動	選挙活動，政治にかかわる市民運動，公聴会への参加，社会団体の活動
趣味の活動	趣味のクラブやサークル活動

表補-4 社会活動因子と政治的関心，政治意識因子，PCネット利用との相関関係
（***：0.1%有意，**：1%有意，*：5%有意）

	政治関心	民主変革	現状維持	政治無力	PCネット利用
地域関連活動	0.07769**	0.068245*	−0.03116	−0.0926**	−0.02054
福祉支援活動	0.12317***	0.036235	0.037313	−0.12599***	−0.02942
政治関連活動	0.17166***	0.053764	0.014515	−0.09925**	−0.00692
趣味の活動	−0.03709	0.041556	−0.07117*	−0.04541	0.159941***

があり，政治的無力感因子とは負の相関関係にある．ただし，現状維持因子やPCインターネット利用とはあまり関係していない．また，民主変革因子と正の相関が認められるのは地域関連活動因子のみである．

つまり，社会活動（趣味を除く）は，政治に関心をもち，政治的無力感をもたない人びとによって担われているが，「政治を変えるべきだ」という相対的に強い意志を背景としているとは必ずしもいえず，またインターネットがそうした活動にとくに活用されているということもないようである．

反面，趣味の活動とPCインターネット利用の間には正の相関が見られ，現状では，インターネットは趣味や文化の領域で活用されていることがここでも確認された．

6. インターネットによる選挙活動への期待

インターネットが一般化するにつれて，これを政治的コミュニケーションに活用しようという動きも活発化する．先にも述べたように，2003年には公職選挙法の改正により選挙運動にインターネットを利用する道が大きく開かれる．

では選挙活動中に政党や政治家のホームページを利用できるとした場合，人びとはそのホームページのコンテンツとしてどのようなものを期待しているだろう

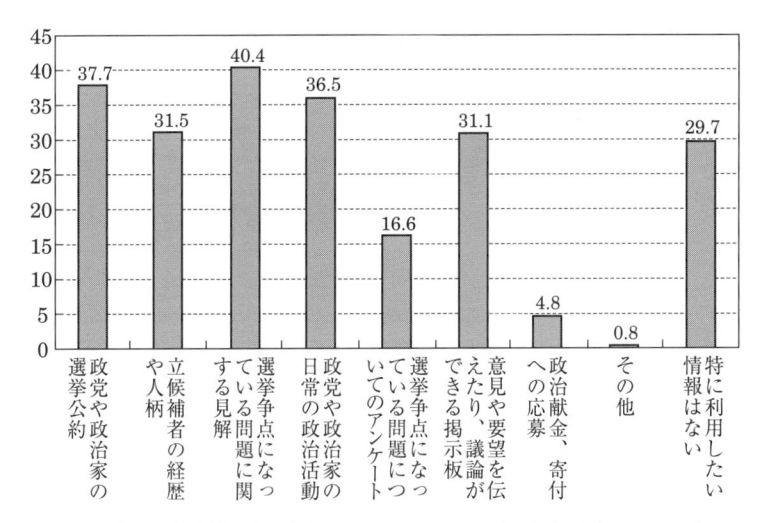

図補-8 選挙期間中に利用したいホームページの内容（%，n=1169）

棒グラフの値：
- 政党や政治家の選挙公約：37.7
- 立候補者の経歴や人柄：31.5
- 選挙争点になっている問題に関する見解：40.4
- 政党や政治家の日常の政治活動：36.5
- 選挙争点になっている問題についてのアンケート：16.6
- 意見や要望を伝えたり，議論ができる掲示板：31.1
- 政治献金，寄付への応募：4.8
- その他：0.8
- 特に利用したい情報はない：29.7

か．図補-8に調査の結果を示す．

これによれば，「選挙争点になっている問題に関する見解」「政党や政治家の選挙公約」「政党や政治家の日常の政治活動」「立候補者の経歴や人柄」などが上位を占めている．一方，「意見や要望を伝えたり，議論ができる掲示板」を求める声もかなりあり，双方向的な選挙コミュニケーションへの期待は今後高まるのではないかと推測される．

7. インターネットによる政治的コミュニケーションへの期待

選挙活動に限らず，インターネットを介した政治的コミュニケーションが増えてくると，どのような影響があるだろうか．この点について，人びとの意識を尋ねた結果が図補-9である．

「そう思う」「まあそう思う」を合わせると半数を越えるのは，「個人の考えや意見を多くの人に知ってもらえる」「中傷やデマが多くなる」の二つである．これらは同じ将来予想の表裏を荒らしているのかもしれない．

他の項目はほぼ3割前後であり，インターネットの影響について必ずしも一般に認識されているとはいえないのが現状であろう．

228 補論 インターネットと政治的コミュニケーション

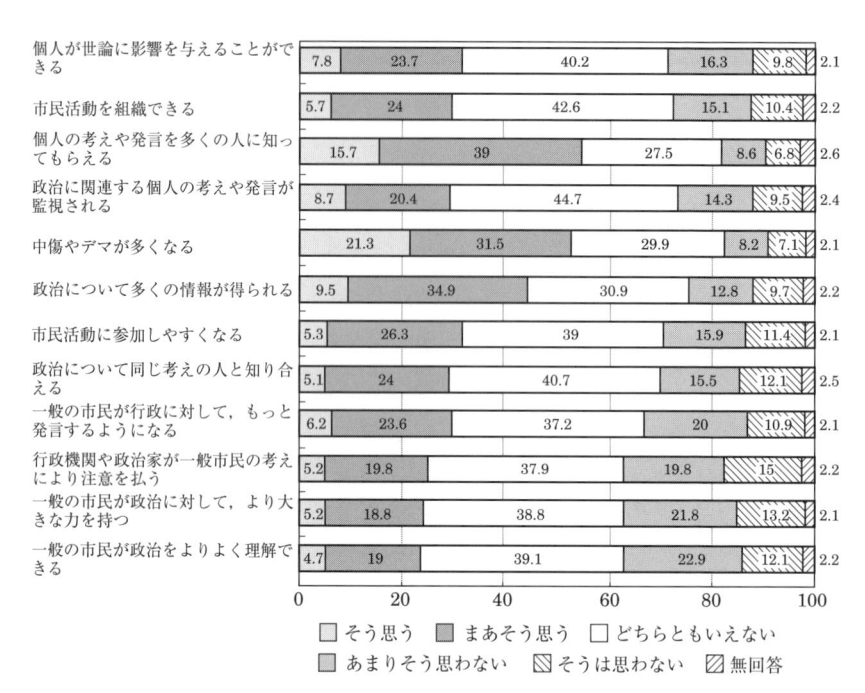

項目	そう思う	まあそう思う	どちらともいえない	あまりそう思わない	そうは思わない	無回答
個人が世論に影響を与えることができる	7.8	23.7	40.2	16.3	9.8	2.1
市民活動を組織できる	5.7	24	42.6	15.1	10.4	2.2
個人の考えや発言を多くの人に知ってもらえる	15.7	39	27.5	8.6	6.8	2.6
政治に関連する個人の考えや発言が監視される	8.7	20.4	44.7	14.3	9.5	2.4
中傷やデマが多くなる	21.3	31.5	29.9	8.2	7.1	2.1
政治について多くの情報が得られる	9.5	34.9	30.9	12.8	9.7	2.2
市民活動に参加しやすくなる	5.3	26.3	39	15.9	11.4	2.1
政治について同じ考えの人と知り合える	5.1	24	40.7	15.5	12.1	2.5
一般の市民が行政に対して，もっと発言するようになる	6.2	23.6	37.2	20	10.9	2.1
行政機関や政治家が一般市民の考えにより注意を払う	5.2	19.8	37.9	19.8	15	2.2
一般の市民が政治に対して，より大きな力を持つ	5.2	18.8	38.8	21.8	13.2	2.1
一般の市民が政治をよりよく理解できる	4.7	19	39.1	22.9	12.1	2.2

図補-9 インターネット利用の影響（%，n=1169）

8. おわりに

　本章での考察を要約すれば，次のようになる．政治コミュニケーションの媒体としてのインターネット利用は，インターネットの一般化とともに着実に進んでいる．しかし，一般に政治に対する関心はさほど高くない．この傾向は，若年層にとくに顕著であり，また，民主変革の意向はあるものの政治的無力感がそれを相殺してしまっているようである．そのためか，社会的活動，とくに政治関連活動の経験率は低く，また，社会活動とインターネット利用の関係も薄いのが現状である．今後，インターネットを媒介とした政治コミュニケーションの可能性は増えていくと考えられるが，一般の期待は必ずしも高くなく，また，情報の受信という側面に偏っていると観察される．

注

序章

1. http://www.werenotafraid.com/ （2007年3月12日時点での最新書き込みは2006年11月付）

第1章

1. ただし，この時代の「市民」が限られた層であったことには注意しておかなければならない．
2. 周知のように，レイモンドのこの論文は，市場独占を図るWindowsとOSS（Open Source Software）であるLinuxとを対比したものであるが，従来型マス流通とネットを介したユーザ主導型のソフト開発の対比でもあり，従来型マスメディア空間とネット空間の対比とも見なせる．
3. グラフィクスを用いたネット上のコミュニケーション空間におけるユーザの分身（しばしば動物や架空の人物の像が用いられる）．
4. あたかも人間のように応答するプログラム．
5. かつて，カーネギーメロン大学に設置されていたコーク自販機は，インターネットに接続されており，世界中のどこからでもこの自販機と「つながる」ことができた，というネット伝説．その後，現実にこのようなバーチャル自販機が世界中につくられた．遠藤（2000a）など参照．
6. ネットを媒介としたコミュニケーションにまつわる感覚的リアリティについては，遠藤（2000a）に詳しく述べた．
7. ここでいう自己実現とは，自らの価値観の実現を意味しており，自己利益に限らず，社会利益を目指すものも含めている．
8. WIP 2000年日本調査．調査主体：通信総合研究所，東京大学社会情報研究所．参加者：三上俊治，吉井博明，橋元良明，遠藤薫，石井健一．調査期間：平成12年10月26日〜11月12日．調査対象：全国12歳以上74歳以下の男女．サンプリング：無作為抽出．記入方法：留め置き法．回収結果：2,555人（73％）．

9. 日本でも，e-governmentサイトが開設され，小泉政権時に非常に洗練されたものとなった．
10. 最近の研究としては，
Eggers, William, 2003, *Governmet2.0*, Rowman&Littlefield.
Gibson, Rachel K., Rommele, Andrea and Ward, Stephen J., 2004, *Electronic Democracy*, Routledge.
などがある．
11. 実際には，その自治体に居住しない人びとの発言も多いようだ．これを広い意味での市民の声として受け入れるか，あるいは部外者の発言として排除するか（それは可能か）についても，まだ充分な検討は行われていない．

第2章

1. 欧米のスキャンダル政治については，Thompson（2000）など参照．
2. 世阿弥はその著「風姿花伝」のなかで，「秘すれば花なり，秘せずば花なるべからず」と述べている．すなわち，日本の文化的伝統においては，隠蔽によってはじめて価値が生ずると考えられてきた．同時に，政治権力においても，最も象徴性の高い身体（天皇など）は，一般に姿を人前に現さないことが，まさにその象徴的権力を意味することだったのである．いいかえれば，日本においては，むしろ「従属のパフォーマンス」（たとえば大名行列など）によって間接的に権力の勢威を表すことが一般的な象徴の形式であったといえる．ただし，この点については別稿にゆずる．
3. ただし，TVの内容が，実際にどの程度まで人びとの政治的態度や選挙行動に影響を及ぼしたのかは，不明である．
4. 1991年4月13日放送開始の報道・情報番組．
5. http://www.jimin-miyagi.or.jp/（2006.10.20時点）．女性の声の「（総理大臣）」としてある部分は，実際にはピーッという音でかき消されている．
6. 亀井静香は本選辞退した．
7. その週にワイドショーで取り上げられた話題の延べ放送時間を第1位から第10位までランク付けするコーナーで，山瀬まみが進行役を務める．1週間の話題を簡潔にチェックすることができるので人気がある．元々は，「お父さん」はワイドショーを見ないので，家族とのコミュニケーション・ギャップを解消するには，ワイドショーのトピックもチェックしておくべきだ，との趣旨のコーナーだった．
8. ただし，「米百俵」の物語は，所信表明演説全体の「むすび」部分のほんの一

部にすぎなかった．
9. これに関しては，遠藤（2002=2005）など参照．
10. 1989年10月2日より，筑紫哲也をメーンキャスターとして放送開始．
11. 括弧内はそのシーンの継続時間．括弧外は，始めからそのシーン終了までの時間．
12. タイトルは，筆者による．
13. 1972年，1988年，2002年の写真は，首相官邸ホームページ（http://www.kantei.go.jp/jp/koizumiprofile/2_sokuseki.html）より．
14. 写真は，田英夫サイト（http://www011.upp.so-net.ne.jp/dennews/2ndprof.html）より．本人の許諾を得て掲載．
15. 写真は，NEWS 23サイト（http://www.tbs.co.jp/news23/library/caster/index-j.html）より．本人の許諾を得て掲載．
16. 写真提供＝共同通信社．本人の許諾を得て掲載．
17. ビデオリサーチによる．
18. 8月2日22時時点．投票数．
    http://quizzes.yahoo.co.jp/quizresults.php?poll_id=3218&wv=1
19. こうした流れから，ネットがあったから人びとが疑惑を抱いたかのような言い方は語弊がある．筆者はこの試合が放送されたとき，街のカフェにいた．カフェには大型テレビが設置され，道行く人びとがテレビに気づいてどんどん店に入ってきた．試合が始まった頃には満員状態だった．それだけ人びとの関心は高かった．まさに人びとの表情は，メディア・イベントに参加する期待に満ちていた．客たちは，何秒でKOするか話し合っていた．ところが試合は予想外にもたついた．TV観客たちは肩すかしを食らったようだったが，それでも次試合に期待しようといったささやきが交わされていた．ところが，判定結果が出た瞬間，人びとの態度が豹変した．亀田に好意的だった雰囲気が一変し，「なぜあれが勝ちなのか？」と人びとは呻いた．怒りで近くにいた知らぬ人にくってかかる人までいた．「空気」が変わった瞬間だった．
20. http://news.www.infoseek.co.jp/search/story/20061017hochi081/%BE%AE%C0%F4/

第3章

1. http://pcl.stanford.edu/campaigns/campaign2004（2005年1月31日時点）
2. ケリー候補夫人の前夫が，ハインツ・ケチャップで知られるハインツ家の人間であることから，ケリー候補の選挙資金がハインツ社から出ていると取りざた

された.
関連サイト：Boston Globe : 'The Teresa' shows us the power of money
USN&WR : Attacks on Heinz Kerry may unlock ketchup cash
ELLE : IN THE MAGAZINE Taming Teresa

3. http://hotwired.goo.ne.jp/news/news/culture/story/20040715205.html など参照.
4. Wolves? Even My 9 Year Old Son Thought They Looked "Cute" by jsmd-lawyer Fri Oct 22nd, 2004 at 21:01:47 PST (http://teenvote.dailykos.com/story/2004/10/23/0147/3174)
5. FACTCHECK. org "Would Kerry Throw Us To The Wolves?" October 23, 2004 (http://www.factcheck.org/article291.html)
6. Wolfpacks for Truth.org "We were tricked by George W. Bush" (http://www.wolfpacksfortruth.org/index.html)
7. http://www.cnn.co.jp/election2004/CNN200411040011.html
8. http://people-press.org/commentary/display.php3?AnalysisID=99
9. 遠藤（2002a）参照.
10. http://www.pewinternet.org/pdfs/PIP_Content_Creation_Report.pdf
11. http://www.spinsanity.org/（2005年1月19日に更新停止．このブログに掲載された記事は，All the President's Spin : George W. Bush, the Media and the Truth という書籍にまとめられた）．
12. http://www.cbsnews.com/stories/2004/09/11/politics/main642787.shtml
13. http://www.cbsnews.com/stories/2004/09/08/60II/main641984.shtml
14. http://www.factcheck.org/
15. 「政府の不正を暴く文書」を提供するP2Pサイト．http://www.outragedmoderates.org/
16. 2004年大統領選に特化したものではない文書公開サイトとしては，The Black Vault (http://www.blackvault.com/) や，CRYPTOME (http://www.cryptome.org/) などのサイトもある．
17. http://people-press.org/reports/display.php3?ReportID=233
18. （日本語版）http://blog.japan.cnet.com/lessig/archives/001405.html
19. http://hotwired.goo.ne.jp/news/news/culture/story/20040727204.html
20. MoveOn.org　http://www.moveon.org/front/
21. http://www.americanprogress.org/site/c.biJRJ8OVF/b.8473/
22. http://alternet.org/

23. http://www.buzzflash.com/
24. http://p2p-politics.org/
25. http://www.rockthevote.com/
26. http://www.fatwreck.com/
27. http://www.wketchup.com/news/041111.php
    http://www.wketchup.com/news/The_W_Ketchup_Song.mp3
28. http://www. starspangledicecream.com/
29. http://billionairesforbush.com/
30. http://japanese.chosun.com/site/data/html_dir/2004/10/27/20041027000070.html
31. 朝日新聞による調査．調査は，日，仏，英，韓，ロシア，イスラエル，スペイン，カナダ，メキシコ，オーストラリアの新聞10紙が協力して実施した．日本では2，3の両日，朝日RDD方式で電話調査した．有効回答は914件．
    http://www.asahi.com/special/usaelection/TKY200410140305.html
32. http://www.mybetting.co.uk/2004-us-presidential-elections.htm
33. http://people-press.org/reports/display.php3?ReportID=165
34. http://www.markfiore.com/animation/prizes.html
35. http://people-press.org/reports/display.php3?ReportID=234
36. http://www.boingboing.net/2004/11/03/kerry_concedes.html
37. http://www-personal.umich.edu/~mejn/election/
38. http://www.princeton.edu/~rvdb/JAVA/election2004/
39. http://www.cafepress.com/purpleusamap
40. http://hotwired.goo.ne.jp/news/news/culture/story/20040827201.html
41. http://people-press.org/reports/display.php3?ReportID=233

第4章

1. 本稿は，2004年10月に執筆された．2006年1月23日，当時のライブドア社長堀江氏は，証券取引法違反容疑で逮捕された．
2. 同時代でも，他のツールを媒介とするalt.eliteを考えることは可能であることには留意されたい．
3. ビル・ゲイツは資産家の出身であるが．
4. SSM調査は，日本社会学会が1955年から10年ごとに行っている「社会階層と社会移動調査（Social Stratification and Mobility）」の略称．
5. 約3,000サンプルの全国調査．

6. ただし，先にも注記したように，WIP調査では世帯収入の最高範囲は「1400万円以上」となっており，係数の算出にあたっては「1400万円以上」を一括して1500万円として計算している．そのため，ジニ係数は実際より低い値となっている可能性が高い．
7. ただし，1995年データでは，「情報コンシャス」とは「情報機器を所有している」ことを指標とする概念であり，2000年以降のWIPデータでは「PC経由でインターネットを利用していること」を指標とする概念である．
8. 数値は，2000年については回答を，あてはまる：3，ややあてはまる：2，あてはまらない：1とし，2003年については，あてはまる：4，ややあてはまる：3，あまりあてはまらない：2，あてはまらない：1として数値尺度化したときの平均値を表している．
9. 図中の***記号は0.1％有意，**は1％有意，*は5％有意を示す．また，括弧外の記号はネットユーザ全体と非ネットユーザの差の有意性を，括弧内の記号はヘビーユーザでないネットユーザとヘビーユーザの差の有意性を示す．
10. 図中の記号の意味は，図4-9と同じ．
11. 満足：2，やや満足：1，どちらともいえない：0，やや不満：−1，不満：−2として数値化した平均．
12. 満足：2，やや満足：1，どちらともいえない：0，やや不満：−1，不満：−2として数値化した平均．

第6章

1. ここでいう「携帯メール」とは，携帯電話を介したインターネットの電子メール（アドレスが××@××という形式のもの）の交換をさし，同じ通信会社のユーザ同士で利用可能なショートメッセージなどは除く．
2. 2003.11.27〜12.17実施，有効回答数1520人（69.1％），層化二段階無作為抽出法．調査主体は通信総合研究所と東京大学社会情報研究所の共同研究グループ．

第7章

1. USENETのニュースグループから始まった自殺サイト．

第8章

1. Pew Internet & American Life Project, *The State of Blogging*, 2005.1.2. http://www.pewinternet.org/PPF/r/144/report_display.asp
2. 2007年3月12日時点．

第9章

1. ドキュメンタリー映画WOODSTOCK: 3 DAYS OF PEACE MUSIC...AND LOVE（1970）による．
2. 「リミックス」とは，「既存の楽曲のマルチ-トラック-テープに，新たなパートを加えたり，長さを変えたりして再編集すること．また，その楽曲」（三省堂『デイリー新語辞典』による）をいう．ここでは，その概念を，楽曲以外の文化的生産物にも拡張して比喩的に用いている．
3. 近年，音楽番組やバラエティ番組などが，自番組への出演が「ブレイク」のきっかけになるという主張を番組内で行うことがしばしば目につく．流行の自己成就予言性を言うことによって，視聴者のより深いコミットメントを誘い，「人気者のブレーク」を疑似イベント化しようとするプロモーション戦略であると考えられる．
4. 例えば，2005年2月26日付ニューヨークタイムスのニューヨーク地域版（http://www.nytimes.com/2005/02/26/nyregion/26video.html?ex=1267160400&en=1d48bf539f85dc0e&ei=5090&partner=rssuserland）
5. 「フラッシュ動画をめぐる知的財産権問題」

　　日本における一連の流れは，あたかも，日本国内でメジャーな音楽市場とネットユーザたちの文化的活動の間にある種の協調関係が成立し，ビジネス上のシナジー効果をあげるかのようにみえた．

　　しかし，それはファッドの絶頂期に一転して異なる方向へと動き出した．

　　2005年9月，A社は人気の発端となったフラッシュに登場する猫のAAキャラクター（モナー）に「のまネコ」という名称を与え，商標登録しようとした．

　　だが，それは，モナーは自分たちに帰属するものであると認識するネットユーザたちの激しい反発を招く結果となった．

　　ネット上にA社に対する脅迫じみたメッセージの書き込みも行われたりして，一時は，緊張感が高まった．しかし，その犯人は，事件に便乗した愉快犯であった．結果的に，A社は商標登録を取り下げることで決着した．

　　匿名による集団的創作物に関する知的所有権がらみの問題は，「電車男」「ギコ猫」「ムネオハウス」など，すでに何回も起こっている．いずれも企業側が登録を取り下げる形で決着している．

　　本稿ではこの問題についてこれ以上述べないが，今後，同様の匿名による集団的創作物の取り扱いに関する紛争が増加していくのではないかと予想される．

第10章

1. 遠藤（2003c）のWIP 2002年日本調査の分析によれば，ネット利用者の自己認識は，都市生活者の特性を拡張したものと考えられる．
2. 前述のラインゴールドは，最近著した『Smart Mobs』で，携帯電話などより一般的なモバイル・ネットワークが，従来よりもさらに自由で有機的な人びとの連帯を可能にし，新しい形態の市民運動や政治行動の可能性を拓くであろうと示唆している．
3. 2005年3月2日〜9日，層化二段無作為抽出法，全国3,000サンプル．
4. 実際，「携帯電話」は，本来，インターネット端末として開発されてきたものではない．情報行動の面から見れば，むしろポケットベルの利用法が携帯電話に引き継がれてきたと見る方がわかりやすい．1968年に始まったポケットベルサービスは，当初はビジネスユースを主としていた．しかし，90年代に入って文字サービスが導入されたことから，高校生を中心として，友人同士ひっきりなしに文字コミュニケーションを行うという，新たな「文化」を生み出した．このポケベル現象は，90年代半ばに最高潮に達した．

    1987年に開始された携帯電話もまた，本来，ビジネス用途に開発されたものであった．しかし，90年代半ばに売り切り制となり，また，文字サービスが提供されるようになって，次第にポケベルに代替するものとして若年層に浸透していくこととなった．

    この流れが，インターネットの電子メールサービスに接続するのは当然の流れであったし，1999年にはi-modeサービスが開始されて，いよいよ，携帯通信網とインターネットは，利用者側からは連続したものと見えるようになってきたのである．
5. ここでは，ハバーマスが考えたような，「公」と対峙するような「私」的空間（生活世界）ではなく，「公」-「私」を結ぶ「公共」に対して背を向けた「個人的空間」を意味する．
6. 2003年11月2日に起こった大学生と16歳の少女による家族殺傷事件では，この少女が自分のサイトに，家族への憎しみ，自殺願望，リストカット写真などを載せていたことでも話題になった．しかし，そのような記述のサイトは決して少なくない．ネット利用者の間では，リストカットは「リスカ」との略称で呼ばれる．
7. Bloggers Blog, "Hurricane Katrina Update 12-5-05" http://www.bloggersblog.com/hurricanekatrina/（2007.3.4閲覧）
8. たとえば，http://www.alterope.co.jp/splash/などには，マニアックなウェブロ

グが数多く紹介されている.

9. Pew Internet & American Life Project, *Blogging is bringing new voices to the online world : Most bloggers focus on personal experiences, not politics*, 7/19/2006.

    http://www.pewinternet.org/PPF/r/130/press_release.asp

10. このような呼称は,2ちゃんねる利用者における何らかの「共通感覚」を示唆している.しかしそれは,「コミュニティ意識」あるいは「連帯感」と呼ばれてきたような感覚とは一線を画する.「ねらー」は気を許した「ねらー」同士ではそれを認めあうが,「ねらー」であることを一般の場で顕示するような態度にはしばしば嫌悪感を示す.たとえば,「2ちゃんねる語」に関しても,公共の場で「2ちゃんねる語」を話す人間には強い不快感を示したりする.しかし,もちろん一方で,そういう振る舞いをする「ねらー」もいるわけである.

11. 必ずしも,すべてのネットユーザがこの考え方に賛成しているわけではない.USENETは原則的に実名主義であったが,alt.カテゴリーが登場してから匿名が可能になり,その結果,ネットに悪しき傾向が生まれた,と慨嘆する初期からの利用者は多い.

12. たとえばアメリカの人気サイトであるスラッシュドットの日本版スラッシュドット・ジャパン(http://slashdot.jp/)は,読者からの技術系の投稿ニュースを掲載するサイトだが,ここで過去最も多くのコメントがついた記事は折り鶴運動(後述)に関するものであり,また,過去最も読まれた記事の第3位は湘南ゴミ拾いオフ(後述)である(2003年12月8日時点).

13. 2006年11月7日付ソフトバンク社のプレスリリースによる.

    http://www.softbank.co.jp/news/release/2006/061107_0001.html

14. サイワールドは,2006年7月に,アメリカでもサービスを開始した.

15. Flickrは,2005年3月に,米国Yahoo!に買収された.

16. YouTubeは,2006年10月にGoogleによって買収された.

17. 遠藤(1998c),遠藤(2000a)など参照.

18. トフラーによる「プロシューマー」論など.

19. http://www.xiaoxiaomovie.com

20. テキスト・アートとは,文字を使ってグラフィカルな表現を行うもので,アスキー・アート(アスキー文字のみを使ったグラフィカルな表現.AAと略記)はコンピュータがまだテキストしか扱えなかった時代からコンピュータユーザたちが好んで創り出し,使ったものである.スマイリーと呼ばれる顔文字((:-)など)はすでにあまりにも日常的である.日本では,アスキー文字だけでなく,

全角の文字が使えるため，さらに多彩なテキスト・アートがコンピュータを介したコミュニケーションで利用されてきた．顔文字も，(^_^) のように，元のAAとは異なる多様な表現を獲得した．
21. こうした例は，日本のAAやflashが海外の個人サイトで紹介されるなど，数多い．
22. こうしたマーケティング戦略は，近年，ヴァイラルマーケティング (viral marketing) といった呼び方がされるようになった．
23. http://ud-team2ch.net/index.php
24. 2ちゃんねるの管理人である西村博之氏を指す．
25. フジテレビ系列の朝の情報番組のキャスター．2ちゃんねるに対する批判的な態度によって，2ちゃんねる掲示板でしばしば反発をかっている．
26. 破廉恥な罪によって知られるタレント．

補論
1. 2001年～2003年，2005年に行った全国調査．調査主体：通信総合研究所．

参考文献

Anderson, Benedict, 1983, *Imagined Communities: Reflections on the Origin and Spread of Nationalism*, Verso Editions, and NLB, London.（＝1987（1刷），1993（4刷），白石隆・白石さや訳『想像の共同体——ナショナリズムの起源と流行』リブロポート.）

安野智子，2006，『重層的な世論形成過程——メディア・ネットワーク・公共性』東京大学出版会.

アジアプレス・インターナショナル編，2001，『メディアが変えるアジア』岩波書店.

Bellah, R. N., 1961, *Values and Social Change in Modern Japan*.（＝1973，河合秀和訳『社会変革と宗教倫理』未来社.）

Benjamin, Walter, *WERKE band 2*, Suhrkamp Verlag KG., Frankfurt.（＝1970，佐々木基一編集訳『複製技術時代の芸術　ヴァルター・ベンヤミン著作集2』晶文社.）

———, 1983, *DAS PASSAMGEN-WERK*, Suhrkamp Verlag, Frankfurt am Main.（＝1993，今村仁司ほか訳『パサージュ論I——パリの原風景』岩波書店.）

Boese, Alex, 2002, *THE MUSEUM OF HOAXES*, Dutton, New York.（＝2006，小林浩子訳『ウソの歴史博物館』文春文庫.）

Boorstin, Daniel J., 1962, *The Image*.（＝1964，星野郁美ほか訳『幻影の時代——マスコミが製造する事実』東京創元社.）

コンテンツ専門調査会デジタルコンテンツ・ワーキンググループ　第1回（http://www.kantei.go.jp/jp/singi/titeki2/tyousakai/contents/dezitaru1/1gijisidai.html, 2005.11.11）

Dahl, Robert A., 1998, *ON DEMOCRACY*, Yale University Press, New Haven & London.（＝2001，中村孝文訳『デモクラシーとは何か』岩波書店.）

Debord, Guy, 1992, *La Societe du Spectacle*, Gallimard, Paris.（＝2003，木下誠訳『スペクタクルの社会』ちくま学芸文庫.）

Debray, Regis, 1994, *MANIFESTES MEDIOLOGIQUES*, Gallimard, Paris.（＝1999，西垣通監修・嶋崎正樹訳『メディアオロジー宣言』NTT出版.）

Dery, Mark, 1997, *ESCAPE VELOCITY*, The MIT Press, Cambridge, U.S.A..（＝1997, 松藤留美子訳『エスケープ・ヴェロシティ——世紀末のサイバーカルチャー』角川書店.）
遠藤薫, 1991a（未公刊),「Hyper-Linkage——ヲドリの系譜」NTT研究報告書.
——, 1991b（未公刊),「「ええじゃないか」試論——ヲドル旅人たち」言語研究会報告.
——, 1993,「近代の動態——その範型としての機械」『社会学評論』43(4): 16-31.
——, 1994,『メディアコミュニケーション——情報交流の社会学』（共著), 富士通ブックス.
——, 1995,「著作権とパロディ——情報社会のパラドックス」『信州大学人文科学論集 no.29』, 83-100.
——, 1996a,『システム・リテラシー——マルチメディアとネットワーク』実教出版.
——, 1996b,『社会情報システム学・序説』（共著）富士通ブックス.
——, 1996c,「知的所有権とは何か」『季刊インターコミュニケーション』No.19: 147.
——, 1998a,「情報コンシャスネスと社会階層——情報化社会におけるライフスタイル戦略」1995年SSM調査研究会編『1995年度SSM調査報告書』, 119-168.
——, 1998b,「インターネットと国際関係——グローバル世界の力学」高田和夫編『国際関係論とは何か——多様化する「場」と「主体」』法律文化社, 71-95.
——, 1998c,「仮想性への投企——バーチャルコミュニティと近代」『社会学評論』48(4), 1998: 50-64.
——, 1998d,「集団と社会的選択——「いじめ」「集団内虐待」をめぐって」『科研 社会的選択理論研究会報告書』1998年刊, 165-198.
——, 1999,「オルトエリート (alt.elite)——再帰的自己創出システムとしての大衆電子社会」『社会情報学研究』No.3 (1999): 25-34.
——, 2000a,『電子社会論——電子的想像力のリアリティと社会変容』実教出版.
——, 2000b,「情報コンシャスネスとオルトエリート——情報化にともなう階層化と脱階層化の同時進行と社会構造変化」今田高俊編『日本の階層システム5』東京大学出版会, 111-150.
——, 2001a,「社会意識, 文化とインターネット」通信総合研究所編『インターネットの利用動向に関する実態調査報告書2000』, 125-133.
——, 2001b,「現代メディア社会におけるヘテロフォニーと間メディア性——TVCMとネットメディアのリンクをたどって」『三田社会学』, 125-133.
——, 2001b,「現代メディア社会におけるヘテロフォニーと間メディア性」『三田社会学』, 85-120.
——, 2001c,「インターネット利用と個人的メンタリティおよび社会的アクティブネス」『情報通信学会誌』19(2), 2001.9: 62-76 (2002).

——, 2001d, 「携帯電話・PHSの利用と家族関係」『日本社会情報学会誌』13(2): 41-46.

——, 2001e, "How the Internet Services Are Used," *The World Internet Project Japan Internet Usage Trends in Japan: Survey Report 2000*, (2001.6.1-6.11).

——, 2001f, "Social Consciousness, Culture and the Internet," *The World Internet Project Japan Internet Usage Trends in Japan: Survey Report 2000*, (2001.11.1-11.7).

——編著, 2002a, 『環境としての情報空間——社会的コミュニケーションの理論とデザイン』アグネ承風社.

——, 2002b, 「インターネット利用と社会意識, 文化」通信総合研究所編『インターネットの利用動向に関する実態調査報告書2001』, 111-138.

——, 2002c, 「自己・社会認識および文化行動とインターネット利用」通信総合研究所編『インターネットの利用動向に関する実態調査報告書2002』, 123-135.

——, 2002d, 『世界インターネット利用白書』(共著), NTT出版.

——, 2003a, 「電子メディア時代の行方——電子社会におけるカオスの縁としてのオルトエリート」今田高俊編『産業化と環境共生』ミネルヴァ書房, 130-162.

——, 2003b, 「インターネットコミュニティの利用実態」通信総合研究所編『インターネットの利用動向に関する実態調査報告書2002』, 89-101.

——, 2003c, 「自己・社会認識および文化行動とインターネット利用」通信総合研究所編『インターネットの利用動向に関する実態調査報告書2003』, 121-129.

——, 2003d, 「インターネットと政治的コミュニケーション」通信総合研究所編『インターネットの利用動向に関する実態調査報告書2002』, 137-147.

——, 2003e, 「テクノ・エクリチュール——コンピュータ=ネットを媒介とした音楽における身体性と共同性の非在／所在」」伊藤守・正村俊之・小林宏一編『電子メディア文化の深層』早稲田大学出版部, 77-113.

——, 2003f, 「国際シンポジウム報告デジタル時代にこそ求められる放送の公共性」NHK放送文化研究所『放送研究と調査』2003年9月号: 2-21.

——, 2003g, 「インターネットとマスメディア——私たちはどのような〈現実〉を生きているか」NHK放送文化研究所『放送メディア研究』2003年創刊号: 197-230.

——, 2003h, 「東アジアにおけるインターネットユーザの実態——国際比較から」『慶応義塾大学メディアコミュニケーション研究所国際ワークショップ「東アジアの情報化」報告書』2003.3.10: 11, 50-58, 120-137.

——編著, 2004a, 『インターネットと〈世論〉形成——間メディア的言説の連鎖と抗争』東京電機大学出版局.

——, 2004b, 「ネットワークのなかの群衆——遊歩者たちのリアリティはいかに接続

するか」『学習院大学法学会雑誌』39(2), 2004年3月: 109-151.
――, 2004c,「アジア太平洋地域におけるインターネット戦略の構図とその帰結――leap-frogging・オルトエリート・三層モラルコンフリクト」庄司興吉編『情報社会変動のなかのアメリカとアジア』彩流社, 81-104.
――, 2004d,「ネットワーク社会におけるリスクと信頼「安心・安全社会」のために」『InfoCom REVIEW』Vol.35 (2004).
――, 2004e,「メタ複製技術時代におけるアウラの所在――〈情報〉としての芸術, その価値とは何か」『学習院大学法学会雑誌』40(1), 2004年9月.
――, 2004f,「情報〈公共〉空間としての都市」今田高俊・金泰昌編『公共哲学13 都市から考える公共性』東京大学出版会.
――, 2004g,「情報化社会における不安――ネットを媒介とした集団自殺の連鎖を巡って」『医学と教育』No.609, 2004年3月号.
――, 2005a,「コンピュータ・メディアに媒介された小公共圏群と間メディア性の分析」橋元良明・吉井博明編『ネットワーク社会』ミネルヴァ書房.
――, 2005b,「つながる－イメージ－共同体」『メディア』ひつじ書房.
――, 2005c,「モバイル・コミュニケーションと社会関係――携帯メールとPCインターネットメールの比較を通じて」『未来心理』創刊号 (2005.4).
――, 2005d,「2004年アメリカ大統領選挙と複合メディア環境――インターネットとアメリカ〈世論〉」『学習院大学法学会雑誌』40(2), 2005年3月.
――, 2005e,「日本におけるネットワーク社会の幻滅――alt.elite.digと逆デジタル・デバイド」『早稲田大学社会学会・社会学年誌』2005年3月.
――, 2005f,「ネットワーク社会における階層構造の変容――デジタルリテラシーとalt. elite」竹内郁郎・橋元良明・児島和人編著『新版 メディアコミュニケーション論1』北樹出版, 145-160.
――, 2005g,「art@ユビキタス・ネットワーク」(第20回コミュニケーション・フォーラム記録 (実行委員長・遠藤))『情報通信学会誌』2005.1.
――, 2005h,「グローバリゼーションと大衆文化変容――クラブカルチャーに見る重層モラルコンフリクト」日本社会学会『社会学評論』56(2): 273-291 (2005.9).
Enzensberger, Hans Magnus, 1969, *Bewusstseins-industrie*, Suhrkamp. (= 1970, 石黒英男訳『意識産業』晶文社.)
Geertz, Clifford, 1980, *NEGARA: The Theatre State in Nineteenth-Century Bali*, Princeton Univ Press. (= 1996, 小泉潤二訳『ヌガラ――19世紀バリの劇場国家』みすず書房.)
Goffman, Erving, 1959, *The Presenntation of Self in Everyday Life*. (= 1974, 石黒毅訳『行為と演技――日常生活における自己呈示』誠信書房.)

Habermas, J., 1981, Theorie des Kommunikativen Handelns.（＝1985，河上倫逸ほか訳『コミュニケイション的行為の理論 上／下』未来社.）

萩原滋編著，2001,『変容するメディアとニュース報道――テレビニュースの社会心理学』丸善.

Hardt, Michael & Negri, Antonio, 2000, *EMPIRE*, Harvard University Press.（＝2003，水嶋一憲ほか訳『〈帝国〉――グローバル化の世界秩序とマルチチュードの可能性』以文社.）

Hayakawa, S. I., 1949=1964=1971, *LANGUAGE IN THOUGHT AND ACTION* (3rd ed.), Harcourt, Brace & World, New York.（＝1974，大久保忠利訳『思考と行動における言語（原書第3版）』岩波現代選書.）

星浩・逢坂巌，2006,『テレビ政治――国会報道からTVタックルまで』朝日新聞社.

藤原帰一，2002,『デモクラシーの帝国』岩波新書.

Hyde, Lewis, 1998, *TRICKSTER MAKES THIS WORLD*, Farrar, Straus & Giroux, Inc., New York.（＝2005，伊藤誓・磯山甚一・坂口明徳・大島由起夫訳『トリックスターの系譜』法政大学出版局.）

石澤靖治，2001,『大統領とメディア』文春新書.

――，2002,『総理大臣とメディア』文春新書.

石田英敬，2005,「「テレビ国家」のクーデター――テレビ政治がテレビを乗っ取るとき」『論座』2005年11月号.（＝http://www.nulptyx.com/pub_coupdetat.html 参照）

伊藤守編，2006,『テレビニュースの社会学――マルチモダリティ分析の実践』世界思想社.

Kantrovitz, Ernst Hartwig, 1957, *The King's Two Bodies: A Study in Mediaeval Political Theology*, Princeton University Press.（＝1992，小林公訳『王の二つの身体――中世政治神学研究』平凡社.）

Katz, James E. & Aakhus, Mark, eds., 2002, *PERFECT CONTACT*, Cambridge University Press.（＝2003，立川敬二監修『絶え間なき交信の時代――ケータイ文化の誕生』NTT出版.）

川浦康至編，2000,『日記コミュニケーション（現代のエスプリ）』至文堂.

川浦康至・松田美佐編，2001,『携帯電話と社会生活（現代のエスプリ）』至文堂.

国末憲人，2005,『ポピュリズムに蝕まれるフランス』草思社.

Lang, Gladys Engel = Lang Kurt, 1984, *Politics and Television: Re-viewed*, Sage Publicationa Inc., California.（＝1997，荒木功・大石裕・小笠原博毅・神松一三・黒田勇訳，1997,『政治とテレビ』松らい社.）

Luhmann, Niklaus, 1968, *Vertrauen: Ein Mechanismus der Reduktion sozialer Komplexitat*, Ferdinand Enke Verlag, Stuttgart.（＝1988，野崎和義・土方透訳

『信頼――社会の複雑性とその縮減』未来社.)

McLuhan, Marshall, 1962, *The Gutenberg Galaxy: the making of typographic man*, University of Tronto Press, Toronto.(= 1986, 森常治訳『グーテンベルクの銀河系』みすず書房.)

Melucci, Alberto, 1996, *The Playing self: Person and meaning in the planetary society*, Cambridge University Press, Cambridge, UK.

Meyrowitz, Joshua, 1985, *No Sense of Place: The Impact of Electronic Media on Social Behavior*, Oxford University Press, Inc.

御厨貴, 2006, 『ニヒリズムの宰相小泉純一郎論』PHP新書.

Morin, Edger, 1972, *LES STARS*, Editions du Seuil.(= 1976, 渡辺淳・山崎正巳訳『スター』法政大学出版局.)

Negri, Antonio, 1997, *Le pouvoir constituant: essai sur les alternatives de la modernit*, Presses Universitaires de France, Paris.(= 1999, 杉村昌昭・斉藤悦則訳『構成的権力――近代のオルタナティブ』松籟社.)

Ong, W-J., 1982, *Orality and Literacy*.(= 1991, 桜井直文ほか訳『声の文化と文字の文化』藤原書店.)

Radin, Paul, Kerenyi, Karl & Jung, C. G., 1956, *THE TRICKSTER: A study in American Indian Mythology*, Routledge & Kegan Paul, London.(= 1974 = 2005, 皆河宗一・高橋英夫・河合隼雄訳『トリックスター』晶文社.)

Raymond, ErIc, 1999, *The Cathedral & The Bazaar: Musings on Linux and Open Source by an Accidental Revolutionary*.

Rheingold, Howard, 2002, *SMART MOBS: The Next Social Revolution*.(= 2003, 公文俊平・会津泉監訳『スマートモブズ――〈群がる〉モバイル族の挑戦』NTT出版.

Ritzer, George, 1993=1996, *The McDonaldization of Society*.(= 1999, 正岡寛司訳『マクドナルド化する社会』早稲田大学出版部.)

Robertson, Roland, 1992, *Globalization: Social Theory and Global Culture*, Sage.(= 1997, 阿部美哉訳『グローバリゼーション――地球文化の社会理論』東京大学出版会.)

Robins, Kevin, 1996, *Into the Image: Culture and politics in the field of vision*, Routledge, London.

Shields, Rob, eds., 1996, *Cultures of Internet: Virtual Spaves*, Real Histories, Living Bodies, SAGE Publications Ltd., London.

Simmel, Georg, 1908, *SOZIOLOGIE*. Untersuchugen uber die Formen der Vergesellschaftung, Duncker & Humboly, Berlin.(= 1994, 居安正訳『社会学

上／下』白水社.）
砂田一郎, 2004,『アメリカ大統領の権力——変質するリーダーシップ』中公新書.
高成田亨, 2000,「ニュース drag」, 朝日新聞, 2000.11.6.
高瀬淳一, 1999,『情報と政治』新評論.
Thompson, John B., 1995, *THE MEDIA AND MODERNITY: A SOCIAL THEORY OF THE MEDIA*, Polity Press, Cambridge, UK.
——, 2000, *Political Scandal: POWER AND VISIBILITY IN THE MEDIA AGE*, Polity Press, Cambridge, UK.
Tomlinson, John, 1991, *Cultural imperialism: a critical introduction*, Pinter, London.（＝1993, 片岡信訳『文化帝国主義』青土社.）
——, 1999, *Globalization and Culture*, Polity Press Ltd.（＝2000, 片岡信訳『グローバリゼーション——文化帝国主義を超えて』青土社.）
通信総合研究所編, 2004,『インターネットの利用動向に関する実態調査報告書2003』
Turner, Victor, 1974, *DRAMAS, FIELDS, AND METAPHORS: Symbolic Action in Human Society*, Cornell University Press.（＝1971, 梶原景昭訳『象徴と社会』紀伊國屋書店.）
Watson, James L., ed., 1997, *GOLDEN ARCHES EAST: McDonald's in East Asia*, Stanford University Press.（＝2003, 前川啓治・竹内恵行・岡部曜子訳『マクドナルドはグローバルか——東アジアのファーストフード』新曜社.）
Weber, Max, 1920, *DIE PROTESTANTISCHE ETHIK UND DER 'GEIST' DES KAPITALISMUS*.（＝1989, 大塚久雄訳『プロテスタンティズムの倫理と資本主義の精神』岩波文庫.）
藪下史郎・荒木一法編著, 2004,『スティグリッツ早稲田大学講義録——グローバリゼーション再考』光文社新書.
吉原健一郎, 1999,『落書というメディア——江戸民衆の怒りとユーモア』教育出版.
「2ちゃんねるの歴史」
　　（http://ja.wikipedia.org/wiki/2%E3%81%A1%E3%82%83%E3%82%93%E3%81%AD%E3%82%8B%E3%81%AE%E6%AD%B4%E5%8F%B2#2005.E5.B9.B4）
「エイベックスのまネコ問題まとめサイト」
　　（http://www.bmybox.com/studio_u/nomaneko/matome/yokoku.php）
「Dragostea din Tei From Wikipedia, the free encyclopedia」
　　（http://en.wikipedia.org/wiki/Dragostea_Din_Tei）
「恋のマイアヒ」フリー百科事典『ウィキペディア（Wikipedia)』
　　（http://ja.wikipedia.org/wiki/%E6%81%8B%E3%81%AE%E3%83%9E%E3%82%A4%E3%82%A2%E3%83%92）

まとめの中の人◆sodL36qsOk,「マイヤヒーまとめ」
　　(http://maiyahi.jpn.org/, 2005.11.11)
「のまネコ問題」フリー百科事典『ウィキペディア（Wikipedia）』
　　(http://ja.wikipedia.org/wiki/%E3%81%AE%E3%81%BE%E3%83%8D%E3%82%B3%E5%95%8F%E9%A1%8C)
「「のまネコ」騒動にエイベックスが公式見解発表」
　　(http://hotwired.goo.ne.jp/nwt/050921/)
「O-Zone」フリー百科事典『ウィキペディア（Wikipedia）』
　　(http://ja.wikipedia.org/wiki/O-Zone)
作ってる人★（ht4w）,「エイベックスのまネコ問題」
　　(http://www.bmybox.com/~studio_u/nomaneko/index.php, 最終更新 2005.11.11 09:11:35, 2005.11.11)
「YouTube - Broadcast Yourself」
　　(http://www.youtube.com/results.php?search=numa)
http://www.museumofhoaxes.com/text2.html（存在せず　2006.7.18）

おわりに

　やれやれ，という感じである．
　一冊の本が完成に近づくと，ほっとすると同時に，淋しいような，やるせないような気分になる．
　研究というものは，終わりがない．
　一つの論文，一冊の本を書き上げれば，そこがまた新たな出発点となって，ゴールは逃げ水のようにまた遠ざかってしまう．楽しくもあるが，辛くもある．「焼けたトタン屋根の上の猫」みたいなものである．
　結局最終的な答えが得られないなら，こんなことはみんな無駄なんじゃないか，とシニカルになってしまうこともある．

　最近，小説『パラサイト・イブ』で有名な瀬名秀明氏の講演を聞く機会があった．そのなかに，「『日本沈没』などを書かれたSF界の巨匠である小松左京氏は，ご自身の作品を「メモ」と表現しておられた」というエピソードの紹介があった．おや？と思った．
　小松氏には長厚重大な作品が多く，「メモ」という言いかたはいかにも似つかわしくない．また，氏には熱心なファンも多く，そうした愛読者に対しても「メモ」という表現は失礼ではないか，と直感的に感じたのである．謙遜にしても，小松氏らしからぬ言葉の使い方ではないかと．
　しかし，瀬名氏の解釈によると，何らかの問題に立ち向かうとき，「科学」はその問題の「解」を提示するが，「小説」は問題に立ち向かっていく様（過程）を描くのであるという．だから，科学者ではなく，小説家として人類の問題と格闘した小松氏にとっては，いかなる力作も，その時々の「プロセス」の覚え書き（メモ）と意識されたのだろう，と．

なるほど，と思った．

けれども，「科学」（もちろん，社会科学を含む）もまた，その時々の「解」の提示が求められるにしても，射程を長くとるならば，それは結局，「メモ」にしかすぎないのではないか．

いや，「メモ」でよいのではないか．

世界には，大きな大きなホワイトボードがあって，人びとは思い思いに自分の「メモ」をもちより，ボードに貼っていく．ある人のメモは他の人に別の視点を与え，また別のメモは他の人のはしごになる．

1枚1枚のメモは小さな足跡にすぎなくても，それらの全体は大きな人類の「知」となる．

本書が，そんな1枚のメモになることを願って．

2007年4月10日

遠藤 薫

索引

英数字
9.11テロ　3
alt.elite　96
alt.elite.dig　97
AVC（Audio-Visual Communication）掲示板　196
elite　97
GDP成長率　102
NGO　182
No Sense of Place　180, 204
NPO　182
SNS（ソーシャルネットワーキングサービス）　156
TV政治　37
TV的ハビトゥス　62
We're not Afraid!　2

あ
アーカイブ　152
アイデンティティ　167
アゴラ型　16
アジアの民主化運動　30
アスキーアート　196
集まり（gathering）　20
アメリカ大統領選挙　3
アメリカナイゼーション　163
安心・安全社会　116
依存的信頼　117
移動体通信　133
居場所　144
イラク戦争　3
インターネット・モブ　215

インターネット・リテラシー　118
インターネット新聞　154
ウェブ日記　75, 187
映像メディア　78
おたく　214
オタク文化　75
オフ会　206
オンライン・リレーションズ　146
オンライン投票　26

か
階層　113
外発的動機　99
格差拡大　95
価値観　109
カトリーナ台風　3
伽藍型　16
間メディア　216
ギーク文化　75
既成エリート　95
帰属意識　146
基礎集団　144
気分　87
境界的　90
共在感覚　20
共在性　40
共在の場　17
共同体　167
共同的正統化　179
虚偽情報　128, 191
儀礼的な無関心　181
クール・メディア　18

草の根的社会運動　21
草の根民主主義運動　182
クリエイティブ・コミュニケーション　200
クリエイティブ・モブ　200
クリントン－ゴア政権　24
グローカリゼーション　166
グローバリゼーション　115, 163
グローバル文化　167
群衆　186
携帯電話　133
ケータイ　186
劇場型民主主義　207
劇場政治　37
恋のマイアヒ　4, 172
公共（public）　10
公共空間　13
公共圏　183
公共的意思決定　10
公共的イベント　12
公衆　13, 186
構成的権力　170
高度資本主義社会　115
個人駆動型　29
個人的リアリティ　212
コソボ紛争　2
孤独な群衆　181
誤判断リスク　118
コミュニティ　192
〈コミュニティ〉　200
コミュニティ・オブ・インタレスト　146
コロッセオ型　16

さ

再生産　95
産業化　115
三層モラルコンフリクト　170
参入離脱　146
自己実現　22, 114
自己準拠的正統化　179
自己責任　156, 191
自殺志願者サイト　142

私事的　190
自然の身体　39
視聴覚コミュニケーション　197
失業率　102
ジニ係数　103
市民記者　154
ジャーナリズム機能　161
社会関係志向的価値観　114
社会関係資本　192
社会劇　63
社会圏　137
社会情報理論　13
社会的埋め込み　115
社会的マイノリティ意識　214
社会変動　171
社会満足度　111
集合的記憶（アーカイブ）　152
集合的非身体　215
重層コンフリクト・モデル　168
集団自殺　142
重要性　124
取材の自由　161
象徴権力　178
象徴的身体　13
焦点の合わない出会い　19
小文化圏　179
情報コンシャス　22
情報操作　76
情報評価能力　128
自律的信頼　117
真正性　171
親密圏　138
信頼　115
信頼否定リスク　118
心理的傾向　106
正確性　124
生活満足度　111
政治的身体　13, 39
脆弱性リスク　118
正統性　171
セキュリティ　126

創作コミュニケーション　204
ソーシャルネットワーキングサービス　156
空耳　175
存在論的信頼　117

た

大規模化　115
大衆音楽　163
大衆動員　157
タグ　197
多重的再帰循環的ネットワーク　170
達成志向的価値観　114
ダブル・コンティンジェンシー　144
知的財産権　77
中間集団　144
抽象システム　115
中心的身体　15
超越的身体　39
追随者　105
椿発言　42
抵抗勢力　62
〈帝国〉　85
デジタル・デバイド　100
電車男　4
伝統的社会　115
動画共有サイト　6
動画投稿サイト　216
同時爆破事件　1
匿名性　146, 191
トリックスター　64
トリプル・バインド　214

な

内発的動機　99
仲間意識　146
ナショナリティ　204
二重偶有性（ダブル・コンティンジェンシー）　144
日曜ジャーナリスト　158
日記文学　154
ネタオフ　206

ネット・メディア　152
ネットセレブ　159
ネット犯罪　126
ネットワーキング　182

は

バスタブ（S字型）曲線　134
阪神大震災　2
反日行動　3
ビジネス圏　134
非人格的群衆　181
誹謗中傷　128, 191
フォークソノミー　197
不確実性　143
普及過程　134
複合メディア化　75
複合メディア環境　5
複雑化　115
複雑性　144
不公平感　110
フラッシュ・モブ　209
プリクラ　186
フレーミング　156
ブログ　1
ブログ炎上　156
プロとアマの境界の曖昧化　201
文化産業　164
文化帝国主義　168
文化ナショナリズム　172
文化変動　171
ヘビーユーザ　106
便所の落書き　191
報道の自由　161
ポケベル　186
ホット・メディア　18
ポピュリズム　41
ボランタリー・ジャーナリスト　158

ま

マクドナルド化　165
マスヒステリー　157

祭　196
マナー　133
見知らぬ他者　116
民主化運動　182
民主主義　10
無業者　102
ムネオハウス　206
メールマガジン　220
メディア政治　37
メンタルヘルス　145
モバイル・コミュニケーション　133
模倣者　105

や・ら・わ
有害情報　128, 191
リープフロギング　95
リスク　115
ローカライズド　178
ローカリゼーション　166
ローカル　178
ローカル文化　167
ロンドン爆破事件　6
ワイドショー政治　207

初出一覧

序　章	原題「インターネットとマスメディアの共進化——間メディア性の展開と変容」『"メディア戦争"時代を考える：多メディア時代の世論形成』社会情報学フェア2005, pp.8-10. 一部改変.
第1章	「複合メディアに媒介された公共性のポリティクス——情報空間の再編成と公共的イベント」遠藤薫編著『環境としての情報空間』アグネ承風社, 2002年, pp.34-63. 一部改変.
第2章	書き下ろし
第3章	「2004年アメリカ大統領選挙と複合メディア環境——インターネットとアメリカ〈世論〉」『学習院大学法学会雑誌』Vol.40, No.1, 2005年3月, pp.319-346. 一部改変.
第4章	「日本におけるネットワーク社会の幻滅——alt.elite.digと逆デジタル・デバイド」早稲田大学社会学会『社会学年誌』46号, 2005年3月, pp.19-38. 一部改変.
第5章	「ネットワーク社会におけるリスクと信頼——「安心・安全社会」のために」『InfoCom REVIEW』Vol.35, 2004年, pp.4-16. 一部改変.
第6章	「モバイル・コミュニケーションと社会関係——携帯メールとPCインターネットメールの比較を通じて」モバイル社会研究所『未来心理』創刊号, 2005年3月, pp.26-31. 一部改変.
第7章	「情報化社会における不安——ネットを媒介とした集団自殺の連鎖を巡って」『医学と教育』No.609, 慶應大学出版会, 2004年3月, pp.74-80. 一部改変.
第8章	原題「ジャーナリスト魂が今, ここで試される——ブログ以前, 以後のメディア環境」『論座』2005年9月号, 朝日新聞社, pp.56-65. 一部改変.
第9章	書き下ろし
第10章	原題「ネットワークのなかの群衆——遊歩者たちのリアリティはいかに接続するか」『学習院大学法学会雑誌』Vol.39, No.2, 2004年3月, pp.109-151. 一部改変.
補　論	「インターネットと政治的コミュニケーション」通信総合研究所編『インターネットの利用動向に関する実態調査報告書2002』2002年12月, pp.137-147. 一部改変.

〈著者紹介〉

遠藤　薫
えん どう　かおる

略　歴	東京大学教養学部基礎科学科卒業(1977年)，東京工業大学大学院理工学研究科博士課程修了(1993年)，博士(学術)． 信州大学人文学部助教授(1993年)，東京工業大学大学院社会理工学研究科助教授(1996年)を経て，学習院大学法学部教授(2003年)．日本学術会議連携会員，日本社会情報学会会長，情報通信学会副会長．
専　門	理論社会学（社会システム論），社会情報学，文化論，社会シミュレーション
著　書	『グローバリゼーションと文化変容——音楽，ファッション，労働からみる世界』(編著，2007年，世界思想社)，『インターネットと〈世論〉形成——間メディア的言説の連鎖と抗争』(編著，2004年，東京電機大学出版局)，『環境としての情報空間——社会的コミュニケーション・プロセスの理論とデザイン』(編著，2002年，アグネ承風社)，『電子社会論——電子的想像力のリアリティと社会変容』(2000年，実教出版)，ほか多数．

間メディア社会と〈世論〉形成　　TV・ネット・劇場社会

2007年5月30日　第1版1刷発行　　著　者　遠藤　薫

発行所　学校法人　東京電機大学
　　　　東京電機大学出版局
　　　　代表者　加藤康太郎

〒101-8457
東京都千代田区神田錦町2-2
振替口座　00160-5-71715
電話　(03)5280-3433（営業）
　　　(03)5280-3422（編集）

印刷	三立工芸㈱
製本	渡辺製本㈱
装丁	大貫伸樹

Ⓒ Endo Kaoru　2007

Printed in Japan

＊無断で転載することを禁じます．
＊落丁・乱丁本はお取替えいたします．

ISBN 978-4-501-62200-8　C3036